LA SOCIÉTÉ QUÉBÉCOISE APRÈS 30 ANS DE CHANGEMENTS

LA SOCIÉTÉ QUÉBÉCOISE APRÈS 30 ANS DE CHANGEMENTS

SOUS LA DIRECTION
DE FERNAND DUMONT

1991
INSTITUT QUÉBÉCOIS DE RECHERCHE SUR LA CULTURE

Cet ouvrage réunit les communications présentées lors d'un colloque organisé par l'Institut québécois de recherche sur la culture et tenu à Québec en octobre 1989.

Données de catalogage avant publication (Canada)

Vedette principale au titre
      La société québécoise après 30 ans de changements : [actes d'un Colloque organisé par l'Institut québécois de recherche sur la culture et tenu à Québec en octobre 1989]

      ISBN 2-89224-132-4

      1. Québec (Province) — Conditions sociales — 1960-   — Congrès. 2. Québec (Province) — Civilisation — 20e siècle — Congrès. 3. Recherche — Québec (Province) — Congrès. I. Dumont, Fernand, 1927-   . II. Institut québécois de recherche sur la culture.

HN110.Q8S62 1990   971.4'04   C90-096323-9

Conception graphique de la couverture : Marc Duplain

ISBN : 2-89224-132-4

Dépôt légal : 2e trimestre 1990 — Bibliothèque nationale du Québec

© Tous droits réservés

Distribution : Diffusion Prologue inc.,
1650, boul. Lionel-Bertrand, Boisbriand, Québec J7E 4H4
Téléphone : (514) 332-5860 • Télécopieur : (514) 336-6060

Institut québécois de recherche sur la culture,
14, rue Haldimand, Québec G1R 4N4
Téléphone : (418) 643-4695 • Télécopieur : (418) 646-3317

Table des matières

Avant-propos

Après trente ans de changements, est-il possible d'interpréter la société québécoise comme une totalité ? Telle est la question qui a inspiré le colloque organisé en octobre 1989 par l'Institut québécois de recherche sur la culture. La question intéresse aussi bien le grand public que les chercheurs dans les diverses disciplines des sciences sociales. D'une part, nous sommes partagés entre des clichés un peu usés, hérités de la Révolution tranquille ; d'autre part, la recherche s'éparpille au gré des spécialités. Il semble urgent de renouveler la problématique d'ensemble.

L'ouvrage que voici réunit les travaux du colloque. On verra que nous n'avons pas tenté de couvrir les divers secteurs de la vie collective ; il nous a paru plus pertinent de retenir des thèmes susceptibles de donner lieu à des interrogations un peu englobantes. L'insistance est mise sur les changements dans les genres de vie, les mœurs, les rapports sociaux.

Dans les limites de temps imposées par un colloque, il a fallu écarter des thèmes par ailleurs importants ; dans certains cas, le choix a été particulièrement difficile. De même, nous avons dû contraindre les intervenants à resserrer leur propos dans un cadre relativement restreint. Malgré tout, nous croyons offrir au lecteur un diagnostic suggestif sur la situation et les défis présents de notre collectivité.

Quelle révolution tranquille?

Fernand Dumont

Dans cet exposé d'ouverture, je me garderai de trop anticiper sur les analyses qui seront présentées tout au long du colloque. Je m'attacherai plutôt à une question préalable et qui sera, j'imagine, constamment présente dans nos entretiens : dans quelles conditions sommes-nous placés actuellement pour interpréter les bouleversements passés et la situation d'aujourd'hui ?

Car, on ne le méconnaîtra pas, et un sociologue ne saurait l'oublier moins que tout autre, une société ne s'offre pas à nous comme un objet auquel il suffirait d'appliquer des théories et des méthodes. Nos interprétations, fussent-elles armées de toutes les précautions scientifiques, prennent la suite de celles que la société elle-même produit. Certes, nous ne devons pas nous faire l'écho de ces idéologies ; nous en sommes cependant tributaires. Et, arriverions-nous à nous en libérer tout à fait, à quoi serviraient des vues de Sirius aux sociétés que nous étudions ?

J'irai plus loin sur cette lancée. Si nos interprétations prennent le relais de celles qui circulent dans une société, nous devons nous interroger sur les capacités et les empêchements qu'éprouve la société en question à se définir et à se donner des objectifs de développement.

Voilà donc ce qui sera, en définitive, mon point de départ et la suite de ma réflexion : quelles sont les conditions, héritées du passé, remaniées au cours des trente dernières années, selon lesquelles la société québécoise comprend son cheminement ? En conséquence, en quoi permettent-elles, entravent-elles aussi, cette reprise de l'analyse qui est le devoir de notre propre travail ?

I

La Révolution tranquille a été précédée par un prodigieux travail d'interprétation. Surtout à partir de la Seconde Guerre mondiale, la critique s'est étendue à tous les domaines de la vie collective ; les projets de tous ordres ont proliféré en conséquence. Pour l'essentiel, le remaniement accéléré des institutions, effectué à partir de 1960, n'a été que la mise en œuvre de cette entreprise d'examen et de planification. D'autres idéologies, d'autres programmes plus radicaux ont surgi par la suite. Pris à la lettre, ils ont paru contredire le premier mouvement ; à mon sens, ils en ont été l'un de ses avatars.

L'interruption de cette production d'analyses et de projets est l'indice le plus évident de la fin de la Révolution tranquille. On parle encore de « social-démocratie » ; l'expression est usée et on ne l'emploie plus que par convenance. Les mouvements sociaux, les Églises se sont faits très discrets. Les sciences sociales, dont les ouvriers sont pourtant nombreux, sont éclatées en de multiples directions et se sont muées, en grande partie, en adjuvants de la gestion ou de la régulation des institutions. En bref, la société québécoise est en panne d'interprétation. Certains s'en réjouissent ; d'autres s'en désolent. Plutôt que de prendre parti, essayons de mesurer en quoi cette oscillation d'un pôle à un autre comporte des implications qui nous importent aujourd'hui.

La Révolution tranquille, je le rappelais à l'instant, a été précédée par une floraison de critiques et de projets. Ce sont ces interprétations qui ont ensuite cristallisé en institutions nouvelles ; là fut la caractéristique la plus évidente des débuts des années 1960. Ces institutions ont été largement improvisées ; mais comment aurait-on pu briser autrement un long gel historique ? Il n'est donc pas question de nous repentir. Néanmoins, on se défend mal contre l'impression que ces institutions, implantées il y a peu, ont de plus en plus de peine à assumer les nouveaux problèmes et à éclairer l'avenir. Elles paraissent impuissantes à surmonter les effets pervers qu'elles ont engendrés. Surgies d'un effort admirable de compréhension de notre milieu, elles en gênent maintenant l'interprétation.

Est-il besoin, en effet, d'insister beaucoup sur le blocage des institutions remises à jour il y a vingt ou trente ans?

Nous avions édifié un système d'éducation tout neuf qui devait accélérer la scolarisation des jeunes et même des adultes. Les objectifs et les modalités avaient été abondamment élaborés par une Commission royale. La mise en œuvre a été effectuée avec célérité : que l'on songe, par exemple, à l'implantation rapide des collèges. Or, voici que nous ne savons plus très bien quelles sont les finalités du système ; au point où une instance officielle avouait, il y a peu, être incapable de définir la spécificité des cégeps.

L'évolution de l'institution a fini par contredire les intentions de départ : avec la valorisation de l'option scientifique, la dévalorisation du secteur général, l'isolement de la section professionnelle, nous revoilà dans une situation semblable à celle de jadis où coexistaient les collèges classiques, les écoles primaires supérieures, les écoles techniques. De divers côtés, on déplore l'hyperspécialisation de l'enseignement ; ce qui nous renvoie encore à l'éclatement des objectifs, à leur défaut de cohérence. Par ailleurs, la carence des procédures d'évaluation, aussi bien des établissements que des élèves, empêche de vérifier la qualité du système et de comparer les résultats avec des objectifs identifiables. Par-dessus tout, mais cela nous ramène au même nœud de difficultés, il n'y a pas consensus dans la conception même de ce que j'appellerai la « culture scolaire ».

Car, avec la croissance de la scolarisation, il serait indispensable de cerner l'originalité d'une culture ainsi programmée. Selon les uns, l'école doit se donner ses propres paramètres d'apprentissage, à l'écart des autres modes de diffusion de la culture ; pour d'aucuns, elle doit être ouverte et s'insinuer dans toutes les pratiques de la vie. Des positions aussi radicalement opposées ne sauraient donner lieu qu'à des discussions vagues et stériles. Encore indiquent-elles un problème, celui qui commande probablement tous les autres, en particulier celui de la démocratisation scolaire : ainsi, il est loin d'être assuré que la fermeture ou l'ouverture aient même signification pour les divers milieux et les diverses classes sociales.

Notre politique de la santé, notre politique de bien-être ont fait, de même, l'objet d'une ample planification au cours des années 1960. De semblables difficultés s'y révèlent. Crise des objectifs, là encore. Le vieillissement de la population et les progrès des technologies exigeraient pour les prochaines années des virages décisifs. Toute notre politique sociale est en cause. Des mesures accoutumées sont désuètes, qu'il s'agisse des allocations familiales ou des allocations de chômage qui, avec le temps, ont fini par ne plus correspondre aux intentions initiales, quand elles ne les contredisent pas. Nombreux sont ceux qui pensent qu'il faudrait reprendre à neuf les conceptions et les procédures, qu'une politique des revenus seraient enfin à définir en fonction des nouvelles situations et des changements survenus dans les stratifications sociales depuis trente ans.

Dans ce cas-ci, comme dans celui de l'éducation, quels sont les points d'appui qu'offre notre société pour le travail de diagnostic et pour l'énergie de l'engagement? Au cours de la Révolution tranquille, l'État a joué le rôle d'entraînement et de support que l'on sait. On lui reproche maintenant d'administrer à la petite semaine, de naviguer à vue en contournant péniblement les obstacles qui se présentent à mesure. L'accusation appelle de considérables nuances. Dans les années 1960, l'État a pu exercer un rôle jusqu'alors inédit parce que la population l'appuyait ; il est vrai que la continuité du progrès économique a été pour beaucoup dans ce consentement, de même que le souvenir d'une longue hibernation. Où sont maintenant les assises pour une revitalisation de l'appareil étatique ? Au surplus, le diagnostic d'impuissance que l'on porte sur l'État devrait être étendu à l'ensemble des organisations qui régissent la vie collective. Que sont devenus les grands objectifs des syndicats, des mouvements sociaux, de tant d'artisans de la Révolution tranquille ? Les politiques, pour ne pas dire les idées, ne se réduisent-elles pas, chez eux aussi, à la gestion ? Ne subissent-ils pas le poids des stratégies du corporatisme et de la bureaucratie qui habitent l'État, les services publics, l'ensemble des mécanismes collectifs ?

L'État administre, dit-on. Mais partout on administre. Jean-Claude Leclerc écrivait dans *Le Devoir* : « On paraît moins capable qu'auparavant de faire fonctionner des hôpitaux, des services de transport, des écoles ... pour ne rien dire d'Hydro-Québec. On n'a jamais eu autant d'administrateurs, et si peu d'administration ». La liste proposée par le journaliste pourrait être considérablement amplifiée, car l'inventaire concerne l'ensemble de notre vie collective. Nous n'avons plus d'administration parce que les objectifs de la Révolution tranquille se sont perdus en cours de route ou se sont tournés vers d'autres fins. Il est possible de gonfler d'administrateurs n'importe quelle institution ; mais l'administration suppose que les institutions soient aussi des projets.

Pourquoi donc les projets se sont-ils taris ? Sans doute parce que des institutions forcément improvisées, quand elles s'implantent dans l'histoire, en subissent les contrecoups et engendrent, à leur tour, des problèmes nouveaux. Ratages et contradictions sont inévitables. Il y a une autre raison : par-dessous la marche des institutions officielles, et à mesure que celles-ci se replient sur leurs régulations internes, la mutation des genres de vie et des mœurs déroutent les interprétations qui leur ont donné naissance. Les idéaux qui servent de garantie ou d'alibi à nos grandes institutions remontent à un état de société où les pratiques quotidiennes et les valeurs professées donnaient aux utopies de naguère un contexte qui a radicalement changé depuis lors.

II

Ces changements, que contribuent à masquer la lourdeur bureaucratique des institutions qui pourtant ont charge de les interpréter, nous avons peine à les comprendre et à leur trouver des issues. Ce colloque contribuera à les cerner quelque peu, à relancer la ferveur de l'analyse. Je me bornerai à évoquer quelques problèmes, toujours selon l'intention de ces réflexions préalables : afin de déceler les embarras actuels de l'interprétation.

Il y a, bien sûr, le problème de la langue. Il fait grand bruit et suscite, à bon droit, des interrogations angoissantes et des mesures timides. Mais ne l'abordons-nous pas quelque peu en surface ? Depuis le XIXe siècle, il n'y a pas que deux langues, le français et l'anglais, au Québec ; y coexistent deux sociétés. Chacune dispose de ses institutions, de l'enseignement aux médias en passant par les services sociaux ; chacune a élaboré ses propres réseaux de solidarité, de recrutement, d'entraide. Des interférences existent, mais la cohabitation est la règle. La langue n'est qu'un des facteurs d'un affrontement où elle joue le rôle de symbole. L'immigrant sait fort bien qu'il n'a pas seulement à choisir une langue, mais l'une des deux sociétés ; fréquenterait-il un temps l'école française, apprendrait-il notre langue, lui imposerions-nous le français en vitrine, les critères de son adhésion ou de son refus définitif mettent en cause le Québec dans toute sa structure.

Nous sommes ainsi reportés à une seconde dimension de la question. La langue exprime une culture ; elle ne la résume pas. La Révolution tranquille a bouleversé des institutions ; elle a été, plus encore, une mutation des mœurs et des idéaux. La baisse de la natalité, la crise de la famille en sont des symptômes parmi d'autres. Ici encore, la présence de l'immigrant ou de l'allophone est instructive. Des études, malheureusement rarissimes, nous font entrevoir que lorsqu'ils sont confrontés non pas seulement à notre langue, mais à nos façons de vivre, à nos façons d'éduquer nos enfants, à nos manières de dépenser, les immigrants nous révèlent à nous-mêmes. On parle souvent d'*ouverture* aux immigrants, avec les accents pieux qui conviennent ; il serait utile d'aller plus loin, de nous regarder dans le miroir qu'ils nous tendent. Cela aussi est capital pour l'interprétation de ce que nous sommes.

Une culture est celle d'une population déterminée. Elle tire sa vitalité d'elle-même mais aussi du peuple qui s'y exprime. C'est dans cette perspective qu'il convient de situer la crise démographique qui sévit au Québec. Cette crise s'explique par plusieurs causes que l'on a peine à démêler parce qu'elles concernent toutes les dimensions de la vie collective : à la distribution du revenu, à l'ébranlement de l'institution familiale, aux changements dans les genres de vie. En ce sens, elle peut être considérée comme le lieu de déchiffrage de bien d'autres problèmes. Le vieillissement de la population, qui est l'une de ses conséquences, comporte des incidences économiques d'une inquiétante ampleur ; il va, en outre, influer sur les représentations sociales, entraver les changements qu'assuraient auparavant le renouvellement des générations jeunes. Il se crée subtilement un climat de piétinement, de renfermement sur les acquis, de défaut d'ouverture sur l'avenir. Enfin, un peuple aux proportions relativement modestes comme le nôtre, déjà minoritaire en Amérique par la singularité de sa langue et de sa culture, et qui se veut accueillant aux émigrants, n'offre pas ainsi un visage bien attirant. Comment s'intégrer avec quelque enthousiasme à une société en déclin ?

Il m'arrive de penser que la société québécoise redevient conservatrice. C'est entendu, la liberté d'opinion, la faculté d'affirmer ses options, le pluralisme des genres de vie sont assurés. Nous avons éliminé les idéologies officielles d'avant la Révolution tranquille. Mais cette liberté des mœurs dissimule un nouvel immobilisme des structures, un assoupissement de la volonté de changement et de la volonté de justice. L'obsession de la gestion, que je discernais plus avant, est le signe le plus clair de ce nouveau conservatisme ; il ne paralyse pas seulement les institutions, il ensommeille la collectivité tout entière.

On s'en souvient : la Révolution tranquille n'était pas seulement inspirée par les principes de la rationalité technocratique qui a donné lieu à des aménagements d'organisations plus modernes. Elle était animée par un incontestable désir de justice sociale, en particulier dans les domaines de l'éducation et des services sociaux. Depuis lors, il s'est produit des déplacements des inégalités, des formes de la pauvreté et de l'oppression. Nous commençons à découvrir, par des enquêtes malheureusement trop peu nombreuses, que des régions du Québec s'enfoncent dans le sous-développement pendant que d'autres connaissent la croissance. La césure n'est pas que régionale. On la discerne entre deux populations : celle qui, pourvue de privilèges et de mécanismes corporatifs de défense, représente le progrès et les conceptions de la vie qu'il entraîne ; l'autre qui, menacée par l'invasion brusque du chômage, sans abri syndical ou autre, ne concorde pas avec le visage officiel que les mieux nantis imposent à notre société. Il y a une autre césure encore, de générations celle-là, où les jeunes tâtonnent autour des portes de l'emploi que gardent jalousement les aînés... Je passe trop vite sur un repérage des soubassements d'une société que nous parvenons mal à mettre dans la pleine lumière du diagnostic et de la politique.

Pourquoi n'y arrivons-nous pas ? Sans doute faut-il mettre en cause la stagnation actuelle des sciences sociales. Mais ce n'est là qu'un symptôme. Une société ne s'interprète pas qu'à travers ses savoirs organisés. C'est dans sa substance qu'elle engage ou entrave ses prises de conscience. Alors, on ne peut manquer de reconnaître que le pouvoir d'interpréter est inégalement réparti. À la surface de la vie collective, il est facile de s'en rendre compte : certains groupes sont mieux organisés que d'autres pour faire valoir leurs idées et leurs intérêts ; il y a telles choses que des élites et des leaders d'opinion. Le pouvoir d'interpréter, le pouvoir de définir a des sources plus profondes encore. C'est dans cet antre plus caché de l'histoire que se profilent les orientations et les blocages; et c'est là que se pose la difficile mais décisive question des classes sociales.

Ici, je dois avouer mon étonnement. Au cours de la Révolution tranquille, on parlait beaucoup des classes sociales; c'était le thème privilégié de bien des enseignements dans les cégeps et les universités, de plusieurs articles et ouvrages. Des mouvements sociaux, des organismes syndicaux ont, un temps, emboîté le pas avec ferveur. À peu près tout le monde, du balayeur au professeur d'université, étaient censément des *travailleurs*. La vogue du marxisme aidant, la lutte des classes paraissait prendre forme. Et puis, sur les classes sociales, le silence s'est établi. À mes risques et périls, je prendrai exemple dans certains courants du mouvement féministe. Entre la femme devenue présidente d'une société d'État et la caissière d'un centre commercial, la solidarité est foncièrement postulée; entre la professeure d'université et sa femme de ménage, une mystérieuse similitude semble aller de soi. À cet exemple, on pourrait en ajouter d'autres : la supposée homogénéité des travailleurs réunis par les centrales syndicales, les droits de la personne brandis partout sans que l'on tienne compte des inégalités criantes de situations qui ont des causes collectives.

Je sais que l'on choque en insinuant de pareilles observations. En pénétrant dans la zone obscure des classes sociales, on provoque fatalement ce que les psychanalystes appellent, d'un mot suggestif, la *résistance*. Quand on évoque les classes sociales, on ne pointe pas seulement le désir banal du pouvoir; il s'agit, plus foncièrement, de la source des valeurs prédominantes dans une société. Les valeurs ne sont pas des idéaux abstraits qui rôderaient comme des feux follets au-dessus des sociétés. Par leur place dans les mécanismes de décision, par leurs modes de consommation, par toutes leurs pratiques, des ensembles d'individus insinuent dans la vie quotidienne, aussi bien que dans les réseaux de communication informels ou plus officialisés, des conceptions de la vie combinées à des objectifs sociaux. La bourgeoisie a longtemps joué ce rôle; tout en maîtrisant toujours les grands leviers des décisions, elle semble avoir cédé la place, pour ce qui est des valeurs largement diffusées, à une nouvelle classe moyenne dont on observe la montée depuis trente ou quarante ans au Québec comme dans beaucoup de pays occidentaux. Les occupations de gestion sont devenues de plus en plus considérables; une masse d'experts en tous genres se dégage de l'ancienne classe moyenne tout en ne s'identifiant pas avec la bourgeoisie.

D'autre part, son instruction, les nouveaux symboles de bien-être et de consommation qu'elle entretient, confèrent à cette classe une influence culturelle considérable. Enfin, le phénomène du double revenu qui se répand brouille les vieux mécanismes de mobilité sociale tout autant que les barrières des stratifications traditionnelles.

Ne préjugeons pas de la recherche à venir. Tout reste à faire pour cerner d'un peu près cette mutation des classes sociales au cours de la Révolution tranquille et qui, je le répète, s'est déroulée dans tout l'Occident. Cependant, on peut déjà y pressentir l'une des explications du blocage des institutions en même temps que de l'impuissance à percevoir les nouvelles formes des inégalités sociales. Il s'agit peut-être du point aveugle de l'interprétation de la société québécoise d'aujourd'hui.

*　*　*

À mon sens, une conclusion s'impose : tout comme à l'orée des années 1960, nous ne sommes pas seulement devant des problèmes inédits, mais dans un nouveau contexte d'interprétation. En principe, pour résoudre nos problèmes, nous ne manquons ni des techniques ni des experts appropriés. Mais pour reprendre en main nos institutions et pour aborder les défis nouveaux, c'est notre faculté de lecture qu'il nous faut renouveler.

Pour y arriver, deux conditions me paraissent primordiales.

Nous devrons procéder à une levée de la censure. Car toutes les sociétés pratiquent la censure ; ce n'est pas parce que le temps de M. Duplessis est révolu que nous en sommes délivrés. Les clichés se sont renouvelés, mais il ne fait pas bon, pas plus aujourd'hui qu'autrefois, de s'attaquer à certains lieux communs. Il est des questions dont il n'est pas convenable de parler ; il est des opinions qu'il est dangereux de contester. Là où il y a des privilèges, là aussi se trouve la censure. Le blocage des institutions, le silence pudique sur les nouvelles formes de pauvreté et d'injustice ne s'expliquent pas uniquement par la carence des moyens mis en œuvre, mais aussi par la dissimulation des intérêts. Il n'y a pas de lucidité sans infraction.

Cette première condition est encore toute négative. Elle comporte son versant positif. Au risque d'être taxé de moraliste, je n'hésite pas à insister sur l'urgence de créer un nouveau climat collectif. Je le disais : nous avons éliminé d'anciens tabous ; nous avons accédé au pluralisme ;

nous sommes convaincus que doivent être écartées les intrusions dans la vie privée ; nous proclamons les droits de la personne. Fort bien. Faut-il s'en contenter ? Nous sommes nombreux à constater que les droits de la personne sont souvent conçus, en fait, comme des droits d'individus réduits au statut d'atomes sociaux. Si nous nous abandonnons à cette pente, les droits vont se tourner contre les personnes elles-mêmes ; la liberté des uns va opprimer celle des autres.

Après l'avènement du pluralisme, il ne s'agit pas évidemment de restaurer une société religieuse, mais d'instaurer une société éthique ; ce qui est synonyme d'une authentique société démocratique. Une démocratie, en effet, ne rassemble pas que des individus ; elle suscite et réunit des citoyens. Souvenons-nous que les politiques, déjà traditionnelles, de scolarisation, de partage des revenus, de bien-être, de santé publique visaient à substituer à la jungle des inégalités une communauté d'hommes et de femmes libres, capable de faire dialoguer leurs valeurs et de concevoir des projets communs.

Il y a plus de cent ans, Tocqueville avait esquissé, dans une page célèbre, une vue pessimiste de la démocratie. Elle demeure d'une actualité angoissante : « Je vois une foule innombrable d'hommes semblables et égaux qui tournent sans repos sur eux-mêmes pour se procurer de petits et vulgaires plaisirs, dont ils emplissent leur âme. Chacun d'eux, retiré à l'écart, est comme étranger à la destinée de tous les autres : ses enfants et ses amis particuliers forment pour lui toute l'espèce humaine ; quant au demeurant de ses concitoyens, il est à côté d'eux, mais il ne les voit pas ; il les touche et ne les sent point ; il n'existe qu'en lui-même et pour lui seul, et, s'il lui reste encore une famille, on peut dire du moins qu'il n'a plus de patrie. Au-dessus de ceux-là s'élève un pouvoir immense et tutélaire, qui se charge seul d'assurer leur jouissance et de veiller sur leur sort ». Cette page mérite d'être tenue sans cesse devant nos yeux ; comment ne pas y voir le visage que prennent parfois nos démocraties, l'envers de ce que j'appelle une société éthique ?

La Révolution tranquille est née d'une volonté neuve d'abattre les anciennes autocraties, d'implanter au Québec une véritable démocratie. C'est là que réside toujours sa grandeur irrécusable. Mais il est de la nature de la démocratie, comme de l'éthique d'ailleurs, de s'essouffler vite. Le montrent à l'évidence le Québec d'aujourd'hui, toutes les sociétés d'Occident hantées par le néo-libéralisme. Dans un entretien récent, publié par la revue *Esprit*, Gauchet soulignait que quelque chose échappe quand on exalte le débat démocratique pour lui-même : « On débat de quoi, et pourquoi ? C'est la vraie difficulté. Elle ne va que croître. On pouvait ne pas la voir tout le temps où il s'agissait de militer pour la démocratie. Une fois que sa cause l'a emporté et que tout le monde est d'accord sur le mécanisme, surgit le problème du contenu et des finalités ». À la différence des autres régimes politiques, la démocratie a ceci de singulier de devoir sans cesse reprendre la critique de ses conditions d'exercice et le ressourcement de ses idéaux.

Voilà, à n'en point douter, quelle était la conviction des artisans de la Révolution tranquille. C'est la même conviction qui devrait nous inspirer à l'heure où la société québécoise est confrontée à la tâche de s'interpréter à nouveau et de se redonner des projets d'avenir.

PREMIÈRE PARTIE

LES RAPPORTS SOCIAUX

Mouvance des générations
Condition féminine et masculine

Jacques Lazure

I

Pour une large part, les générations se meuvent au rythme de la société globale et dans des lieux qui varient selon son degré de cohésion sociale. En d'autres termes, le temps qui régit la mouvance des générations et l'espace qui en circonscrit et ordonne l'évolution sont grandement fonction du temps et de l'espace qui président à la structure et au dynamisme de l'ensemble de la société, à un moment donné de son histoire.

Or, le grave problème du Québec actuel, c'est que sa marche s'effectue au rythme de deux temps bien différents, voire contradictoires, qui tendent à se nuire mutuellement, sinon à se neutraliser en grande partie. D'un côté, le temps de l'économie qui continue sa course rapide (qu'il y ait stagnation économique ou pas !) et même l'accélère à la vitesse grandissante des communications électroniques, des innovations technologiques et des découvertes scientifiques. Non d'ailleurs sans produire d'énormes « déchets » humains et matériels, disloquant sérieusement la fibre de la main-d'œuvre et l'équilibre de l'environnement. De l'autre côté, le temps des institutions publiques et para-publiques qui va au ralenti ou marque le pas, dans un va-et-vient de légères avancées et de reculs notables, quand tout simplement il ne se sclérose pas ou ne se pétrifie pas !

Entre ces deux temps, le pouvoir gouvernemental alterne et oscille, pour ne pas dire qu'il vacille. Tantôt il se met au service d'une économie principalement néo-libérale qu'il veut faire avancer encore plus vite, sans en prévenir ou en corriger pleinement les incartades. Tantôt il vient à la rescousse ponctuelle d'institutions lourdes qu'il n'arrive pas vraiment à ranimer de leur torpeur.

Les deux générations extrêmes de la société, la jeune et la vieille, appartiennent présentement à ce deuxième temps plus momifié. La jeune, parce qu'elle relève, dans sa partie estudiantine, d'institutions scolaires anémiées financièrement, aux prises avec un certain vieillissement cellulaire et incapables de ne pas générer de forts taux de résidus, de l'ordre des 60 % à la sortie du secondaire, des 50 % à la fin du collégial et d'à peu près autant au terme du premier cycle universitaire.

Dans sa partie travailleuse, la jeune génération, surtout la moins scolarisée, a peine à franchir honorablement le seuil du marché du travail. Elle entre difficilement au cœur de la sarabande du temps de l'économie. Elle est souvent contrainte à n'en grappiller que des bribes de temps : temps partiel, temps parcellaire, temps précaire, etc. Elle se voit continuellement exposée au piétinement ou au recul du chômage ou de l'assistance sociale. De sorte que la jeune génération ne participe pas beaucoup au temps fort de l'économie par lequel se définit principalement notre société : les uns s'y préparent tant bien que mal, de l'extérieur ; les autres y restent souvent et assez longtemps parqués dans l'antichambre, là où ne se passe pas vraiment l'action.

La vieille génération, de son côté, se sort ou est repoussée du temps de l'économie. Elle n'est plus «productive», au sens mécanique et utilitariste que confère cette économie au travail humain. Les personnes âgées se rabattent ou sont rabattues sur le temps exsangue et faiblard des institutions qui les accueillent. Elles se voient ainsi obligées, pour un grand nombre, de se créer leur propre temps hors du circuit du temps social prédominant, un temps de consommation presque pure : consommation de médicaments, consommation de loisirs et de voyages, consommation de paroles et de rapports interpersonnels souvent tournés vers le passé.

Ainsi, les jeunes et les vieux vivent énormément, beaucoup trop en marge du temps principal qui anime la société globale. Ils n'y appartiennent plus ou pas encore. Ils vivent plutôt du temps institutionnel marginalisé et marginalisant, en dehors ou à la périphérie de la dynamique du temps économique de notre société. Le Québec, depuis trente ans particulièrement, s'est modernisé à bien des égards et de façon rapide. Mais ce processus s'est effectué en polarisant de plus en plus l'attention sur un temps trop purement économique, détaché de la vitalité d'autres temps susceptibles de lui donner du souffle et de l'envergure et de le subordonner au développement des personnes elles-mêmes : temps, par exemple, de la culture capable de conférer des significations profondément humaines et sociales à des événements et à des structures ; temps de l'éthique produisant de la justice et de l'harmonie dans la répartition des richesses et l'aménagement des rapports sociaux ; temps de l'autonomie inspirant la formation de personnes et de citoyens conscients et responsables ; temps de l'engagement social au service de la collectivité dont on se sait et se sent solidaire.

Le temps de l'économie renverse tout sur son passage ; le temps des institutions sociales n'arrive pas à s'y insérer et à le maîtriser, il se traîne à la remorque du premier. La jeune et la vieille génération vivent de plus en plus dans ce temps secondaire plus reproducteur que créateur. Tant de forces humaines et sociales s'atrophient de la sorte ou se consument en déperdition stérile !

La vigueur d'une société comme le Québec ne peut éclater vraiment que si le mouvement impétueux mais fécond propre aux jeunes et le mouvement plus placide mais plus éclairé propre aux vieux trouvent d'abord leur expression dans des institutions renouvelées et davantage ouvertes à la société. Et puis, que s'ils conjuguent leur dynamique à celle du temps économique, en l'épaulant de leurs habiletés et de leur expérience, pour les personnes âgées, ou, pour les plus jeunes, en s'adonnant déjà à de vraies activités économiques au sein de structures capables de leur fournir une solide formation professionnelle.

Le temps dans son mouvement crée son propre espace. Rien d'étonnant alors qu'en évoluant en dehors du temps que valorise la société, que se mouvant plutôt dans le cercle d'un temps institutionnel restreint et « normifié », les jeunes et les vieux en arrivent ainsi à se ghettoïser de plus en plus dans notre société. Les jeunes ne s'inscrivent pas encore dans le temps économique de la société ou, s'ils le font, c'est souvent de manière occasionnelle ou partielle. Ils délimitent et façonnent dès lors leur propre territoire, en dehors même non seulement de l'économie mais aussi des institutions scolaires auxquelles ils appartiennent. Territoire de parcs ou de restaurants du coin, territoire d'arcades, de discothèques ou même de clubs ou bars que s'approprient les jeunes, territoire de la rue, du métro, territoire de bandes de jeunes qui pratiquent la violence ou d'autres formes d'activités délinquantes. Aux niveaux collégial et universitaire, territoire plus personnel et plus intérieur à eux-mêmes que se définissent les jeunes, en se repliant sur leurs préoccupations individuelles d'avenir et de carrière pas toujours prometteurs.

De leur côté, les personnes âgées occupent massivement le ghetto de leur propre maison, des centres d'accueil ou des hôpitaux, ghetto dans lequel leur retrait, volontaire ou pas, du temps économique de la société les fait automatiquement tomber. Certes, les vieux ne sont pas tous malheureux comme les pierres. Il se taillent souvent des cercles d'amis ou d'activités de loisirs où ils peuvent se rendre utiles ou goûter à certains agréments de la vie. Il n'en reste pas moins que leur territoire social se situe, pour ainsi dire, hors les murs de la cité.

Il en ressort que les relations entre les générations apparaissent au Québec plus distantes et plus désarticulées que jamais. Les deux pôles du continuum générationnel s'écartent rapidement du territoire principal de la société québécoise ; ils se marginalisent à un rythme intense et soutenu. Le centre se contracte, se resserre en un noyau de plus en plus réduit de « producteurs » œuvrant dans les divers champs de l'activité sociale. La cohésion de l'ensemble social se noue autour de ce noyau, lui-même du reste générateur d'instabilité et de distension sociales, dans la mesure où il éclate périodiquement en éruptions de chômage et en poussées d'inégalités sociales. Il n'y a plus une seule cohésion sociale couvrant l'ensemble du territoire et des habitants du Québec. Cohabitent plutôt diverses cohésions sociales, l'une centrale mais toujours hasardeuse, pour environ les deux tiers de la population, les autres périphériques, sectorielles et sujettes à des émiettements continus, pour l'autre tiers de la population.

D'une part, les personnes âgées, à la retraite, se multiplient à une cadence accélérée susceptible d'embrasser 20 % de la population dans quelques décades. Et elles prolongent leur existence dans des conditions de vie en marge de la société, quand ce n'est pas à ses crochets. De l'autre, le nombre des jeunes a beau s'amenuiser, plusieurs avenues de la société leur sont bloquées. Quand certaines s'ouvrent quelque peu, une bonne proportion de jeunes ne peuvent s'y engager ou ne sont pas intéressés à le faire. La jeune et la vieille génération sont en passe de devenir des franges de la société, plutôt effilochées, il faut le dire. Nous nous attarderons davantage à la jeune génération que nous connaissons mieux.

Un fossé de plus en plus profond se creuse entre elle et la société adulte. Environ 60 % des jeunes de 15 à 19 ans, c'est-à-dire autour de 200 000 jeunes, ne fréquentent plus l'école. Dans la catégorie des 20 à 24 ans, 80 % d'entre eux ont déjà abandonné leurs études. Surtout chez les plus jeunes, plusieurs tombent dans l'errance de la rue, ou bien en quête incessante d'emplois temporaires et insignifiants, ou bien en proie au chômage ou sous la coupe de l'assistance sociale. En effet, chez les 15 à 19 ans, huit jeunes sur dix occupent des emplois précaires, occasionnels ou à temps partiel. À plus ou moins longue échéance, cette situation les pousse à des formes quelconques de délinquance, à travers l'expression de leurs sentiments d'impuissance, de frustration, voire de rage, comme l'a si bien analysé François Dubet dans son étude française *La galère: les jeunes en survie*[1], et dont plusieurs éléments s'appliquent correctement à la condition québécoise.

À cet égard, il faut être sensible au phénomène social grandissant de la diversité ethnique et culturelle qui fragmente l'univers des jeunes et qui vient complexifier le problème qu'ils posent à la société adulte. Une étude tout à fait récente d'un criminologue de l'Université d'Ottawa l'a indiqué, les jeunes de la nouvelle mosaïque culturelle et ethnique de Montréal sont surreprésentés dans le monde trouble de la violence et de la délinquance[2].

Pour leur part, les jeunes aux études collégiales et universitaires s'émiettent dans des associations ou groupements de faible participation, de portée sociale et politique peu considérable, d'intérêts variés qui cheminent parallèlement ou même qui entrent nettement en conflit. La population jeune, en général, boude ces associations, leur est indifférente et le monde adulte, jusque dans ses leaders économiques, syndicaux et politiques, s'émeut à peine de leurs plaintes et revendications.

Devant le mur adulte de l'incompréhension, de l'inertie sociale et de la méfiance grandissante, les jeunes forcément retombent sur eux-mêmes. La polarisation croissante entre jeunes et adultes se manifeste notamment dans le phénomène inquiétant de la paupérisation des jeunes. Madeleine Gauthier a très bien analysé cette condition dans ses études sur *Les nouveaux visages de la pauvreté* et *Les jeunes chômeurs. Une enquête*[3]. En 1986, des 103 000 jeunes de 15 à 24 ans qui vivaient seuls, en dehors de leur famille, environ 60 % croupissaient sous le seuil de la pauvreté[4].

La paupérisation des jeunes s'accentue donc et elle entraîne à son tour une démarcation de plus en plus nette entre les différents groupes de jeunes. Ils tendent à se diversifier et à se stratifier de plus en plus, selon une dynamique propre aux jeunes et non plus simplement selon celle provenant de leur famille d'appartenance. Ce phénomène est relativement nouveau et récent chez les jeunes. Une telle différenciation constitue, à notre avis, un autre signe non équivoque que les jeunes forment une sous-société à eux, avec son propre mécanisme de stratification sociale.

À quelque chose malheur est bon ! Davantage centrés sur eux-mêmes, plusieurs jeunes retournent à leur identité propre, prennent conscience de leurs ressources personnelles et de la nécessité de les faire valoir par eux-mêmes, en comptant d'abord sur leurs propres moyens. De nombreux analystes de la réalité sociale qualifient ce repliement des jeunes sur eux-mêmes d'individualisme, de retour indésirable et déplorable à leurs petits intérêts personnels. Cette vue des choses nous apparaît trop massive et insuffisamment nuancée.

Assurément, les formes d'engagement social des jeunes sont plus clairsemées et moins imposantes qu'elles le furent déjà. Certes, beaucoup de jeunes recherchent en premier lieu leur plaisir immédiat, dans une sorte d'hédonisme tourbillonnant où les sensations fortes tiennent lieu d'expérience et de formation.

Malgré tout, le fait pour les jeunes de devoir, bon gré mal gré, refluer au noyau propre de leur être pour y découvrir ce qu'ils sont et pour miser sur la force intérieure de leur identité consciente, est loin de signifier nécessairement ce que l'on appelle de l'individualisme au sens péjoratif du terme. Parler ainsi, c'est tabler sur le postulat, inadmissible à nos yeux, que la personne humaine ne constitue pas le fondement absolu, inaliénable du social et qu'elle n'en est pas finalement la source créatrice incessante. Expliquer ultimement le social par lui-même, hors de la personne, se légitime dans la mesure précisément où la personne se trouve effectivement à vivre par procuration sociale, à être « vécue » et « agie » par le social, au lieu de se mouvoir par elle-même et du dedans d'elle-même, dans et par des rapports sociaux qu'elle accepte et utilise s'ils sont propices à son développement, ou qu'elle rejette ou cherche à transformer s'ils entravent sa libération. D'où l'on voit que pour notre part, la situation des jeunes au Québec nous pousse jusqu'au métasociologique, en soulevant la question des rapports entre la personne et la société et de leur primauté respective.

Qu'à travers la ghettoïsation du statut social des jeunes et leur rejet hors du temps de l'économie, un certain nombre d'entre eux, de plus en plus grand d'ailleurs, parviennent à s'approfondir eux-mêmes et à jauger expressément la richesse de leur être, cela ne représente pas pour nous de l'individualisme de mauvais aloi. Cela signifie, au contraire, une prise de position virtuellement sociale qui permettra l'éclosion de nouvelles formes, vraisemblablement plus fécondes, de socialité et de structuration sociale. Qui plus est, cela constitue un acte social proprement dit, au-delà même de l'individualisme, pour autant qu'il implique déjà une définition consciente de soi-même par rapport au social, une mise en situation explicite de ses propres ressources à la fois par rapport à celles que lui offre la société et, encore plus souvent, par rapport aux nombreux obstacles qu'elle dresse sur sa route.

Tout cela pour dire que plusieurs jeunes, en raison même du rabattement sur eux-mêmes qu'on leur impose, en arrivent — et cela est bon — à mieux réaliser que leur « salut » ne vient pas, ne peut venir uniquement de la société ou de l'État. Ils se font moins sensibles au mirage des idéologies globalisantes ou totales. Ils deviennent plus avertis des manipulations sociales. Ils sont moins intéressés au renversement du « système » qu'à l'aménagement de ce sur quoi ils ont encore quelque prise, c'est-à-dire des conditions immédiates de leur vie et de celle de leurs proches. Ils se lancent dans diverses activités d'entrepreneurship économique, social et artistique [5].

Bref, les plus forts parmi les jeunes de 15 à 24 ans (une minorité certes, mais pas forcément parmi les plus riches économiquement), s'aguerrissent face à une société revêche. Tandis qu'environ 50 % des jeunes se débattent tant bien que mal au milieu de la jungle sociale.

Enfin, de 30 à 40 % versent, du moins momentanément, dans des formes plus ou moins prononcées de pauvreté matérielle et culturelle.

Heureusement que la famille est encore là pour recoller les pots cassés, pour atténuer les vicissitudes d'un combat âpre contre la vie et la société et pour aider à remettre ce monde sur des rails plus lisses et plus résistants. D'ailleurs, ce n'est pas par hasard que les jeunes tendent actuellement à prolonger leur séjour au foyer parental. L'État le sait bien, et il utilise cette donnée avec calcul, dans sa nouvelle réforme de l'aide sociale aux jeunes.

II

Les conditions féminine et masculine peuvent à certains égards s'interpréter dans l'optique où nous avons considéré la mouvance des générations, bien que, par ailleurs, les conditions des deux sexes comportent des dimensions qui leur soient propres.

Les femmes âgées, comme les hommes, vivent les dernières années de leur existence dans le mouvement amorti, ralenti des institutions où elles finissent par aboutir. Elles y passent encore plus d'années que les hommes, puisqu'elles meurent plus vieilles qu'eux. Quoique l'avoir économique des personnes âgées se soit amélioré en général ces derniers temps, il reste indéniable que beaucoup de vieilles femmes achèvent leur vie dans la pauvreté matérielle, peut-être encore plus que les hommes.

Par ailleurs, le sort humain des femmes âgées, pris globalement, est vraisemblablement moins pénible que celui des hommes, parce que leur sortie de la vie économique, de son temps ahurissant ne revêt pas pour elles la même signification que pour les hommes. Pour plusieurs de ces derniers, la retraite de la vie active représente encore trop souvent une quasi-dépossession de leur être, et fait naître en eux des sentiments d'inutilité et de vacuité. Tandis que les femmes âgées, même si elles ont occupé le marché du travail une bonne partie de leur existence, attachent moins d'importance vitale à l'abandon de leur travail extérieur. En raison de leur expérience de vie comme femmes et mères de famille, même si elle s'est déroulée selon le modèle patriarcal de l'assujettissement, les femmes âgées peuvent plus facilement réintégrer le tissu quotidien de la vie sociale à travers les mailles de leur propre famille ou de leurs proches, en leur apportant une aide ou un réconfort quelconque par des services, par des conversations, par l'expression de leurs sentiments d'amour et de bienveillance.

Par ailleurs, parce que le domaine du travail extérieur constitue encore, sinon dans les faits du moins dans la perception qu'on en a, le terrain privilégié de l'action de l'homme dans lequel la femme ne pénètre que subsidiairement, les femmes adultes encore actives subissent, cette fois, des conditions matérielles et sociales plus déplorables généralement que celles des hommes. La parité salariale, à valeur égale de travail, n'est pas acquise sur tous les fronts, loin de là ! Les femmes exercent très souvent, à leur corps défendant, des emplois instables ou à temps partiel, des emplois subalternes de pure exécution, au service des hommes logés dans les postes supérieurs. Elles occupent encore une place majoritaire au sein d'institutions scolaires, hospitalières, de travail social ou de services à la clientèle, où la lourdeur bureaucratique et les barrières normatives que met en place la direction masculine constituent souvent un frein à leur expansion créatrice. Le récent épisode de la négociation collective des infirmières est venu, à cet égard, dévoiler sur la place publique une situation qui s'était envenimée depuis quelques décades.

La condition des femmes dirigeant un foyer monoparental appelle des commentaires particuliers. Elle révèle, sur un mode bien triste, le peu d'estime et de considération que la société et son pouvoir mâle portent en définitive à la famille et, à travers elle, surtout à la femme mère et éducatrice d'enfants. Quand on réalise que près de 80 % des foyers monoparentaux sont sous la gouverne des mères et qu'une large proportion de ces foyers, en fait plus de 50 %, se débat dans la pauvreté et même la misère, on est en mesure alors d'évaluer avec justesse le peu d'importance qu'attache la société à la condition de plusieurs dizaines de milliers de femmes.

D'ailleurs, le nombre de ces femmes chefs de familles monoparentales croît continuellement, au rythme d'un taux de divorce qui ne semble pas vouloir ralentir. Quand s'attaquera-t-on sérieusement à la guérison de cette plaie béante au flanc de la société, en fournissant des services de garderie adéquats et financièrement abordables, en distribuant plus équitablement les richesses matérielles de la collectivité, en assurant à ces femmes la dignité d'emplois décents et suffisamment rémunérateurs ?

Cependant, il nous faut souligner une dimension spéciale de ce phénomène. Sans retrancher quoi que ce soit du sombre tableau que nous venons de décrire, nous croyons néanmoins qu'il ne représente que l'envers ou la face négative d'une force sociale positive, celle précisément qui a mené à l'émergence et à la croissance de la monoparentalité féminine. En effet, à l'aide de la prise de conscience de son identité d'être humain et de femme que lui a permise le mouvement féministe québécois et international, la femme a souvent eu le courage et la lucidité de se sortir elle-même de l'impasse conjugale dans laquelle elle se débattait, de dénouer elle-même le nœud de malheur qui l'étreignait dans sa vie personnelle et de couple.

Dès lors, la monoparentalité féminine en tant que telle, et non son cortège presque nécessaire de déboires et de misères, devient dans une certaine mesure le témoin de l'autonomie et de la responsabilité auxquelles accède de plus en plus la femme québécoise. Au travers de cette détérioration sociale que révèle la condition pénible de dizaines de milliers de femmes monoparentales, pointe malgré tout la fine fleur d'une femme plus consciente d'elle-même, de son être et de sa richesse propres.

Effectivement, le statut personnel et social de la femme s'est résolument amélioré au Québec, depuis trente ans, malgré qu'il reste encore faible et dépendant par rapport à celui de l'homme, notamment dans les domaines des emplois, de l'équité salariale, du leadership économique, social, politique et scientifique. Le mouvement féministe, nonobstant toutes ses limites, ses erreurs occasionnelles ou ses avatars, constitue, à notre avis, la force sociale la plus vigoureuse et la plus lucide qui se soit manifestée au Québec dans les vingt dernières années. Cette force touche à tout. En passant par les lois, les conventions collectives, les règlements des institutions, les canons de la science, les mœurs et usages sociaux, elle rejoint les fibres les plus intimes de la femme et de l'homme et tend à changer substantiellement leurs rapports personnels et sociaux jusque dans le quotidien.

À cet égard, la condition féminine au Québec nous semble plus dynamique, plus créatrice, plus porteuse d'avenir que la condition masculine. On en voit, entre autres, des expressions très significatives dans l'extraordinaire entrepreneurship économique que déploient actuellement nombre de femmes québécoises, dans l'ardeur qu'elles mettent à revenir aux études et à se perfectionner de mille façons, dans la proportion déjà considérable et croissante de femmes à s'inscrire dans les programmes universitaires d'administration et de gestion des affaires, dans les Facultés de professions libérales jadis réservées aux hommes.

La condition masculine vit plus difficilement cette transformation des rapports entre sexes. Elle se sent davantage mise en question ; elle nage plus dans une certaine obscurité et confusion. Elle a à se confronter avec la nouvelle incertitude qui enveloppe ses acquis sociaux, son sentiment de supériorité, son autorité et son pouvoir sur tout le social. La femme, même si elle éprouve aussi de l'ambivalence, se sait plus elle-même. Elle avance dans le mouvement explorateur de la quête de son identité personnelle et sociale, mouvement qui la propulse vers le futur. Elle a quelqu'une et quelque chose à construire, tandis que l'homme, hormis sa construction du social dans le travail extérieur, se voit plutôt sur la défensive, cherche plutôt à défendre et à protéger son passé. Dans la socialité extrêmement composite et fourmillante du quotidien, celle dont parle Maffesoli [6], nous pensons que la femme québécoise incarne davantage le temps du futur, alors que l'homme représente celui du passé et, jusqu'à un certain point, encore celui du présent, dont toutefois il perd graduellement l'initiative et la maîtrise.

Cela se répercute nettement dans la jeune génération. L'expérience de 37 ans d'enseignement universitaire, de nombreux engagements sociaux auprès des jeunes, de concert avec d'incessantes études et réflexions sur leur évolution, nous convainquent du fait qu'à partir du niveau collégial, les jeunes filles, portées et raffermies qu'elles sont par le dynamisme éclairant du mouvement féministe, traduisent en général plus de conscience d'elles-mêmes et de leurs ressources intérieures, plus de maturité, plus de recherche d'excellence, plus de sensibilisation aux injustices humaines et sociales que les jeunes garçons du même âge et du même niveau d'études.

La situation est passablement différente, au niveau secondaire ou dans la période immédiate d'abandon des études secondaires. Là, les filles se distancent moins des garçons, conditionnés qu'ils sont encore tous les deux par les stéréotypes masculins et féminins qui courent toujours dans notre société, et réceptifs qu'ils sont tous les deux aux fortes pressions sociales qui les assaillent en commun. Les jeunes filles se font engrosser plus que jamais. Les filles comme les garçons s'adonnent aux ébats sexuels avec inconsidération et sans préservatifs. Les deux prennent de la drogue aisément. Les filles continuent à se prostituer, les garçons emboîtent le pas. Les filles commencent même à pratiquer la violence physique, au sein de bandes de jeunes.

Bref, c'est la période de turbulence personnelle et sociale où garçons et filles se rejoignent avec peine, par la formule du « trial and error », hors du circuit de la société adulte, dans leur monde adolescent à eux. Là aussi finalement, c'est la famille qui en rescape un grand nombre, lorsqu'elle peut en définitive tenir le coup et perdurer.

Malgré tout, cependant, la jeune fille nous apparaît légèrement favorisée par rapport au jeune garçon, parce qu'elle abandonne moins les études que son pendant masculin. Si elle le fait, elle entre plus facilement et plus rapidement que lui dans le havre, si temporaire soit-il, du couple, du mariage et de la famille. Cela lui évite, à l'encontre du garçon, l'affrontement plus direct et plus exclusif que livre ce dernier avec le monde obstrué du travail.

En conclusion, la mouvance des générations au Québec, comme la condition féminine et masculine, nous semblent des phénomènes sociaux très complexes, soumis à une transformation profonde dont les conséquences pourraient être désastreuses pour la société québécoise, surtout si la jeune et la vieille génération continuent de la sorte à se marginaliser. Pour en atténuer les effets nuisibles, il faudrait, d'une part, ramener les aînés à des œuvres sociales utiles et constructives auxquelles les convierait la société (qu'en diraient les entreprises, les syndicats, les institutions d'enseignement, de santé, de service social ?). Cela commanderait, d'autre part, en faveur des jeunes, des possibilités réelles d'actualiser leurs connaissances et leurs habiletés personnelles dans la vie sociale, au moyen par exemple d'une préparation professionnelle intelligemment associée aux entreprises, comme la chose se fait avec succès en Allemagne de l'Ouest, au moyen aussi d'emplois soutenus et de participation active à des responsabilités sociales.

Quant à la condition féminine et masculine, elle nécessite que la société et ses leaders accordent beaucoup plus d'importance et d'attention au couple et à la famille et aplanissent les difficultés économiques et sociales qui affligent encore beaucoup de femmes.

L'écart entre les générations, les problèmes personnels et sociaux que vivent l'homme et la femme ne se résoudront pas à leur tour par les seules valeurs économiques et institutionnelles. Il faut y intégrer des valeurs éthiques et culturelles reposant finalement sur le triomphe de l'intelligence créatrice, celle qui se libère de toute polarité contraignante, et sur la suprématie d'un vouloir personnel et social s'affirmant dans la clarté de cette intelligence.

NOTES

1. François Dubet, *La galère : jeunes en survie*, Paris, Fayard, 1987.

2. L'annonce de cette étude et, entre autres, de la conclusion dont nous faisons état fut rapportée par les principaux journaux du Québec, peu avant la tenue du présent colloque.

3. Madeleine Gauthier (dir.), *Les nouveaux visages de la pauvreté*, Québec, IQRC, 1987 ; Madeleine Gauthier, *Les jeunes chômeurs. Une enquête*, Québec, IQRC, « Documents de recherche », n° 18, 1988.

4. Ces chiffres ont été tirés d'un reportage sur les jeunes et la pauvreté présenté à l'émission *Le Point* de Radio-Canada, en octobre 1989.

5. L'entrepreneurship des jeunes du Québec dans ces différents domaines est ressorti clairement d'une étude que nous avons menée en 1985, à l'occasion de l'Année internationale de la jeunesse, et qui portait sur 200 projets innovateurs réalisés dans les trois années précédentes. L'« esprit » qui animait ces projets correspondait à celui que nous venons de décrire, c'est-à-dire à une prise de conscience de son autonomie et de ses ressources personnelles, à partir desquelles on procédait à la réalisation d'une forme quelconque d'innovation sociale.

6. Michel Maffesoli, *La conquête du présent. Pour une sociologie de la vie quotidienne*, Paris, PUF, 1979.

La courtepointe ethnique

Nos grands-mères faisaient de petits chefs-d'œuvre, en reliant toutes sortes de morceaux d'étoffe en un chaleureux couvre-lit. De pièces disparates, le fil et les doigts de fée composaient un tout d'un harmonieux coloris : la courtepointe.

À l'heure où la pure laine se fait rare, on veut remettre à l'honneur cet art ancestral pour l'appliquer au tissu humain de notre société. Peut-on au Québec fabriquer une courtepointe ethnique avec un fil et une trame francophones ?

LA TRAME CONTINENTALE

Il existe déjà un gigantesque édredon qui couvre presque tout le continent nord-américain. Sur une trame tricentenaire, les Étatsuniens intègrent les nouveaux arrivants, autour de valeurs bien définies (le drapeau, la puissance américaine, la libre entreprise, la séparation de l'Église et de l'État...), en les reliant par le fil de la langue anglaise. À l'opposé du modèle européen, qui chevauche langues et pays différents, le melting-pot américain ne laisse aucune place à la déviance.

Les Italiens et Polonais de Buffalo

Je revois mes adolescents de Buffalo, à l'école secondaire où j'enseignais au milieu des années 1960. Il y avait deux grands clans rivaux à notre école, les Italiens et les Polonais, qui formaient chacun 40 % de la clientèle. C'est cependant tous en chœur qu'ils se levaient, chaque matin, pour saluer le drapeau (I pledge allegiance to the flag of the United States of America...). C'est aussi à l'unisson qu'ils demandaient à leur professeur de français pourquoi apprendre une autre langue quand tout le monde comprend l'anglais.

Sortie d'un moule qui a produit le plus puissant pays du monde, la courtepointe américaine peut, en outre, compter sur le statut universel de son fil, la langue anglaise, qui est devenu l'espéranto du XXe siècle.

LE POIDS DU PASSÉ

Sans le dire, voire en le niant, le Canada a suivi, avec ses immigrants, le modèle du melting-pot américain, en tentant, récemment, de lui plaquer la couleur locale de la mosaïque du multiculturalisme. Ce fut le cas avec les Ukrainiens de l'Ouest, les Européens de Toronto (les citoyens de nouvelle souche y sont majoritaires, tout comme à Buffalo) mais aussi avec les Juifs, les Italiens et les Grecs de Montréal.

Quand le Québec, libéré de la revanche des berceaux, a décidé de fabriquer sa propre courtepointe ethnique, il ne partait pas à zéro mais à −40. Déjà bien implanté, le modèle du melting-pot américain nous avait tous marqués profondément.

Les francophones

Habitués d'ignorer les étrangers, les francophones se convertissent lentement au creuset québécois, qu'ils ont consacré dans leur loi. Ils repoussent encore souvent de la main gauche, celle du cœur, les immigrants qu'ils invitent de la main droite, celle de la raison stratégique. Voici quelques exemples :

— La C.É.C.M. reflétait bien notre société quand elle a, par le passé, fermé ses portes aux Juifs et aux Grecs tout en anglicisant les Italiens dans ses propres écoles. Ne pouvant voir les immigrants devenir nôtres, on les classait parmi les autres, avec les Anglais. Les dirigeants de la C.É.C.M., investis et contrôlés par le Mouvement scolaire confessionnel (les obsédés de la chrétienté perdue, selon l'expression de mon collègue Jean-Pierre Proulx), conservent toujours cette vision passéiste de Montréal. Pas surprenant qu'on y ait récemment congédié Luis Zuniga, un informaticien d'origine chilienne, à cause de son accent. L'affaire est entre les mains de la Commission des droits de la personne.

— Avant les élections du 25 septembre, Gilles Fortin, le député sortant de Marguerite-Bourgeoys (ville Lasalle), me confiait : « Ici, les immigrants (13 % de ses électeurs) sont anglophones et il en sera toujours ainsi, car leur culture d'appartenance n'est pas la nôtre. La solution c'est le retour à un taux de natalité plus élevé. Autrement, on continuera de s'éliminer par nous-mêmes. »

— Ça se passait à la fin de l'été, au restaurant Faros, rue Fairmount. Il y avait deux serveurs : un vieux, qui avait appris le français sur le tas, et un jeune, dont l'aventure scolaire n'avait laissé de traces qu'anglaises. Pendant que nous nous évertuions à parler français au jeune serveur, à la table voisine, d'autres convives, aussi franco-québécois que nous, s'obstinaient à ne parler qu'anglais au vieux serveur, qui s'adressait toujours à eux en français. Nos deux Grecs devaient se dire : « Ils sont fous ces Québécois. Ils insistent pour faire parler français celui qui ne le parle pas et refusent de le parler à celui qui le comprend. »

Les anglophones

Habitués de compter sur les immigrants pour le maintien de leur réseau d'institutions, nettement disproportionné par rapport à leur importance numérique, les Anglo-Québécois combattent farouchement l'avènement du creuset québécois. (Le rejet de la société distincte constitue la pierre angulaire du Equality Party). Ils sonnent l'alarme de l'intolérance dès qu'on s'oppose au modèle du melting-pot. Le tocsin retentit d'Halifax à Vancouver et le Québec retraite, de peur d'encourir les foudres canadiennes. Les exemples sont nombreux, en voici quelques-uns.

— En janvier 1988, le quotidien *The Gazette* coiffait sa série d'articles sur les minorités du titre « Les minorités se sentent exclues de la société québécoise ». Suivait, en exergue, une citation du photographe Edward Hillel : « Le fait de parler le français ne suffit pas pour faire partie de la communauté francophone. Les francophones sont si insulaires, si tournés sur eux-mêmes. Si vous ne descendez pas du stock originel, vous ne pouvez devenir membre de cette communauté.» Peu importe que M. Hillel ait par la suite corrigé les propos qu'on lui prêtait, le message était clair pour les Montréalais de nouvelle souche. C'était le même appel que lançait la photo, en couleur à la une de *The Gazette*, d'une jeune asiatique, exprimant le martyre d'avoir à étudier en français alors que c'eût été si facile en anglais.

— À l'été 1987, anglophones et francophones de Brossard, une ville de plus en plus cosmopolite, se disputaient l'utilisation de l'école Good Shepherd. On devait trancher à l'assemblée du mardi 9 juin. Pendant qu'à l'intérieur, Mike Dyer accusait la commission scolaire de provoquer la mort de sa communauté anglaise, parents et enfants manifestaient à l'extérieur. Assez curieusement, il n'y avait aucun mot d'anglais sur les pancartes, seulement du français, de l'espagnol, du tagal (langue des Philippins, nombreux à Brossard) et des pictogrammes asiatiques. «They want to take our school, they are against minorities», répondaient les enfants d'immigrants, quand je leur demandais pourquoi ils manifestaient.

Les allophones

Habitués d'envoyer leurs enfants à l'école anglaise, les plus anciens groupes ethniques de Montréal ont mal réagi à l'implantation du creuset québécois. Ayant misé, pour leurs enfants, sur la langue la plus profitable en Amérique, ils comprennent mal qu'on change les règles du jeu et qu'on les force à joindre les rangs d'une minorité, nationale et continentale. Pas surprenant qu'on retrouve des Juifs, des Grecs et des Italiens parmi les piliers d'Alliance-Québec et du Equality Party. Voici trois petits incidents révélateurs.

— Ayant souligné, dans ma chronique du 27 février 1987, que le serveur ne parlait pas français au bistro-bar Tycoon, rues Sherbrooke et Saint-Urbain, je reçois une invitation du propriétaire, Alcibiade Cocodakis. «Il faut me comprendre, je suis arrivé ici avant la Révolution française. En 1954, personne ne nous disait qu'il fallait apprendre le français», m'avait alors expliqué le fils d'Éole, dans un joual alerte et passionné.

— Cet été, au marché Latina, j'entendais deux jeunes commis, un gars et une fille, parler de leur entrée prochaine au cégep. Lui voulait aller à Dawson avec le gang de son «high school», elle irait à Vanier pour connaître d'autre monde. Ils parlaient anglais et ne leur était jamais venu à l'idée de fréquenter un collège francophone. Trilingues, comme un nombre grandissant de jeunes Italo-Montréalais, ces deux jeunes commis m'ont servi dans un français impeccable. Ce sont les enfants des lois 63 et 22.

— Me promenant dans l'atrium de la polyvalente Jeanne-Mance, au Plateau Mont-Royal, j'ai découvert, l'an dernier, qu'on avait ressuscité les tableaux d'honneur. Ma deuxième surprise fut plus douloureuse : des Asiatiques, des Latinos, des Portugais, mais aucun nom de Canadiens français au palmarès de l'excellence. « Pourquoi s'intégrer à ceux qui traînent à la queue de la classe ? », doivent se demander ces enfants d'immigrants.

LES ÉCUEILS DU PRÉSENT

En plus, ou à cause, de la pression continentale et des traces du passé, nous transmettons des messages contradictoires aux Québécois de nouvelle souche et minons de l'intérieur les fragiles chances de succès du creuset québécois.

Les partis politiques

Le clivage politique nous a jusqu'ici empêché de lancer une invitation claire aux nouveaux Québécois. Proches des Québécois de nouvelle souche, avec qui ils ont tissé un impressionnant réseau de liens, les libéraux n'ont reculé devant aucune compromission pour garder captif l'électorat ethnique. Purs sur papier, les péquistes n'ont pas fait les compromis requis, sur le terrain, pour conquérir les nouveaux Québécois, qui voient le PQ comme un parti de Canadiens français pure laine.

L'appareil fédéral

Même quand tout se passe en français, comme dans l'aventure des Turcs, le ministère fédéral de l'Immigration continue de n'utiliser qu'une seule langue : l'anglais, à Montréal aussi bien qu'à Toronto. Quand l'État parle anglais aussi bien que l'entreprise, le creuset francophone du Québec devient une lointaine abstraction.

Le fardeau de Montréal

À leur arrivée, les immigrants se retrouvent massivement sur l'île de Montréal, particulièrement dans la ville de Montréal, une ville de pauvres et d'immigrants fraîchement arrivés chez-nous. C'est donc à 20 % des francophones du Québec qu'on demande d'intégrer 80 % des immigrants. C'est une mission impossible, sans l'aide de l'autre Québec, car il y en a deux maintenant.

LES ESPOIRS DE DEMAIN

Sur la trame continentale du melting-pot américain, en portant le poids du passé et en contournant les écueils du présent, peut-on intégrer les immigrants à la majorité francophone du Québec ? Peut-on fabriquer une courtepointe ethnique sur le modèle du creuset francophone du Québec ?

L'aiguillon de la nécessité

Seuls les gens intéressés sont intéressants, les autres étant hypocrites. N'ayant plus le choix, un nombre grandissant de francophones commencent à mesurer la nécessité nationale du creuset québécois, au même titre que la Caisse de dépôt ou l'hydro-électricité.

Une première déchirure

Lors de la dernière campagne électorale, les groupes ethniques ont refusé de suivre les Anglo-Québécois (les Canadiens de Montréal) dans leur croisade pour punir Robert Bourassa, qui avait rompu leur pacte tacite : un vote captif en retour d'un frein à la protection du français et à l'affirmation nationale du Québec. Quand les nouveaux Québécois sentiront que les deux grands partis favorisent le creuset francophone, ils le prendront au sérieux. Même quand ils ont adopté l'anglais comme langue d'usage, les Québécois de nouvelle souche sont souvent ambivalents devant leur nouvelle identité culturelle. Traversés par divers courants, les groupes ethniques de Montréal ne représentent pas un tout aussi monolythique qu'on a tendance à le croire.

Les enfants de la Loi 101

Depuis une douzaine d'années, de petits Québécois de toutes races et de toutes couleurs apprennent le français sur les bancs d'école. Ils seront différents de nous, mais également différents de ceux qui sont sortis de l'école québécoise comme s'ils avaient étudié à Toronto ou Buffalo. Les enfants de la Loi 101 sont différents des enfants des lois 63 et 22.

Le bout du cœur

Les mariages multiethniques entre francophones de vieille et nouvelle souches (avec leur noire toison crépue, les enfants de Gérald Larose n'oublieront jamais que leur mère est d'origine haïtienne), les adoptions internationales (aussi francophones que leur père et mère, Pierre et Michelle, les cinq petits Coréens-Fortin élargiront le moule), les affaires de cœur comme la croisade pour les Turcs (la petite Gulizar Ersoy ne se séparera jamais de Louise Laurin, sa grand-mère québécoise)... Ce sont des humains qui entrent dans la courtepointe ethnique, des personnes en chair et en os qui comprennent, non seulement les raisons de l'économie mais aussi les appels du cœur.

La poussée des Latinos aux USA

Le débordement du Tiers monde de l'Amérique du Sud vers le Nord, est en train d'affaiblir le creuset américain. Chaque fois que la Floride ou New York doit faire de la place aux Latinos, il est plus facile de faire accepter l'anomalie francophone du Québec.

Un projet de majoritaires

La courtepointe ethnique : intégration ou coexistence ? m'avait-on suggéré comme titre de cette conférence. C'était un excellent titre.

On devrait commencer à avoir des éléments de réponse au prochain grand colloque de l'IQRC, peut-être lors du vingtième anniversaire en 1999.

On peut cependant déjà dire que le creuset québécois est un projet de majoritaires. Aussi longtemps que nous laisserons les autres, y compris notre minorité anglophone qui véhicule le message de sa majorité nationale et continentale, définir les règles du jeu, notre creuset est voué à un échec certain.

Le creuset québécois restera toujours une déviance intolérable pour les tenants du melting-pot nord-américain. Il ne faut donc pas trop s'en faire si on continue de taxer d'intolérance chaque écart du modèle national et continental.

Finalement, la fabrication d'une courtepointe ethnique, sur une trame et un fil francophones, n'est ni plus ni moins facile que la survie d'une société française dans le continent nord-américain. Ce n'est que la dernière version de notre éternel drame national.

Peut-on encore définir la famille?

Renée B.-Dandurand

On ne peut nier qu'au Québec, la réalité familiale ait connu des changements assez spectaculaires depuis trente ans. Quant à l'ampleur, mais surtout au rythme de ces changements, il semble bien que nous nous soyons distingués parmi les pays développés (Festy, 1986).

Peut-on tout de même encore définir la famille? demandent les organisateurs de ce colloque. En somme, se pourrait-il que notre famille ne soit plus « une vraie famille » ?

Pour répondre à cette question, je vais exposer les principales transformations qu'a connues la famille québécoise depuis 1960 sous trois angles successifs. J'exposerai d'abord deux repères démographiques, la baisse de la fécondité et la désaffection à l'égard du mariage. Dans un second temps, je tenterai de voir brièvement en quoi ont été altérées les conditions quotidiennes de vie des enfants, des jeunes, des femmes et des hommes. En dernier lieu, je tenterai de dégager les grandes lignes d'évolution de la famille comme institution sociale afin de répondre à la question suggérée par le titre de cet exposé.

DEUX REPÈRES DÉMOGRAPHIQUES

C'est à propos de ces deux événements démographiques de la naissance et de l'union conjugale que les changements familiaux sont le mieux repérables et sont les plus susceptibles d'être comparés, avec le passé comme avec d'autres sociétés contemporaines.

Depuis le milieu des années 1980, il a été beaucoup question de *la baisse de la fécondité* qu'on fait souvent remonter à la décennie 1960. C'est d'ailleurs le moment de la mise en marché des premiers contraceptifs vraiment efficaces auxquels succéderont des pratiques plus courantes de stérilisation et d'avortement. Depuis lors, les taux de fécondité se sont abaissés rapidement. Dès les années 1960, la réduction des naissances touche les enfants de rang 3 et plus ; mais la baisse des années 1980 paraît affecter les enfants de rang 1, puisque seulement deux femmes sur trois, parmi celles qui sont en âge de procréer, ont un premier enfant (Dionne, 1989 et Rochon, 1989). S'agit-il d'un refus ou d'un retard à procréer ? C'est une question à laquelle nous ne pourrons répondre que dans quelques années. Il demeure que cette réduction des naissances a un double effet : au niveau individuel, les couples ont la possibilité de mettre fin aux naissances non désirées et de mieux planifier le calendrier des naissances ; à plus long terme, au niveau sociétal, ce faible régime de fécondité n'assure plus, en deçà de 2,1 enfants par femme, le renouvellement des générations. Dès lors la question qui revient constamment est celle-ci : comment une société aussi prolifique que le Québec s'est-elle laissée devancer par le reste de l'Amérique du Nord et a-t-elle pu joindre les rangs des nations les plus malthusiennes ?

Il faut relativiser et nuancer la vision des choses que traduit une telle question.

Rappelons d'abord que la baisse de la fécondité est loin d'être un phénomène récent, mais que c'est une tendance de fond qui s'est manifestée depuis plus d'un siècle, dans tous les pays touchés par la révolution industrielle, y compris au Québec. L'historienne Marie Lavigne (1983 : 320) le note en reprenant les données des démographes : « entre 1851 et 1951, on enregistre une chute du taux global de fécondité générale de 40,3 % ». Si les Québécoises continuent d'avoir plus d'enfants que les autres Canadiennes entre les années 1920 et 1960, c'est non seulement parce que l'Église catholique, avec la complicité de la médecine, s'est opposée au contrôle des naissances mais surtout parce que des conditions structurelles ont favorisé des familles plus nombreuses, notamment en milieu populaire urbain : aussi longtemps qu'il n'y eut pas de protection étatique convenable pour les personnes âgées, les enfants représentaient le recours ultime pour les vieux jours ; d'autre part, dans les maisonnées ouvrières, a longtemps subsisté une économie familiale axée non seulement autour du salaire des pères mais aussi du travail à domicile des mères (couture, blanchissage, location de chambres, entretien de pensionnaires) (Lemieux et Mercier, 1989 : 361). Cela a contribué à alléger le poids économique des enfants, d'autant plus que ces derniers participaient au travail familial et ne furent pas soumis à l'obligation scolaire par la loi avant les années 1940 [1].

Par la suite, le Québec sera touché par le baby-boom de l'après-guerre mais y participera un peu moins activement qu'ailleurs en Amérique du Nord. Et déjà au début des années 1960, nos taux de fécondité sont un peu plus bas que dans le reste du Canada (Lachapelle, 1988 : 3). D'ailleurs il faut être prudent en comparant la natalité du Québec et celle des autres provinces canadiennes. Car si on soustrait les populations immigrées de fraîche date (que notre province reçoit et retient en moins grand nombre), les taux de fécondité sont plutôt comparables entre les régions canadiennes (Lapierre-Adamcyk et Marcil-Gratton, 1987).

Parmi les pays occidentaux [2], seulement quelques exceptions arrivent à maintenir un taux de fécondité supérieur à la moyenne de deux enfants par femme. Ainsi, au milieu des années 1980, le Québec, avec un taux autour de 1,4 ou 1,5, se place derrière la France, les États-Unis, le Royaume-Uni et la Suède, dont les taux voisinent 1,8 et 1,9 ; cependant nous nous situons devant des pays comme l'Allemagne de l'Ouest, mais surtout devant l'Italie qui, malgré des comportements très conservateurs en matière de nuptialité et de divorce, affiche un taux de fécondité encore plus bas que le nôtre, à 1,3.

Si la chute importante des naissances se place dans une tendance amorcée depuis plusieurs décennies, *la désaffection à l'égard du mariage* qui se manifeste après 1970 a été un phénomène plus brutal parce que plus imprévisible. On sait qu'en Occident, les années d'après-guerre, en plus de connaître un regain de la natalité (le baby-boom), furent les années d'or du mariage. Non seulement une vaste majorité d'hommes et de femmes se sont mariés mais ils l'ont fait très jeunes ; les progrès des conditions de vie, de l'hygiène et de la médecine ayant continué leurs effets sur l'allongement de la vie humaine, de moins en moins d'enfants et de parents connaissent le deuil familial. L'après-guerre est donc une époque charnière en quelque sorte : la mortalité infantile et le veuvage prématuré d'autrefois se sont fortement atténués pendant que le divorce et la séparation sont encore rares ou de fréquence modérée selon les pays. En somme, il est probable que les familles n'aient jamais été aussi stables.

C'est dans le parcours d'une vie plus longue, moins marquée par les discontinuités de la maladie et de la mort, que va émerger un mariage de plus en plus dissoluble selon la volonté des partenaires : les ruptures d'union deviennent plus fréquentes et, au Québec, la courbe du divorce va bondir après la loi canadienne de 1968. Dix ans plus tard, les chiffres indiquent que près de deux mariages sur cinq sont destinés au divorce. Ces ruptures vont notamment contribuer à une augmentation considérable des familles monoparentales qui, depuis 1961, se sont accrues six fois plus vite que les familles biparentales [3].

On a souvent présenté cette montée brutale du divorce comme un avatar du libéralisme des mœurs ou encore comme une insatisfaction subite de la vie conjugale. La chose est bien plus complexe, à mon point de vue : les couples ne passent pas du jour au lendemain, autour de 1970, de l'harmonie à la discorde conjugale. Il faut plutôt voir qu'à cette époque, sont progressivement levées des contraintes juridiques, religieuses et économiques qui ont longtemps maintenu une partie des couples unis aux yeux de la société (et du recenseur officiel) mais désunis au sein de la maisonnée (Dandurand, 1988). Il est donc dorénavant possible de mettre fin à un mariage malheureux (et en particulier pour les femmes), en même temps d'ailleurs qu'il est possible de mieux maîtriser sa fécondité et d'avoir les enfants qu'on désire et qu'on a les moyens d'élever.

Les années 1970 voient également la fin du mariage comme *cadre unique* de la vie en couple et de la procréation des enfants. Bien sûr, on se marie encore, mais un peu moins fréquemment et plus tardivement. L'union libre est une alternative choisie par plusieurs des divorcés qui veulent éviter le remariage mais surtout par des jeunes ménages, pour qui l'expérience devient une première forme d'union, une sorte de mariage à l'essai. Si les conjoints de fait des années 1970 s'empressaient de légaliser leur union dès que l'enfant s'annonçait (Lazure, 1975), c'est beaucoup moins le cas à la fin des années 1980. De plus en plus de parents ne sont pas unis par des liens légaux, comme en témoigne le nombre élevé des naissances hors mariage (33 % en 1988).

En moins de deux décennies, le paysage matrimonial est ainsi devenu une véritable mosaïque : mariage religieux ou civil, union consensuelle, suivie ou pas d'un mariage ; divorce, séparation ou désunion libre, chacun pouvant être suivi ou pas de remariage, ou de recohabitation. Devant une telle diversité, le repérage statistique et même sociologique devient quasi impossible, du moins avec les méthodes de cueillette traditionnelles. Et si tous ne connaissent pas une forte mobilité matrimoniale, c'est entendu, il est clair qu'une plus grande proportion de la population jeune est touchée par les nouvelles formes de conjugalité et d'instabilité matrimoniale (Le Bourdais et Desrosiers, 1987).

À divers degrés mais de façon assez convergente, la plupart des pays occidentaux voient se répandre des conduites analogues face à la conjugalité. Par exemple, les États-Unis demeurent la société la plus fidèle au mariage mais qui conserve le championnat du divorce... et du remariage. La Suède est à l'avant-garde des nouveaux modèles de conjugalité avec un fort pourcentage d'unions libres et près de la moitié de ses naissances hors mariage, alors que des pays comme la France et le reste du Canada se placent entre ces deux modèles. Quant à nous, au Québec, nos taux de divorce sont plus élevés que ceux de la France, plus bas que ceux des États-Unis et du reste du Canada. Mais nous sommes plus près de la Suède pour ce qui est des taux de cohabitation et de naissances extramaritales.

L'examen de ces deux repères démographiques des changements familiaux observés au Québec depuis trente ans laisse bien voir que *la famille d'aujourd'hui ne peut être jugée seulement à l'aulne de la vie familiale de nos parents et grands-parents*, en somme de cette génération responsable du baby-boom des années 1940 et 1950. Car non seulement la famille du passé est-elle toujours idéalisée par les générations successives mais, dans le cas présent, le référent est lui-même exceptionnel, idéal en quelque sorte, à l'échelle historique : comme j'ai essayé de le montrer, dans l'après-guerre, une large majorité de la population se marie et a tout de suite un premier enfant, puis les autres, sans connaître beaucoup de deuils comme autrefois, ni de ruptures volontaires comme cela viendra par la suite. Plutôt qu'une mémoire courte, ne vaut-il pas mieux *avoir une mémoire plus longue* pour apprécier les formes familiales contemporaines ? Car en réalité la situation actuelle présente des analogies assez nettes avec la période d'implantation de l'industrialisation. Ainsi dans la dernière moitié du XIXe siècle, observe-t-on une baisse de la fécondité et de l'âge au mariage qui dénotent l'existence, comme de nos jours, d'une plage d'attente au moment de l'insertion à l'âge adulte, où l'établissement professionnel et conjugal des jeunes est repoussé plus loin dans le cycle de la vie. Enfin faut-il rappeler que les conditions de vie ouvrière, à l'époque de l'industrie naissante, sont marquées non seulement par le deuil mais par la misère et les migrations, autant d'éléments qui perturbaient aussi fortement la stabilité des couples et des familles que les divorces d'aujourd'hui. C'est pourquoi on peut penser que la transition vers une société postindustrielle, comme celle vers l'industrialisation, joue certainement dans l'explication des perturbations actuelles de la vie familiale.

Quels sont précisément les changements les plus notables dans la vie des individus en ce qui a trait au cadre familial ?

LA VIE DES ENFANTS, DES JEUNES, DES FEMMES ET DES HOMMES

Si en 1960 le rôle économique des *enfants* comme main-d'œuvre a presque disparu, c'est encore dès l'adolescence que la plupart des jeunes, en milieu ouvrier du moins, se consacrent au travail. En assurant des fonctions de sécurité du revenu, dans la vie adulte comme dans la vieillesse, l'État des années 1960 et 1970 a contribué à une atténuation considérable des responsabilités de l'enfant comme bâton de vieillesse ou assurance contre la maladie ou l'invalidité. Et avec le prolongement de la scolarisation et le développement des services de garde, l'enfant occasionne plutôt des déboursés à ses parents. Or ces coûts sont élevés même si la progéniture est moins nombreuse : selon les calculs récents d'une économiste (Gauthier, 1989), le premier enfant prélève entre le quart et le cinquième du revenu de ses parents. Subsistent néanmoins les aspects affectifs. L'enfant est perçu comme source de plaisir par ses parents et comme symbole des liens du couple : c'est pourquoi, notamment, les rapports parents-enfants sont devenus plus permissifs, moins autoritaires. Parce que les fratries sont réduites, les enfants vivent dans un cadre privé davantage peuplé d'adultes qu'autrefois. Et certains d'entre eux vivent des « carrières familiales » complexes en raison de l'instabilité conjugale des parents.

L'âge de la *jeunesse* a également subi des transformations considérables depuis une vingtaine d'années. Parallèlement à une scolarisation plus poussée et à la précarisation de leur insertion au travail, les jeunes ont adopté des pratiques d'union libre et de report des naissances. Ainsi, l'insertion à l'âge adulte se fait plus graduellement : le projet conjugal d'abord avec une cohabitation de plus en plus précoce, le projet d'enfant ensuite, de plus en plus tardivement et de façon plus incertaine. Quand les couples ont tous deux un emploi et n'ont pas d'enfant, on parle de style de vie DINK (Double Income No Kid, selon l'expression des Américains).

C'est sans aucun doute la vie des *femmes*, jeunes ou adultes, qui a le plus changé depuis trente ans. Encore confinées pour la plupart aux rôles quasi exclusifs d'épouse, mère et ménagère en 1960, les femmes vont commencer à accéder à une certaine autonomie financière et personnelle, ce qui va leur permettre de mieux gérer leur destin, notamment, de mettre fin aux unions malheureuses et aux naissances non désirées. Dans la décennie 1960, les femmes mariées vont d'abord gagner leur maturité juridique puis maîtriser davantage leur fécondité : faut-il souligner à quel point la révolution contraceptive est importante pour elles, leur permettant de dissocier sexualité et procréation ? Elles vont également accéder plus nombreuses au marché du travail, même si elles sont mères de jeunes enfants : ici encore faut-il rappeler qu'une nouvelle dissociation est introduite par ce changement, celle entre procréation et élevage des enfants, la mère biologique n'étant plus socialement requise pour toutes les tâches d'élevage des enfants ? Comme ça s'est passé d'ailleurs à d'autres époques ou dans d'autres sociétés : quand on a besoin des femmes aux tâches de production, on arrive à trouver des substituts aux soins maternels.

D'autre part, si, pendant cette période, elles ont vu leurs responsabilités allégées par l'État providence, les coupures que les pouvoirs publics font à ce chapitre depuis les années 1980 se répercutent fortement sur elles car elles sont parmi les plus pauvres, en même temps que les principales responsables privées des membres non productifs de la société : enfants, malades, handicapés ou vieillards. Il est indéniable que le mouvement des femmes a joué un rôle dans ces changements et d'ailleurs sa pérennité, depuis vingt ans, traduit de façon éloquente la légitimité des revendications qu'il porte. On peut rappeler ici que l'objectif central de ce mouvement, dans l'ensemble des pays développés, fut et demeure celui de briser la barrière entre les sphères domestique et publique, entre le monde des femmes et celui des hommes, donc de faire accéder les femmes aux privilèges et aux responsabilités de la sphère publique (travail, politique, culture) et d'inciter les hommes à s'intégrer davantage à la sphère privée, pas seulement à ses privilèges mais aussi à ses responsabilités. On peut dire qu'aucun de ces deux volets n'est, bien sûr, achevé mais que le second a moins avancé que le premier.

Ce qui nous introduit aux changements de la vie des *hommes* depuis trente ans. Si leur hégémonie dans la sphère publique demeure indiscutable, aussi bien dans la vie économique que politique, la compétition des femmes se fait plus vive dans certains secteurs, les professions libérales ou les secteurs culturels par exemple. Dans la sphère domestique, et parce que les jeunes et les femmes ont contesté l'hégémonie des pères et maris [4], le législateur est intervenu, ajustant les droits des hommes à leurs véritables responsabilités familiales : ainsi a-t-on vu l'autorité maritale être abolie en 1964, puis l'autorité paternelle céder la place à l'autorité parentale en 1977. Il est vrai que le droit manifeste du père dans la famille devenait gênant devant, par exemple, l'irresponsabilité d'une majorité de pères divorcés face à leurs obligations alimentaires, ou face à la violence conjugale, qui ne sera vraiment visible socialement qu'à partir de la fin des années 1970. Les femmes ont aussi accru leurs attentes envers les hommes-pères : si elles se contentaient d'un bon pourvoyeur dans les années 1960 (Moreux, 1969), elles vont exiger par la suite plus de présence, de soins et d'attention envers les enfants, de même que plus de collaboration aux tâches domestiques. Ce qu'elles obtiennent encore bien partiellement et insuffisamment, si l'on se fie aux études récentes sur la question (Le Bourdais *et al.*, 1987, Mercier, 1989). On relève cependant l'émergence timide d'un modèle de « nouveau père », qui laisse peut-être auguror des transformations.

Qu'est-ce que *ces changements* de la vie des enfants et des jeunes, de la vie des femmes et des hommes *ont signifié pour la famille en tant qu'institution sociale ?* La réponse vient d'être abordée pour ce qui est des principaux rôles familiaux mais elle doit aussi porter sur les autres aspects de la définition de l'institution et sur sa place dans la société actuelle.

ET LA FAMILLE COMME INSTITUTION SOCIALE ?

Ce qui frappe d'abord, c'est que les deux composantes principales de la famille, *la conjugalité et la parentalité* ont connu un changement analogue : ils sont devenus tous deux *plus délibérés*. Non seulement tous les jeunes et les adultes ne vivent pas en ménage familial [5], mais la révolution contraceptive et le divorce ont donné aux individus qui vivent dans le cadre familial la possibilité de mettre un terme aux naissances non désirées et aux mariages malheureux. Bien qu'il ne s'agisse pas de la conquête d'une liberté absolue, il s'agit d'un changement de structure, d'un changement de long terme à l'échelle historique, selon l'expression de Fernand Braudel (1958), et qui est probablement irréversible.

Une seconde caractéristique apparaît peut-être plus conjoncturelle que structurelle et il est difficile de prévoir ce qu'il adviendra de cette tendance. Si la famille de l'après-guerre est à résidence néo-locale et nettement conjugale (papa, maman, enfants), depuis les années 1970, *le couple ne peut plus être considéré comme essentiel à la définition de la famille* : celle-ci s'est resserrée davantage sur l'exercice des rôles parentaux, avec ou sans couple [6]. Non seulement le mariage a-t-il cessé d'être considéré comme un préalable socialement nécessaire à la vie en couple et aux naissances, mais la vie conjugale, dans un cadre légal ou consensuel, ne mène pas nécessairement à la procréation pour plusieurs (le style de vie DINK), pas plus qu'elle n'est absolument requise pour la conception (NTR — mères célibataires traditionnelles ou volontaires), ni requise pour l'élevage des enfants (en 1986, au Québec, une famille parentale sur sept est monoparentale et dirigée par une femme seule). On peut en déduire deux choses. Tout se passe comme si, *plus ouvertement, la famille* s'affichait *comme* étant bien davantage *la responsabilité des femmes*, alors qu'auparavant, l'institution du couple camouflait publiquement cette réalité pourtant très présente dans la sphère privée. D'autre part, *la formation d'une famille* est de moins en moins *associée* au projet conjugal mais à *la mise en œuvre d'un projet d'enfant*.

Si la famille comme institution est davantage centrée autour des fonctions parentales, elle est par ailleurs devenue beaucoup *plus diversifiée dans ses formes*, ayant abandonné le modèle hégémonique de la famille conjugale de l'après-guerre. C'est par son *membership* qu'on peut le mieux saisir cette diversité, qui présente toujours un caractère paradoxal d'ailleurs. Donnons-en deux illustrations. Ainsi le fait que les familles soient moins nombreuses suppose des fratries plus restreintes, des parentèles plus réduites (Fortin, 1987), mais les reconstitutions familiales par remariage ou recohabitation élargissent à nouveau ces fratries et ces parentèles, créant parfois des liens aussi forts que les liens familiaux. Le membership paradoxal des familles contemporaines est aussi inscrit dans les nouvelles formes de conjugalité. Si les taux élevés de désunion et même de célibat sont un indicateur très clair des antagonismes actuels entre hommes et femmes (et qui devrait, *à ce titre*, et plutôt que d'invoquer l'individualisme, inquiéter une société comme la nôtre), les unions libres sont, à mon avis, nettement à concevoir comme la recherche de nouveaux aménagements entre les sexes : autant par l'égalitarisme des relations, ouvertement recherché par les partenaires (Lazure, 1975, Dandurand et Saint-Jean, 1988) que par la solidarité dans le pourvoi du ménage (les conjoints de fait étant plus généralement actifs tous les deux que les mariés [7]), les unions libres apparaissent comme une stratégie des jeunes couples, à la fois pour faire face aux précarités de la vie de travail, à la fois pour réformer un mariage traditionnel nettement inégalitaire. Ces deux exemples montrent clairement que *le recrutement de la cellule famille ne se fait plus seulement selon la consanguinité et l'alliance mais aussi selon les affinités*, même si ce n'est pas toujours par choix délibéré, notamment pour les enfants des familles recomposées [8].

Le paradoxe dans le développement du membership familial se retrouve à un autre niveau, celui de la *désinstitutionnalisation* du fait familial, terme auquel on fait souvent appel pour caractériser les changements familiaux des dernières décennies (voir par exemple Kellerhals et Roussel, 1987 qui parlent d'« effritement des liens institutionnels »). Il est clair que certains aspects de la famille actuelle sont *moins institués* : on peut dire que les rituels matrimoniaux et familiaux de même que les normes, les rapports d'autorité et les rôles traditionnels de la famille sont en désuétude et ce, davantage chez les jeunes et les classes moyennes ; mais les *conflits* familiaux, par contre, sont bien davantage *institutionnalisés* qu'ils ne l'étaient autrefois, en particulier par le biais de ces appareils de l'État que sont les instances juridique, sanitaire et psychosociale. *L'ingérence des experts* dans la vie des familles est de plus en plus évidente et elle s'est fait sentir particulièrement dans les décennies 1970 et 1980 (Dandurand, 1987). Cette ingérence n'a pas que des aspects négatifs cependant, puisqu'elle découle d'une certaine reconnaissance des droits des femmes et des droits des enfants (Joyal, 1987) à travers, notamment, le nouveau Code de la famille, la loi de la Protection de la jeunesse, les interventions autour de la violence conjugale, etc.

On en arrive ainsi à la place de la famille dans la société actuelle. Les théories de la modernisation ont mis l'accent sur la perte, l'érosion des « *fonctions* » *de la famille*, qui ne seraient plus qu'*affectives*. Il me semble qu'il y a là un certain réductionnisme. Car les fonctions *économiques* de la famille demeurent importantes, même à travers la consommation et malgré que le marché offre davantage de biens et services autrefois produits dans la sphère domestique. Ainsi les études sur la parenté ont montré que des solidarités existaient encore, plus marquées dans les milieux ouvriers et moins fortement urbanisés (Roberge, 1984). Les fonctions *culturelles* sont, à mon avis, encore majeures et ce, d'abord au niveau de l'*identité* des individus (la vague récente des généalogies en témoigne de même que la pertinence non démentie des théories psychanalytiques). Les sociabilités de parenté (comme les solidarités), qu'on croyait disparues, balayées par le progrès, sont encore bien vivantes, comme l'ont démontré des études récentes (Roberge, 1985 et Fortin, 1987). Le rôle culturel de la famille s'affirme également dans l'importance de la *socialisation* qui y est donnée et reçue. Et si la mère demeure, de nos jours encore, le principal agent du bien-être et de l'éducation de l'enfant, elle est de plus en plus relayée dans cette responsabilité : à l'école s'est ajoutée la garderie ; on peut noter une présence accrue des pères et celle des grands-parents, plus souvent vivants et mieux portants qu'autrefois ; il faut compter aussi avec les groupes d'âges (peer group) ainsi qu'avec ces agents collectifs à distance que sont les mass médias. Au centre de ces instances, les parents s'efforcent d'assumer « la surveillance et la synthèse » de ces multiples influences. Ce qui fait dire à l'auteure d'un ouvrage de sociologie de famille (Segalen, 1981 : 177) que « loin d'être grignotée, [...] la fonction éducative [des familles] s'est démultipliée, diversifiée et est devenue plus complexe. »

PEUT-ON ENCORE DÉFINIR LA FAMILLE ?

Malgré ces changements structurels et conjoncturels considérables, on peut certes considérer que la famille joue un rôle encore majeur dans la structuration des individus, donc qu'*il existe une réalité familiale* et qu'on peut la définir comme telle. Pourvu toutefois qu'on n'exige pas de *toutes* les unités familiales qu'elles soient conformes au modèle dominant de l'après-guerre, la famille conjugale stable, comprenant trois ou quatre enfants. Pourvu également qu'on accepte que les familles soient dorénavant des associations de personnes plus autonomes, où chacun recherche « une maîtrise plus forte sur son propre devenir » (Pitrou et Gaillard, 1989).

Comme le souligne le dernier plan d'action en matière de politique familiale du gouvernement québécois, la famille est à la fois « changeante et durable ». Le présent colloque orientait davantage la réflexion sur le premier que sur le second terme. Mais ceci ne devrait pas nous faire oublier que bien des familles ont accommodé les règles anciennes aux temps nouveaux et que tout n'est pas que discontinuité, malgré l'ampleur des changements. On pourrait d'ailleurs essayer de formuler à quelles conditions la famille peut *continuer de durer* dans l'avenir, *au-delà des changements* qu'elle a subis et subira, comme bien d'autres institutions de la société d'ailleurs.

On peut poser d'abord qu'en ces temps de transition vers une société postindustrielle, la stabilité plus ou moins grande de la réalité familiale dépendra de la place que la société saura lui reconnaître. Actuellement, « la famille » est encore « beaucoup l'affaire des femmes ». Or les femmes ont cessé de s'y consacrer de façon exclusive car, de façon bien légitime, elles ont cherché à accéder directement aux ressources et aux responsabilités de la sphère publique. Et on peut raisonnablement penser que cela est aussi irréversible. Il faut donc pallier à la moindre disponibilité familiale des femmes. En somme, comment prendre en charge, plus *collectivement* les tâches traditionnellement dévolues aux femmes dans les familles ?

Avec la politique familiale, *l'État* québécois se préoccupe plus ouvertement d'aider les familles ; mais c'est encore nettement insuffisant, le soutien étant davantage orienté vers les familles de trois enfants et plus que sur un support réel aux travaux et aux responsabilités domestiques de la plupart des familles (voir Dandurand, Kempeneers et Le Bourdais, 1989). On pourrait attendre du *monde du travail* un certain soutien à la famille : mais on doit constater que les entreprises n'ont à peu près pas bougé depuis les années 1960, pas plus sur les congés de maternité et parentaux (encore peu généralisés hors du secteur public et para-public), que sur une meilleure allocation du travail dans la société (à quand la semaine de quatre jours et cette société des loisirs annoncée depuis quelques décennies ?). Enfin les *hommes*, pères et maris, mettent beaucoup de réticence à assumer leur part des charges domestiques, autrement que par le pourvoi. On peut comprendre que la pression sociale au succès professionnel est très forte sur les hommes ; mais elle l'est aussi sur les femmes... Il semble bien, en définitive, que l'immobilisme des milieux de travail et celui des hommes se confortent l'un l'autre, en réalité, et sont de même source.

Devant une telle situation, il pourrait y avoir *trois scénarios possibles*. Ou bien la réalité familiale se féminise encore davantage, avec un accroissement prévisible de monoparentalité (et de pauvreté) et avec tous les nouveaux clivages de sexes et de classes de sexes que cela supposera. Ou bien, si l'État continue de stimuler la natalité surtout par des primes aux bébés, sans améliorer autrement et notablement le soutien aux familles, on peut craindre que dans les secteurs plus défavorisés de la population, on puisse en venir à « faire plus d'enfants pour mieux vivre... » Cela pourrait nous conduire à une spécialisation des charges familiales et à de nouveaux clivages sociaux entre ceux qui ont des enfants et ceux qui n'en ont pas [9]. Enfin, scénario plus optimiste (et bien qu'on ne puisse penser à l'imposer à tous et toutes), la vie familiale se maintient dans tous les milieux sociaux mais avec une participation accrue des hommes à la vie domestique, qui est elle-même possible à deux conditions. Premièrement, à condition que le monde du travail libère partiellement les individus, femmes et hommes, afin qu'ils puissent consacrer du temps aux autres aspects de l'existence, à la vie familiale, comme à la vie civique, culturelle ou communautaire. Cette « libération » (susceptible de résorber le chômage d'ailleurs) pourrait prendre la forme du travail partagé, de congés parentaux plus généralisés, etc. Une deuxième condition concerne à la fois l'État et les entreprises, et se rapporte à l'équité salariale entre les sexes : si les salaires féminins ne deviennent pas plus comparables aux salaires masculins, il est évident que les congés parentaux vont demeurer encore longtemps des congés de maternité et que les femmes continueront d'absorber la plus lourde part des affectations domestiques. Et c'est le retour à la case départ.

Si l'on ne veut ni du premier ni du second scénario, il faudra donc rendre possible le troisième. Les aspirations des jeunes à une meilleure qualité de vie, à un moindre investissement dans le travail que leurs aînés sont peut-être, en partie, une justification de leurs difficultés actuelles d'insertion professionnelle. Mais c'est peut-être, également, la seule condition d'une vie conjugale plus harmonieuse et d'une actualisation de leurs projets d'enfant. Et aussi, pourquoi pas, d'une certaine pérennité du fait familial en société postindustrielle.

NOTES

1. L'historien de la famille Lawrence Stone (1982, p. 65) le note clairement « All agree [...] that once child labor laws were introduced and children became an economic burden instead of an asset, there was a clear and strong incentive to birth control ».

2. Les statistiques familiales sur les pays occidentaux sont extraites du numéro spécial sur la famille en Europe du *Journal of Family Issues* (automne 1988) préparé par G. Spanier et F. Furstenberg. Pour les États-Unis, voir les articles de Glick et Sung-Ling Lin, 1986 et Glick, 1988.

3. Au Québec, entre les recensements de 1961 et de 1986, le nombre de familles monoparentales est passé de 95 818 à 252 805, soit une augmentation de 164 %, alors que les familles biparentales se sont accrues à un bien moindre degré, passant de 754 028 à 961 255, soit une augmentation de 27 %. Voir tableau 2, dans Dandurand et Saint-Jean, 1988, p. 272.

4. Les mouvements contre-culturels et de contestation étudiante des années 1960 et 1970 ont critiqué le gaspillage et le matérialisme de la société de consommation ainsi que les rapports autoritaires en milieu scolaire mais ils ont aussi dénoncé les rapports hiérarchiques pères-fils et pères-filles ; le mouvement des femmes, de son côté, a contesté encore plus ouvertement la domination des pères et maris sur les filles et les épouses.

5. On sait qu'en 1986, 26 % de la population vivait en résidence privée familiale contre seulement 11 % en 1961 : chiffres communiqués par Jean-Paul Baillargeon ; Statistique Canada, Recensement Canada 1986, Logements et ménages : partie 1, cat. 93-104.

6. Dès 1978, le Conseil des Affaires sociales et de la famille (Gouvernement du Québec) présentait la définition suivante de la famille : « Tout groupe formé d'un ou deux adultes de sexes différents, mariés ou non, avec un ou plusieurs enfants, vivant ensemble dans une relation qui comporte une certaine continuité. Cette définition permet de rejoindre des situations familiales fort diversifiées mais qui ont toutes en commun la présence d'enfants : ces couples avec enfants, que leur union ait été sanctionnée légalement ou non et qu'ils en soient ou non à leur première union, les familles monoparentales, les familles adoptives, les familles d'accueil ». En 1982, le même Conseil présentait une nouvelle définition qui ne retenait plus la qualification des parents comme étant de sexes différents.

7. « Le mariage tend à décroître les chances des femmes d'occuper un emploi tandis que l'union libre exerce un effet positif », Le Bourdais et Desrosiers, 1988, p. 170.

8. Jusqu'à maintenant, en milieu ouvrier, les liens de l'alliance et du « sang » ont présidé aux sociabilités les plus importantes (Delâge, 1987). Ce modèle d'exclusion des liens d'affinité paraît cependant en train de changer. C'est du moins ce qu'une enquête récente dans le quartier Saint-Henri de Montréal laisse supposer. Voir notre recherche en cours à l'IQRC sur les « Les familles avec charge d'enfants au confluent des solidarités de parenté et de l'aide étatique » (en collaboration avec F.-R. Ouellette).

9. Le démographe belge Michel Loriaux met les gouvernements en garde contre cette « reproduction forcée [pour] les plus démunis de nos concitoyens [pour qui l'allocation de naissance] apparaîtra comme une manne céleste », 1989, p. 72.

BIBLIOGRAPHIE

Braudel, F., « La longue durée », *Annales*, 1958, 13, p. 725-753.

Dandurand, R.-B. (éd.), *Couples et parents des années quatre-vingt*. Un aperçu des nouvelles tendances familiales, Québec, Institut québécois de recherche sur la culture, 1987.

Dandurand, R.-B., *Le mariage en question*. Essai socio-historique, Québec, Institut québécois de recherche sur la culture, 1988.

Dandurand, R.-B. et L. Saint-Jean, *Des mères sans alliance*. Monoparentalité et désunions conjugales, Québec, Institut québécois de recherche sur la culture, 1988.

Dandurand, R.-B., M. Kempeneers et C. Le Bourdais, « Quel soutien pour les familles ? », *Policy Options/Options politiques*, mars 1989, p. 26-29.

Delâge, Denys, « La sociabilité familiale en Basse-ville de Québec », *Recherches sociographiques*, 1987, vol. XXVIII, nᵒˢ 2-3, p. 295-316.

Dionne, Claude, « L'évolution récente de la fécondité au Québec », *Dénatalité, des solutions*, Gouvernement du Québec, 1989, p. 5-18.

Festy, P., « Conjoncture démographique et rythmes familiaux : quelques illustrations québécoises », *Population*, 1986, vol. 41, nᵒ 1, p. 37-57.

Fortin, A., *Histoires de familles, histoires de réseaux*, Montréal, Saint-Martin, 1987.

Gauthier, A. H., « Des enfants, mais à quel prix ? (Une estimation du coût des enfants) », *Dénatalité des solutions*, Gouvernement du Québec, 1989, p. 123-136.

Glick, P. C., « Fifty Years of Family Demography : A Record of Social Change », *Journal of Marriage and the Family*, 1988, vol. 50, nᵒ 4, p. 861-873.

Glick, P. C. et L. Sung-Ling, « Recent Changes in Divorce and Remarriage », *Journal of Marriage and the Family*, 1986, vol. 48, nᵒ 4, p. 737-747.

Gouvernement du Québec, Secrétariat à la famille, *Familles en tête. Plan d'action en matière de politique familiale, 1989-1991*, ministère de la Santé et des Services sociaux, 1989.

Joyal, R., « La famille entre l'éclatement et le renouveau : la réponse du législateur », dans R.-B. Dandurand (éd.), *Couples et parents des années quatre-vingt*, Québec, Institut québécois de recherche sur la culture, 1987, p. 147-162.

Kellerhals, J. et L. Roussel, « Présentation : Les sociologues face aux mutations de la famille : Quelques tendances des recherches, 1965-1985 », *L'Année sociologique*, 3ᵉ série, 1987, vol. XXXVII.

Lachapelle, R., « Évolution des différences de fécondité entre les groupes linguistiques au Canada », *Tendances sociales canadiennes*, 1988, nᵒ 10, p. 2-8.

Lapierre-Adamcyk, E. et N. Marcil-Gratton, « Les vrais problèmes de la décroissance de notre population » et « Laissons-nous le temps de voir venir les
vents », *La Presse*, 7 et 8 juillet 1987.

Lavigne, M., « Réflexions autour de la fertilité des Québécoises », dans M. Dumont
et N. Fahmy-Eid (éds), *Maîtresses de maison, maîtresses d'école*, Montréal,
Boréal, 1983, p. 319-338.

Lazure, J., *Le jeune couple non marié*, Montréal, Presses de l'Université du
Québec, 1975.

Le Bourdais, C. et H. Desrosiers, *Trajectoires démographiques et professionnelles :
une analyse longitudinale des processus et des déterminants*, rapport de
recherche, INRS-Urbanisation, novembre 1988.

Le Bourdais, C., P. Hamel et P. Bernard, « Le travail et l'ouvrage. Charge et partage
des tâches domestiques chez les couples québécois », *Sociologie et sociétés*,
1987, vol. XIX, n° 1, p. 37-55.

Lemieux, Denise et Lucie Mercier, *Les femmes au tournant du siècle 1880-1940.
Âges de la vie, maternité et quotidien*, Québec, Institut québécois de
recherche sur la culture, 1989.

Loriaux, M., « Une politique démographique et familiale : pourquoi faire ? Simples
propos à partir de l'expérience belge », *Dénatalité, des solutions*, Gouvernement du Québec, 1989, p. 59-78.

Mercier, L., « Le quotidien et le partage des tâches », dans les Actes du colloque
sur la famille contemporaine, Québec, Institut québécois de recherche sur
la culture, 1989. (À paraître).

Moreux, C., *Fin d'une religion ?*, Montréal, Presses de l'Université de Montréal,
1969.

Peron, Y., E. Lapierre-Adamcyk et D. Morissette, « Le changement familial : aspects
démographiques », *Recherches sociographiques*, 1987, vol. XXVIII, n°s 2-3,
p. 317-340.

Pitrou, A. et A.-M. Gaillard, « Familles de France et de Suède : à la recherche
de nouveaux modèles », 1989, texte miméographié. (À paraître).

Roberge, A., *L'économie informelle : échange de biens et de services entre unités
domestiques au Québec semi-rural*, Département d'anthropologie de l'Université Laval, thèse de Ph.D., 1984.

————, « Réseaux d'échange et parenté inconsciente », *Anthropologie et sociétés*, 1985, vol. 9, n° 3, p. 5-31.

Rochon, Madeleine, « La natalité : les enjeux d'aujourd'hui », dans les Actes du
colloque sur la famille contemporaine, Québec, Institut québécois de
recherche sur la culture, 1989. (À paraître).

Segalen, M., *Sociologie de la famille*, Paris, Armand Colin, 1981.

Stone, L., « Family History in the Eighties. Past Achievements and Future Trends »,
    dans Th. Rabb et R. Rotberg (éds), *The New History : The Eighties and
    Beyond*, Princeton, Princeton University Press, 1982.

Transformations du monde du travail

Céline Saint-Pierre

INTRODUCTION

Tout récemment le ministre Claude Ryan annonçait que la réforme du programme d'enseignement au Secondaire IV allait comporter une augmentation du nombre d'heures de cours de mathématiques. Sur la question du fondement de cette réforme spécifique, plus d'un commentateur fit référence spontanément au « virage technologique ». Depuis quelques années déjà, ces mots tiennent lieu de formule magique et la métaphore meuble l'imaginaire québécois et canadien. Voilà qu'ils servent à légitimer des changements dans des sphères de plus en plus nombreuses de notre société, du macrosocial au microsocial.

Quant à nous, nous nous en servirons comme prétexte pour situer les transformations du travail et formuler notre question de départ : s'il y a lieu de parler des quinze dernières années, tout comme de la prochaine décennie, comme étant des périodes marquées par des changements importants dans les modes de fabrication des biens manufacturiers et des services, est-il juste cependant de renvoyer prioritairement, voire uniquement, comme c'est le cas de plusieurs intervenants, à l'unique examen des technologies nouvelles pour appréhender les processus de transformation du travail et pour définir les exigences de formation et de recyclage ?

Sans négliger le facteur des changements technologiques, et nous y consacrerons la première partie de ce texte, nous orienterons aussi notre réflexion sur les mutations en cours du côté de l'entreprise comme forme d'organisation sociale de la production, en mobilisant notre lecture des nouveaux modes de gestion et d'organisation, à partir des questions suivantes : l'appel à la responsabilisation des salariées et des salariés n'est-il que manipulation, tactique de diversion de la part de dirigeants machiavéliques ? la remise en question des modes autoritaires de gestion des entreprises et des formes de contrôle par les travailleurs et les travailleuses, n'est-elle que désinvolture et sabotage ? ou ne pourrait-on pas y voir des signes de transformations politico-culturelles des relations sociales et du rapport au travail manifestant non seulement une crise du travail taylorisé mais aussi une crise de l'usine de la fin du XIXe siècle et dont le modèle a perduré dans plusieurs de ses aspects jusque dans les années 1980 ?

L'AUTOMATISATION ET L'INFORMATISATION : UN BOND QUANTITATIF MAIS SURTOUT QUALITATIF DANS LA MODERNISATION DES ENTREPRISES

La modernisation des entreprises québécoises tant manufacturières que de services a pris le chemin depuis une dizaine d'années de l'introduction de nouveaux types de machines automatiques et d'outils informatiques et le mouvement va en s'accentuant [1]. Par ailleurs, l'implication des entreprises québécoises en informatique dans la conception des outils et des logiciels est croissante et source de compétition très forte étant donné la présence agressive des produits américains sur le marché. Récemment, monsieur Pierre E. Laporte, président de l'Office de la langue française émettait de sérieuses inquiétudes à ce sujet : « L'usage du français dans les milieux d'affaires est en progression, mais l'implantation des systèmes informatiques, pourrait bien à moyen terme, renverser les tendances [2]. »

Cela confirme les propos tenus par un PDG d'une grande entreprise française lors du colloque « Informatique et Société », tenu à Paris en

1979. Il formulait les constatations suivantes : « L'informatique contrairement à l'électricité, n'est pas neutre. Elle est citoyenne du monde. Elle
a une nationalité. Elle est américaine à 80 % [3]. »

La nationalité renvoyait ici bien sûr à l'histoire de l'informatique
mais surtout à son langage. Le lexique informatique étant à prédominance
anglaise, les efforts de traduction se font lentement et demeurent encore
aujourd'hui peu opérationnels. Il s'agit là d'un aspect très important à
examiner dans notre contexte national et dans l'environnement nord-
américain qui est le nôtre lorsque nous voulons intervenir sur le français
comme langue de travail. L'amélioration de la compétence linguistique
à l'école est une étape importante, certes, mais qui risque de se neutraliser
si un suivi rigoureux n'est pas assuré au niveau de la langue de travail.

Examinons maintenant d'un peu plus près d'autres caractéristiques
qui permettent de mieux situer certaines fonctions des technologies de
l'information.

Dans les années 1975-1985 au Québec, les technologies de l'automatisation et de l'informatisation ont eu surtout une fonction de substitu-
tion du travail humain dans les tâches peu complexes de fabrication de
biens matériels et de traitement de l'information ; leur implantation s'est
réalisée plus lentement que prévu [4]. Depuis quelques années cependant,
soit depuis 1985 surtout, nous observons deux phénomènes : une *expansion quantitative* des outils informatiques due à une hétérogénéisation
des produits et à un élargissement des secteurs d'implantation d'une part,
et d'autre part, une *transformation qualitative* des fonctions et des usages
de ces outils. Nous nous attarderons surtout sur la seconde puisqu'elle
permet de relever des aspects très nouveaux des transformations du travail
et de l'entreprise. En ce qui concerne *l'expansion quantitative*, rappelons
qu'au Québec, étant donné la présence très forte de petites et moyennes
entreprises, il est intéressant de noter que les usages de l'informatique
se présentaient ainsi en 1985 : 24 % de ces firmes possédaient un
micro-ordinateur : 90 % d'entre elles l'utilisaient à des fins de comptabilité ; 70 %, comme chiffriers et pour traitement de textes ; 20 %, pour le
courrier électronique [5]. Toujours selon les résultats de cette recherche,
plus les entreprises sont de grande taille, plus il y a de chances qu'elles
utilisent du matériel informatique pour les fonctions suivantes : fonctions
comptables et financières : 71 % ; traitement de textes : 49 % ; gestion
du personnel : 43 %. Au Québec, toujours en 1985, 20 % des commis
de bureau utilisent le micro-ordinateur ; 18 % des secrétaires et dactylos

utilisent le traitement de textes, alors que le matériel informatique est très peu utilisé par le personnel cadre ; environ 5 %. La diffusion quantitative des micro-ordinateurs va en s'accentuant et ceux-ci deviendront très bientôt l'outil de travail de la grande majorité des travailleurs et travailleuses de bureau, il n'y a pas de doute. Cependant nous n'avons pas de données globales sur le temps d'utilisation réel de ces outils qui varie beaucoup d'un poste de travail à l'autre et d'un service à l'autre. Ce sont là des données importantes dans l'évaluation du degré d'informatisation des entreprises et des postes de travail. Nous pouvons cependant affirmer que la tendance va dans le sens d'un usage quantitativement croissant et d'un élargissement constant des fonctions de ces outils.

L'informatisation touche et touchera de plus en plus les fonctions de gestion, de planification, d'organisation et d'administration tout en continuant de s'implanter dans les activités de production des entreprises de services et de biens manufacturiers. En ce sens, nous pouvons parler d'un *bond qualitatif* dans la conception, la mise au point et l'usage de cette technologie. Nous ferons état ici de certains aspects seulement, soit ceux qui permettent d'ouvrir la réflexion sur les transformations considérées par plusieurs analystes comme de véritables mutations non seulement dans les modes de produire et de travailler, mais aussi de l'entreprise comme forme d'expression culturelle.

Les technologies de production assistée par ordinateur les plus connues dans les entreprises manufacturières sont la CAO (conception assistée par ordinateur) et la FAO (fabrication assistée par ordinateur) que nous ne développerons pas ici. Nous voudrions cependant attirer l'attention sur des technologies qui commencent à être développées et utilisées dans les entreprises sous le nom de GPAO (gestion de la production assistée par ordinateur) et PBC (planification des besoins en composants ou « material requirements planning »). Le GPAO comprend un ensemble de méthodes informatiques permettant d'adapter les capacités de fabrication des entreprises à la demande [6]. Le PBC est un système qui permet de déterminer les besoins en composants pour la production à partir de la compilation de données sur la production et les commandes extérieures [7]. Ces technologies tout comme l'atelier flexible permettent une automatisation de la production fondée sur une *intégration de plusieurs fonctions* auparavant discontinues et organisées sur la base d'une division poussée du travail et des postes de travail. La combinaison de l'automatisation de la production et de ces technologies d'informatisation trace le passage de la *production de masse* fondée sur une *organisation rigide du travail* à une production orientée sur *la qualité du produit* et sur un *ajustement rapide à la demande* (« juste à temps ») fondée sur une *organisation flexible du travail.* Si le « juste à temps » (JIT) repose sur une rentabilisation des temps de production, le concept de « qualité totale » qui l'accompagne la plupart du temps, renvoie à l'objectif d'une réponse adaptée aux besoins du client et circonscrit l'un des enjeux majeurs de la compétition entre entreprises. Cette intégration et cette flexibilité représentent la double direction des nouvelles trajectoires technologiques que nous retrouvons dans les entreprises de pointe et qui prendront plus d'ampleur dans les années 1990. Si celles-ci constituent sans aucun doute, de nouvelles bases d'accumulation du capital et d'augmentation de la productivité, elles sont aussi accompagnées de transformations majeures de l'organisation du travail, et de formes nouvelles de mobilisation des compétences des travailleurs et des travailleuses, des cadres, et des gestionnaires. L'entreprise comme entité de production se transforme mais apparaissent aussi de nouvelles conceptions de la gestion et de l'organisation du travail, en relation avec les transformations technologiques, mais aussi indépendantes de celles-ci. C'est ce dont nous traiterons maintenant.

L'ENTREPRISE À LA RECHERCHE DE NOUVELLES FORMES DE COHÉSION SOCIALE

Certains chercheurs ont avancé l'hypothèse voulant que l'automatisation des entreprises dans les années 1960 et 1970 n'ait pas été que modernisation technique des entreprises mais aussi réponse à une « crise du travail » dans sa forme taylorienne [8]. La mise au travail des individus tout comme leur stabilité et leur fiabilité devenant problématiques pour les entreprises manufacturières, l'automatisation allait permettre de leur substituer des machines. La machine humaine flanchait, elle devenait contre-productive. Les nouvelles technologies de l'informatique allaient permettre de renvoyer la productivité de plus en plus du côté des outils et des techniques de production et de moins en moins du côté du travail vivant, comme cela était le cas depuis les cent dernières années. Cette vision et ces pratiques traversées par le paradigme du déterminisme technologique vont connaître à leur tour, dans les années 1980 et au tournant des années 1990, une profonde remise en question. Les technologies si sophistiquées soient-elles, ne peuvent résoudre tous les problèmes de production et de rendement. Elles ne peuvent être un facteur de productivité, indépendamment d'une implication des différents groupes professionnels et des individus œuvrant dans l'entreprise.

À la crise du travail taylorisé, s'ajouterait donc la crise de l'entreprise industrielle. Faut-il y voir une manifestation de l'éclatement des formes traditionnelles des rapports sociaux de pouvoir fondées sur l'autoritarisme et le dirigisme centralisé ?

Nous allons examiner ici quelques-unes de ces nouvelles formes qui retiennent l'attention des analystes de l'entreprise et du travail dans les sociétés industrielles développées, en tant que signes, non seulement de transformations des relations sociales, mais aussi comme expression d'une nouvelle culture en émergence dans l'entreprise [9]. Par exemple au Québec, la traduction locale de ces nouvelles formes laisse entrevoir l'expression d'un nationalisme économique sur lequel nous reviendrons.

Les «nouvelles philosophies de gestion», et les «nouvelles approches de management des ressources humaines», renvoient à un discours idéologique et à des pratiques de relations de travail qui se veulent des réponses à ce que les théoriciens de la régulation ont diagnostiqué comme «crise du fordisme [10]»; elles se veulent aussi des propositions de reconstitution de la cohésion idéologique et politique de l'entreprise. Ajoutons à cela que ces politiques de gestion accompagnées de nouvelles formes d'organisation du travail et de division des tâches prennent aussi ancrage dans des entreprises connaissant des transformations technologiques importantes des modes de produire. Nous faisons l'hypothèse qu'avec l'automatisation et l'informatisation de la production industrielle, le procès de travail et les activités de travail deviennent de plus en plus abstraites pour les travailleurs ; la disparition croissante du travail direct caractérisée par la séparation du travailleur et de la tâche s'accompagnant d'une perte de *l'identification de type professionnel*, conduisent à la recherche de nouvelles bases de rattachement et de responsabilisation des travailleurs, ainsi qu'à la création de nouveaux fondements à une mise en forme de leur identité sociale dans l'entreprise [11]. C'est l'un des rôles que jouent les nouvelles philosophies de gestion fondées sur la responsabilisation, la recherche du consensus par la participation à divers comités et la mise sur pied de cercles de qualité. Brièvement dit, *on pourrait qualifier le travail de ces idéologies et de ces nouvelles pratiques de gestion, de recherche d'une voie de passage d'une gestion par le conflit, à une gestion par le consensus, d'une part; et d'autre part, d'opération de transfert de l'identité du travailleur et de la travailleuse, du métier vers l'entreprise.*

À ce titre, une sociologie de l'entreprise fait apparaître celle-ci sous un autre visage, c'est-à-dire comme lieu de production de sens et de nouvelles valeurs et autorise à parler « d'une nouvelle culture d'entreprise en émergence ». Nous trouvons très intéressantes, les propositions de deux sociologues français, Ferréol et Jousselme [12], voulant que la modernisation des années 1980 soit un moment caractérisé par le « *passage d'une gestion par la structure* », où ce qui compte est la place occupée dans l'organisation et la tâche exercée dans un poste donné, à une « *gestion par la culture* » fondée sur le degré d'adhésion aux valeurs du groupe, aux valeurs de l'entreprise et où la non-conformité peut s'accompagner d'une perte de statut dans l'entreprise. La gestion fondée sur un pouvoir distribué hiérarchiquement fera-t-elle place à une gestion communautaire ? Mises à part les entreprises de type coopératif, les signes qui permettraient de répondre par l'affirmative à cette question, se font rares pour l'instant.

Cependant, il est possible de parler d'une nouvelle division du travail entre les fonctions de gestion. Si certaines fonctions de gestion sont de plus en plus distribuées et réparties entre les services, les groupes et les individus qui composent l'entreprise, il n'en va pas de même pour toutes les fonctions de gestion. En effet, celles qui relèvent de la gestion économique demeurent très centralisées (financement, investissements, développement de l'entreprise) alors que celles qui relèvent à plus proprement parler de la production des biens matériels et des services, sont de plus en plus décentralisées, et les salariés appelés à prendre de plus en plus de décisions dans leurs activités de production et de contrôle du produit. Nous ne pouvons entrer ici dans l'analyse des nouvelles tâches et surtout des nouvelles conditions d'exercice de ces tâches par les travailleurs des entreprises automatisées et informatisées, mais nous voudrions mentionner que ces technologies et les procès de travail dans lesquels elles s'inscrivent, requièrent de nouvelles qualifications qui ont beaucoup à voir avec ce que notamment Philippe Zarifian [13], a appelé la « dimension gestionnaire de la qualification ». Ainsi *les nouvelles caractéristiques de l'environnement technologique et social dans l'entreprise exigeraient des travailleurs des capacités de s'inscrire non plus dans l'exécution d'une tâche donnée, mais dans la gestion d'un procès de production.* C'est donc aussi dans ce contexte que doivent s'interpréter ces appels à la responsabilisation, à l'autonomie, à la participation et à l'adhésion aux objectifs de production et de compétitivité de l'entreprise [14]. Ce cas de figure nous permet de mettre en relief la relation qui existe entre l'innovation technologique et l'innovation sociale, relation qui n'est pas souvent discutée lorsqu'il est question des objectifs de ces nouveaux modes de gestion, entrevus la plupart du temps comme moyen de récupération politique par les dirigeants d'entreprises.

Ces nouvelles formes d'organisation du travail et ces nouvelles philosophies de gestion de la production représenteront-elles des alternatives pertinentes au travail taylorisé? Les appels à l'autonomie, à la flexibilité, à la responsabilité, à la décision et au contrôle seront-ils mobilisateurs dans la mise au travail de nouvelles générations de travailleurs et de travailleuses tant dans les entreprises de production de biens matériels que de services? S'il est difficile de répondre à ces questions dans l'immédiat [15], des constatations sont cependant possibles et ouvrent à une réflexion plus large. L'entreprise est en mutation tant technologique que sociale. Des revendications d'intervention dans la gestion et dans le contrôle du travail et de la production apparaissent chez les salariés, en même temps que des pratiques de décentralisation de la gestion et d'ouverture à la participation sont observées dans certaines entreprises. La division parcellaire du travail et le travail répétitif soumis à la cadence des chaînes de montage font place à une recomposition des tâches axées surtout sur le contrôle et la surveillance du travail des machines ; le travail concret fait une place croissante au travail abstrait. La nature du travail se transforme tout comme son organisation tant sociale (statuts professionnels et titres d'emplois), que politique : les hiérarchies se modifient et plusieurs fonctions traditionnelles exercées par la hiérarchie verticale (staff) sont renvoyées aux tâches d'exécution (line).

Mutation de l'entreprise, certes ; mutation du travail, sans aucun doute. Mais il y a plus, voilà que l'entreprise sort dans la rue, l'entreprise s'affiche et occupe de plus en plus de place dans l'espace culturel et social. Le langage de l'entreprise devient le langage de la société. La langue de la gestion et de l'organisation pénètre partout, dans toutes les sphères de la société et dans toutes ses instances, voire jusque dans la manière dont les individus entrevoient et analysent les moindres recoins de leur vie privée.

Si le concept de culture nous est apparu très utile pour comprendre les transformations de l'entreprise et du travail depuis les années 1970, et pour entrevoir celles qui s'annoncent dans les années 1990, il nous apparaît nécessaire de faire ressortir ici jusqu'à quel point cette culture d'entreprise a pénétré (depuis 1980 surtout au Québec) toute la vie sociale et a fourni des contenus aux valeurs culturelles des sociétés industrielles développées.

Si dans les années 1970, l'entreprise industrielle type des sociétés capitalistes développées étaient en déficit de valeurs et à la recherche de nouvelles bases de cohésion culturelle et sociale, les années 1980 ont vu ces mêmes sociétés en déficit de projet global. Ne voyons-nous pas à l'heure actuelle cette « nouvelle entreprise » venir à la rescousse d'une société à la recherche de grands objectifs et de nouvelles valeurs, aidée en cela par un état néo-libéral en position de retraite vis-à-vis de son rôle d'orientation, de prise en charge et de réalisation d'objectifs de développement économique et social ? L'entreprise définie traditionnellement comme agent économique, devient acteur social de premier plan. La relance de l'économie, la création d'emplois, le développement de programme de formation et de recyclage, pour n'en nommer que quelques-unes, sont autant de demandes adressées à l'entreprise. Celle-ci se voit confier une mission publique qui déborde largement sa vocation économique. Les dirigeants de ces entreprises deviennent les nouveaux gourous, les nouveaux leaders idéologiques. Au Québec, ils dirigent des entreprises telles que Cascades, Provigo, Shermag, les Caisses populaires Desjardins, les Coopérants, etc. Ils sont appelés à se prononcer sur les grandes orientations de notre société et leurs paramètres d'évaluation sont repris par les institutions étatiques et para-étatiques. Nous pensons ici aux critères d'évaluation d'une bonne gestion financière dans des institutions comme les hôpitaux, à qui on demande de performer comme s'il s'agissait d'entreprises privées de production de biens manufacturiers. Nous pensons au mode de financement de la recherche universitaire dont l'évaluation repose de plus en plus sur ses liens avec l'entreprise privée et sur les retombées socio-économiques de ses résultats.

Par ailleurs, l'entrepreneurship est aussi devenu au Québec une valeur de mobilisation de catégories jadis exclues du marché du travail et de certains secteurs d'activités : nous nous référons ici à l'entrepreneurship au féminin, à l'accession des femmes aux postes de cadres et de direction, à leur place croissante à la tête de petites entreprises ainsi qu'à leur prépondérance numérique croissante dans les facultés universitaires de gestion et d'administration.

L'entrepreneurship mobilise aussi les jeunes qui, face à un taux de chômage important, tentent de créer leur propre emploi, voire leur entreprise.

Nous n'ajouterons à cela que des indicateurs tels que la popularité des prix décernés aux entreprises performantes, les tirages importants de journaux spécialisés en affaires et en finances, le financement d'activités sportives mais aussi culturelles par les entreprises. L'État s'étant retiré, on se retourne vers les entreprises qui, à leur tour, endossent de nouveaux rôles et de nouvelles valeurs. Si ces phénomènes se vérifient dans plusieurs pays industriels occidentaux, ils n'en prennent pas moins des formes locales. Au Québec, le nationalisme francophone y joue un rôle important et explique, à notre avis, le ralliement consensuel de groupes d'intérêts différents voire opposés. La valorisation du québécois et de la québécoise capables de réussir en affaires, l'importance accordée au sens des responsabilités des salariés québécois, à l'innovation dans la mise sur pied de nouvelles entreprises, à la mobilisation des ressources financières et humaines pour former des hommes et des femmes compétents en gestion ou professionnellement solides, sont entendus comme autant d'appels à la nation de se prendre en main et d'assurer son développement dans un contexte où la concurrence internationale est très forte.

C'est pour cela, à notre avis, que les discours critiques face à un tel virage technologique et social ont de la difficulté à se faire entendre et à être efficaces. Le nationalisme embrouille parfois lorsque l'on essaie de clarifier les voies de développement d'une société. Toute réflexion critique devient obstacle plutôt qu'opportunité de solidifier ou de corriger les chemins empruntés.

EN GUISE DE CONCLUSION

À notre avis, les perspectives actuelles de développement de notre société québécoise sont habitées par la trop forte prépondérance d'une vision techniciste, en même temps qu'une trop grande insistance est mise sur le rôle de « l'entrepreneur-nouveau patron » qui fait figure ici de jeune premier dans cette œuvre magistrale qu'est la prise en charge collective de notre devenir national. Nous croyons impératif de réévaluer ces visions et les objectifs de notre développement ; il faut aussi distribuer les rôles plus largement, notamment parmi ceux et celles qui n'ont même plus les moyens de s'acheter un billet pour participer, voire même, pour assister au spectacle. L'appel à la responsabilisation des salarié(e)s doit se transformer en appel à la responsabilisation des citoyens et des citoyennes. Cette remise en question des modes autoritaires de gestion des entreprises et des formes des rapports sociaux qui y correspondent sont des opportunités à saisir pour assurer une démocratie réelle des entreprises, repenser les formes du travail, l'usage des technologies, les finalités de la production mais aussi notre mode de développement économico-social à l'échelle de la société.

Les préoccupations sur l'environnement ont commencé avec une conscientisation provenant notamment de la pollution industrielle et des problèmes de santé et de sécurité au travail liés aux conditions d'exercice du travail. Les problèmes de l'environnement occuperont le devant de la scène des années 1990. Les solutions à ces graves problèmes doivent passer par des transformations radicales de nos modes de produire/polluer et aussi de nos modes de consommation/gaspillage. L'amorce de ces solutions se trouve dans une remise en question drastique de la forme industrielle de production et de la forme fordienne de consommation comme sources privilégiées d'accumulation de richesses individuelles et collectives.

En ce sens, l'entreprise des années 1990, ainsi reconstituée sur de nouvelles bases technologiques et politiques, peut-elle être désignée comme opportunité à saisir pour enclencher un processus de démocratisation de nos institutions économiques et politiques ? Si cette piste s'avérait pertinente, cela nécessitera une réflexion rigoureuse sur la formation et le développement des compétences des travailleurs et travailleuses actuels et futurs, non seulement comme producteurs, mais aussi comme consommateurs et plus largement comme citoyens et citoyennes. Cette formation devra déborder largement les cours de mathématiques envisagés dans la réforme des jeunes du secondaire et s'orienter vers l'acquisition de compétences sociales axées sur une compréhension globale des processus de développement économique, technologique, politique et culturel. C'est donc d'une acquisition et d'une mise à jour continue de connaissances en sciences humaines, en sciences naturelles et en sciences de l'ingénierie qu'il s'agit pour non seulement comprendre, mais pour pouvoir transformer notre relève en acteur social dans l'entreprise et dans la société des années 1990.

NOTES

1.　Pierre-André Julien et Jean-Claude Thibodeau, « Bilan et impact des nouvelles technologies sur la structure industrielle du Québec, 1985, 1991 et 1996 », Sommet
québécois de la technologie, 12-13-14 octobre 1988. (Rapport).

2.　Jean-Pierre Bonhomme, « L'informatisation des entreprises pourrait défavoriser le
français », *La Presse*, 28 septembre 1989, p. A 10.

3.　Propos cités dans *Le Monde*, le 30 septembre 1979.

4.　C. Saint-Pierre, « Le tertiaire en mouvement : bureautique et organisation du travail
— Itinéraire d'une recherche » dans D. Tremblay, (sous la direction de) *Diffusion
des nouvelles technologies*, Interventions économiques, Saint-Martin, 1987, p. 185-
198.

5.　P.A. Julien et L. Hébert, « Le rythme de pénétration des nouvelles technologies dans
les PME manufacturières québécoises », *Journal of Small Business and Entrepreneurship*, vol. 3, n° 4, p. 424-436.

6.　Cette technologie (GPAO) permet de gérer les inventaires, de prendre à temps les
décisions nécessaires à la compétitivité de l'entreprise, de saisir les opportunités du
marché, d'optimiser les investissements et d'utiliser avec efficacité les moyens de
production (informations tirées d'une brochure technique).

7.　Cette technologie (PBC) est un système utilisant la nomenclature de production,
l'inventaire, le traitement des commandes et de la cédule de production pour
déterminer les besoins en composant (informations tirées d'une brochure technique).

8.　Sur la crise du travail, voir les travaux d'Yves Baron, Benjamin Coriat et de Robert
Linhart en France. Pour le Québec, voir les travaux de Marc Lesage et de Paul Grell.

9.　Il s'agit d'hypothèses qui demandent à être renforcées par des études plus nombreuses mais qui n'en tracent pas moins des pistes pertinentes pour une lecture des
transformations en cours dans plusieurs entreprises. Pas question ici d'entériner le
« miracle japonais ».

10.　Voir à ce sujet les travaux de l'école française de la régulation dont les principaux
représentants sont Michel Aglietta, Robert Boyer, Benjamin Coriat et Alain Lipietz ;
chez les Américains, voir entre autres les travaux de Michael Piore, Charles Sabel,
David Gordon et de Richard Edward qui rejoignent avec des nuances les propositions
de l'école française.

11.　Voir à ce sujet les travaux de Renaud Sainsaulieu et de son équipe et plus
particulièrement, son livre « L'identité au travail. Les effets culturels de l'organisation »,
Paris, Presses de la Fondation nationale des sciences politiques, 1977, 486 p. ;
2ᵉ édition revue et augmentée, 1985. Voir aussi Sainsaulieu, R., Pierre Éric Tixier,
Marie-Odile Marty, « La démocratie en organisation », Paris, Méridiens-Klincksieck,
1983.

12.　G. Ferréol, « Culture d'entreprise et gestion des ressources humaines : une première
approche », communication présentée aux IIᵉ journées de Sociologie du travail
organisées par le PIRTTEM, 12-13 mars 1987 et reproduite dans les Cahiers du
LASTREE, Lille, 1988 ; G. Jousselme, « Crise et mutations de l'entreprise sur quelques
enjeux soulevés par la transformation culturelle des rapports sociaux de travail »,
idem.

13. P. Zarifian, « Le développement gestionnaire de la qualification ouvrière : portée et contradiction » in : *Recherches économiques et sociales,* nouvelle série, n° 8, 1983.

14. Il est important de souligner que ces nouvelles philosophies de gestion et d'organisation du travail ne se rencontrent pas que dans des entreprises automatisées et informatisées. On les retrouve aussi dans plusieurs entreprises non automatisées. L'objet de notre réflexion nous amène dans ce passage précis à tenter de voir ce qu'elles recouvrent plus particulièrement dans les entreprises sous informatisation et automatisation.

15. Sur cette question, voir les actes du colloque du département des Relations industrielles de l'Université Laval, « La mobilisation des ressources humaines ; tendances et impact », sous la direction de M. Audet, L. Bélanger *et al.,* Québec, P.U.L., 1986, 199 p.

Anciennes et nouvelles formes d'inégalités et de différenciation sociale au Québec

Simon Langlois

Le paysage socio-économique a changé considérablement au Québec depuis trente ans. De nouvelles formes d'inégalités sont apparues, qui viennent en quelque sorte côtoyer les clivages sociaux et économiques traditionnels, clivages qui sont eux-mêmes en profonde mutation. Par ailleurs, les facteurs qui engendrent ces inégalités de statuts et de niveaux de vie ne sont plus aussi clairement identifiés ; les sources qui en sont à l'origine sont maintenant de plus en plus complexes et en interaction les unes avec les autres.

Nous tenterons de dégager l'évolution des inégalités socio-économiques, des oppositions de classes et des différences de styles de vie entendues au sens large au Québec depuis trente ans. Je fais référence à trois notions qui s'inscrivent dans des problématiques différentes pour bien marquer la nécessité d'ouvrir des perspectives d'analyse nouvelles et pour tenter de cerner comment se distribuent les positions sociales des individus dans notre société. Plutôt que de dresser un simple inventaire, nous proposons de voir l'évolution des inégalités et des différences à partir de leur genèse, à partir des mécanismes sociaux et des forces qui les affectent, qui leur impriment une direction. Cinq aspects ont été retenus ; ils ne sont pas exhaustifs bien sûr, mais ils permettent de donner une certaine cohérence à l'information descriptive disponible : l'État, le marché du travail, les genres de vie, les générations et les sexes.

L'ÉTAT

L'État a joué un rôle-clé dans les changements qui ont marqué la stratification sociale au Québec. Ce rôle est connu : il suffira ici d'en rappeler brièvement quelques lignes de force.

Le développement accéléré du système scolaire et des appareils de l'État durant les années 1960 a favorisé une importante mobilité sociale chez les francophones. Plus instruits, ceux-ci ont occupé en grand nombre les nouveaux postes offerts dans une société en voie de se moderniser. Ces diplômés ont rapidement constitué une nouvelle classe moyenne, urbaine et scolarisée. Or, depuis au moins dix ans, le système scolaire ne joue plus manifestement le même rôle dynamique et de nombreuses brèches sont apparues dans le système. La scolarisation des Québécois francophones plafonne, la formation professionnelle connaît des ratés ; les études avancées progressent lentement. Bref, la question se pose de savoir si l'appareil scolaire est encore en mesure de soutenir une importante mobilité sociale collective, comme ce fut le cas durant les années 1960.

Les dernières décennies ont vu naître une véritable bourgeoisie d'affaires francophone qui n'existait pas, à toutes fins pratiques, au début des années 1960. Le rôle de l'État a été, cette fois encore, important. Il a d'abord servi de tremplin ou de terrain d'apprentissage à de jeunes cadres le plus souvent d'origine modeste, sans capital de relations sociales en milieu anglophone ou sans capital tout court, qui ont pu par la suite transférer, en quelque sorte, leur savoir-faire dans de grandes entreprises. Ces mouvements paraissent, ces dernières années, encore plus importants. L'État a aussi favorisé, concrètement, l'émergence de cette bourgeoisie d'affaires francophone par toute une série de mesures et d'interventions, depuis la Caisse de dépôt et de placement jusqu'au Régime d'Épargne Action.

S'interroger sur le rôle de l'État, c'est aussi s'interroger sur la redistribution de la richesse dans la société. Depuis 1960, l'État, tant fédéral que provincial, prélève et redistribue une part croissante du revenu national. La part du revenu personnel, en transferts directs à l'État, est passée de 9,5 % en 1961 à 22,4 % en 1987 et la part des revenus personnels provenant des transferts de l'État aux individus, de 9,6 % à 16,6 %. Quel est le bilan de cette intervention ? A-t-on réussi, durant toutes ces années, à réduire les inégalités et à faire reculer la pauvreté ?

1. Pendant vingt ans, on a assisté à une diminution des inégalités de revenus par le biais de deux mesures : l'impôt et les transferts directs. Cette tendance s'est arrêtée au début de 1980 et les inégalités de revenus seraient depuis cette date assez stables, avec une certaine augmentation durant la récession de 1982. Les mesures de redistribution des revenus mises en place par l'État ont eu un effet réel de réduction des inégalités durant les années 1960 et 1970, mais leur impact a été plus limité durant les années 1980. L'effet des transferts et de la fiscalité a été essentielle-ment, depuis dix ans, de neutraliser l'inégalité croissante des revenus privés, et non plus de redistribuer la richesse, comme ce fut le cas durant les années 1960 et 1970.

2. Mais les paiements de transferts ne profitent pas seulement aux plus démunis. En 1985, 30 % de tous les paiements de transferts sont allés à des familles dont le revenu était supérieur à la médiane. Depuis 1970, cette proportion est croissante. Les familles à revenus moyens et élevés reçoivent une part grandissante des paiements de transferts. Le caractère universel des programmes sociaux fait en sorte que les classes moyennes et supérieures accaparent maintenant une part plus grande de l'argent redistribué par l'État.

3. La pauvreté et la dépendance restent importantes au Québec. Il y a eu une diminution marquée de la pauvreté des familles durant les années 1960 et 1970. C'est là un acquis de la Révolution tranquille qu'il importe de souligner. Dans le cas des familles, cette tendance s'est arrêtée autour des années 1980 et la diminution récente marque un retour à la situation observée à la fin des années 1970 (Graphique 1). La situation est quelque peu différente chez les personnes seules : elles sont plus nombreuses à vivre sous le seuil de faible revenu, mais cette proportion continue de diminuer. Si nous prenons le seuil de 1978, afin de tenir compte des changements observables dans l'évolution des revenus, la proportion des personnes à faible revenu aurait tendance à augmenter : de 17,6 % en 1979 à 18,1 % en 1986, soit 1 192 000 personnes cette année-là. Sur cette base, un peu moins d'une personne sur cinq au Québec pourrait être classée comme étant sous le seuil de faible revenu (Graphique 2).

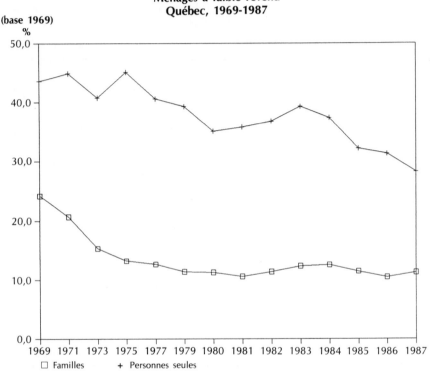

GRAPHIQUE 1

**Ménages à faible revenu
Québec, 1969-1987**

(base 1969)

□ Familles   + Personnes seules

4. Une part importante de la population du Québec vit de l'aide sociale : 516 000 personnes en 1970, 594 000 en 1988, avec une pointe à 709 000 en 1985. Au total, 9,2 % de la population âgée de 0 à 64 ans en 1970, 10 % en 1988. Globalement donc, une personne sur 10 ayant moins de 64 ans est dépendante de l'État au Québec.

Malgré la richesse qui continue de se créer, depuis le début des années 1980, la proportion des personnes qui restent exclues ou en marge demeure presque inchangée et à un niveau élevé. Nous vivons donc dans une société qui, depuis maintenant plus de dix ans, parvient plus difficilement qu'auparavant à combattre les inégalités et qui lutte moins efficacement contre la pauvreté.

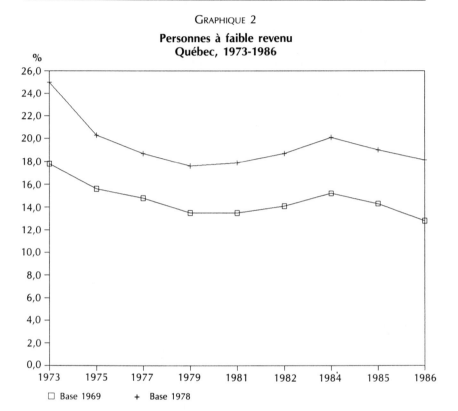

GRAPHIQUE 2

Personnes à faible revenu
Québec, 1973-1986

□ Base 1969   + Base 1978

LE TRAVAIL

Le travail et l'emploi restent des points d'ancrage privilégiés pour examiner la position sociale des individus dans la société et les inégalités. En toile de fond, le secteur tertiaire a continué sa poussée. La moitié des emplois s'y concentraient en 1961 ; la proportion est maintenant presque de trois sur quatre. Par ailleurs, une proportion croissante des travailleurs sont dans de très petites entreprises. Il y avait au Québec 3 600 entreprises comptant 100 employés ou plus en 1978 (en dehors des administrations publiques et des services non commerciaux) ; ce nombre a baissé à 3 400 en 1984 et il continue de décroître. Il y avait 101 000 très petites entreprises en 1978, et 137 000 en 1984. Et ce nombre continue de croître. La part de l'ensemble des rémunérations versées par les grandes entreprises diminue et la proportion de l'ensemble des travailleurs qu'on y retrouve est à la baisse. Ces tendances, je le note au passage, sont inverses dans les grandes sociétés développées, notamment en Ontario, en France, en Allemagne de l'Ouest. L'économie du Québec est-elle en train de devenir une économie de PME ? La question se pose avec encore plus de pertinence pour Montréal.

Reflet de cette tertiarisation, la structure professionnelle a connu de profonds changements depuis 1960. La proportion des emplois manuels non qualifiés a diminué et celle des emplois dans le secteur des services personnels et du commerce a augmenté, de même que les emplois de bureau. Le grand groupe d'emplois qui a fait le plus de gains depuis 1961 est celui des professionnels et des techniciens. Il en résulte, globalement, un plus grand étalement des statuts, mesurés ici strictement à partir de l'emploi. De nombreux indices laissent cependant croire que la classe moyenne des années 1960 et 1970 subit elle-même de profonds changements. Elle semble se fractionner en deux parties et, de moyenne qu'elle était, paraît devenir bimodale. Si l'on en juge par les dépenses de consommation et le style de vie, une partie d'entre elle continue d'améliorer sa situation alors que l'autre n'y parvient pas.

C'est dans le contexte d'une montée des petites entreprises, principalement dans le secteur des services, qu'il faut situer l'un des traits marquants du marché du travail des années 1980 : l'accentuation de la précarité du travail. Assez curieusement, cet aspect a beaucoup moins retenu l'attention que la montée du chômage, omniprésent dans les débats publics. Tout se passe comme si, à partir du moment où l'emploi était acquis, à partir du moment où le chômage diminuait, on cessait de s'interroger.

La précarité se développe et s'étend de plusieurs façons. Elle est d'abord le résultat d'un marché du travail axé sur des PME, à l'existence souvent éphémère. L'extension de la précarité est inévitable dans un marché du travail qui voit surtout se développer les services personnels et où l'emploi stagne, sinon régresse, dans les grandes entreprises. Même ces dernières alimentent l'extension de la précarité. On y retoue de plus en plus un groupement parallèle de travailleurs et de salariés précaires, à côté des permanents et des réguliers, y compris dans les appareils de l'État : travailleurs à contrat, remplacements, surnuméraires. Se constituent aussi deux catégories de travailleurs qui souvent effectuent le même travail, mais sans recevoir les mêmes avantages.

Le travail à temps partiel a continué de s'étendre : il touche maintenant 13,6 % de toute la population en emploi. Deux facteurs expliquent, du côté de la demande de travail, cette croissance : une nouvelle politique de gestion de la main-d'œuvre, axée sur la recherche de flexibilité, et la croissance de l'emploi dans les services. La recherche de flexibilité a caractérisé la fin des années 1970 et la croissance des services, les années 1980. On sait que ce sont surtout les jeunes qui travaillent à temps partiel. Mais la croissance du nombre des personnes ayant ce régime de travail a été la plus forte, depuis dix ans, dans le groupe d'âge le plus susceptible de travailler à temps complet, soit entre 25 et 45 ans. En conséquence, le travail à temps partiel est de plus en plus non volontaire. Il y a ici un changement majeur de tendance depuis 1975 (Graphique 3). Les femmes occupent en majorité ce type d'emploi et leur proportion s'est encore légèrement accrue ces dernières années. Mais, fait nouveau, celles-ci acceptent de moins en moins ce régime d'emploi sur une base volontaire.

Le graphique 3 mérite qu'on s'y attarde, car il illustre bien l'implication du travail et des autres aspects de la vie. Le travail à temps partiel touche deux groupements de travailleurs ayant des caractéristiques et des préférences très divergentes. Le premier est formé de jeunes et de personnes âgées, auxquels s'ajoutent un certain nombre de femmes avec des jeunes enfants et de femmes dans la cinquantaine qui reviennent sur le marché du travail, qui voient dans ce régime d'emploi une façon de concilier la vie active avec d'autres activités. Globalement, il s'agit de personnes qui connaissent une situation personnelle privilégiée ou favorable, par exemple des personnes sans dépendant ou qui vivent avec un conjoint ayant un emploi. Il en va différemment dans le second groupement : le travail à temps partiel y apparaît comme un choix forcé et contraint, comme une forme de travail précaire non voulue comme telle. Se retrouvent dans ce groupe des personnes les plus susceptibles de travailler à plein temps, soit celles qui ont terminé leurs études ou qui ne sont pas encore arrivées à l'âge de la retraite, donc des personnes en milieu de vie active, et notamment une proportion grandissante de femmes.

GRAPHIQUE 3

**Emploi à temps partiel — raison donnée
Québec, 1975-1987**

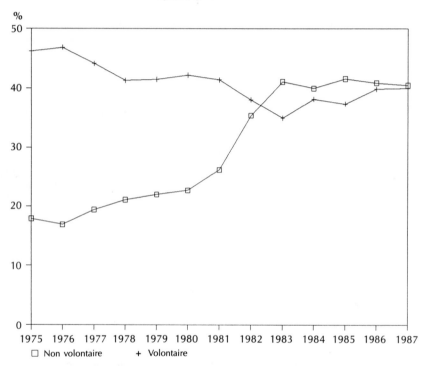

☐ Non voluntaire   + Volontaire

Cette polarisation s'est mise en place au fil des 10 ou 15 dernières années, elle s'est en quelque sorte accentuée après la récession économique du début des années 1980. Ces deux groupes sont maintenant à peu près d'égale importance. Le travail à temps partiel est donc pour les uns une forme précaire de travail, mais pour d'autres il est valorisé en tant que tel parce qu'il permet d'aménager autrement leur vie en accordant au travail salarié une place réduite. Comment expliquer cette polarisation ? Il semble qu'elle résulte d'une sorte de rencontre entre deux grandes transformations sociales : celles qui affectent les entreprises et le marché du travail et celles qui marquent les modes de vie et les préférences des individus eux-mêmes.

Les emplois se différencient aussi d'après la couverture sociale des risques. Celle-ci est encore une fois inégalement accessible : les travailleurs les mieux nantis sont aussi ceux qui sont les mieux protégés. Enfin, la variance des salaires réels, analysés à un niveau assez désagrégé, laisse voir une augmentation des différences et des inégalités. Signalons au passage que le salaire minimum réel est en diminution depuis 1976 et qu'il s'est stabilisé au même niveau depuis 1985 (Graphique 4).

Globalement, on assiste depuis plus de dix ans à une sorte de retour en arrière et à l'extension des formes archaïques de l'organisation du travail que l'on croyait révolues : précarité, salaires réels en baisse, absence de protection sociale. La situation actuelle vécue par plusieurs centaines d'enseignants, depuis le primaire jusqu'à l'université, qui sont remplaçants à la leçon ou chargés de cours, est-elle si différente de la

GRAPHIQUE 4

**Salaire minimum
Québec, 1961-1988**

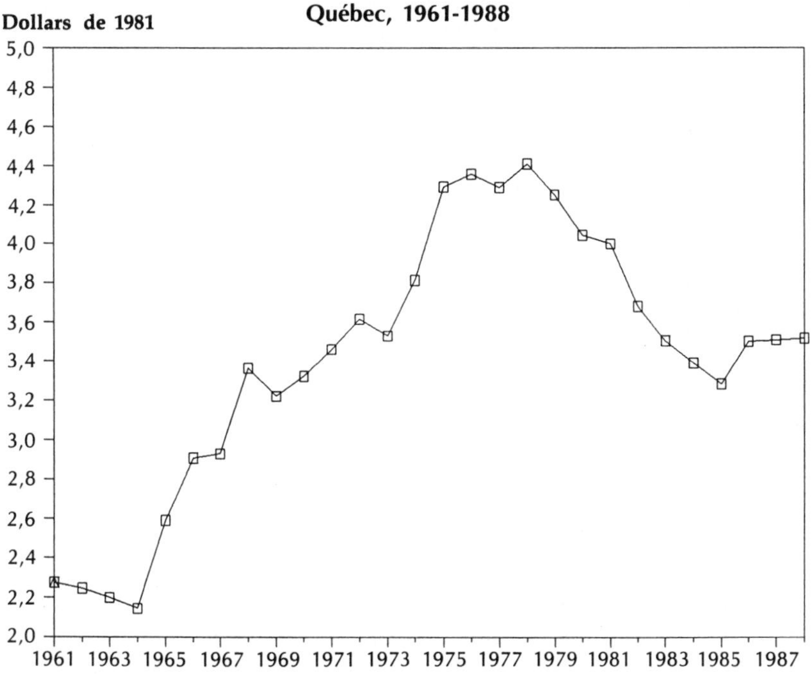

Dollars de 1981

situation de leurs collègues des années 1940 ? Et l'on pourrait allonger la liste des exemples.

L'extension de cette précarité, principalement chez les jeunes travailleurs, pose en ce moment un défi particulier au syndicalisme québécois. Historiquement défenseurs des plus démunis, les syndicats parviennent plus difficilement à regrouper et à représenter les intérêts de ces travailleurs précaires.

LES GENRES DE VIE

Jusqu'à tout récemment encore, la position occupée sur le marché du travail (ou la place occupée dans le système de production) était la principale source du statut social et aussi la principale source des inégalités. Si cette dernière reste encore importante, elle n'est cependant plus la seule. De nouveaux clivages sociaux sont apparus à la suite des changements importants observables dans les modes de vie et les genres de vie des personnes, au point où ceux-ci se présentent maintenant comme une nouvelle source d'inégalités.

La période que nous examinons n'a pas seulement été marquée par de profonds changements dans les statuts sociaux au sens traditionnel du terme : montée des classes moyennes, de la bourgeoisie d'affaires francophone, accentuation des statuts précaires, etc. Elle a aussi été marquée par la mise en brèche des genres de vie traditionnels. La famille étendue avait déjà cédé la place à la famille nucléaire au début de la Révolution tranquille. Or cette famille a été profondément remise en question avec l'avènement de ce que certains appellent la famille postmoderne. Celle-ci est de plus en plus centrée sur le couple lui-même. Les enfants, on le sait, y occupent une place restreinte, sinon marginale. Ils sont peu nombreux et on entretient avant tout avec eux une relation affective. La vie et le bonheur du couple passent avant tout.

Le travail salarié des épouses a complètement bouleversé la logique traditionnelle de la stratification sociale et de l'allocation des statuts sociaux. Il n'est plus justifié de payer des salaires plus élevés aux hommes qu'aux femmes parce qu'ils sont les principaux soutiens de famille. Le principe de l'égalité des salaires a remplacé le principe du salaire familial, encore en vigueur lorsque la Révolution tranquille s'est mise en branle. D'abord salaire d'appoint, le revenu des femmes mariées est vite devenu une composante essentielle et permanente du revenu familial, créant ainsi une nouvelle source de différences entre ménages à deux revenus et ménages à un seul revenu. Or cet écart s'est agrandi encore depuis dix ans, le revenu familial augmentant plus vite que le revenu individuel.

La place occupée par la famille dans la société n'est plus seulement dépendante du travail d'une seule personne. Peut-on encore parler d'une famille ouvrière dans le cas d'un ouvrier marié à une secrétaire de direction qui gagne plus que lui ? Les recherches en sociologie urbaine ont montré que plusieurs quartiers des grandes villes étaient maintenant hétérogènes quant aux statuts sociaux traditionnels attribués à partir de l'emploi, mais homogènes quant au style de vie : deux revenus, une maison, un ou deux enfants, deux autos, une piscine hors terre, des équipements de ski, etc. Les événements qui marquent les modes de vie, notamment la rupture de l'union, causent maintenant des difficultés qui peuvent être aussi marquées que celles qui tirent leur source du marché du travail, comme la perte d'emploi. Le divorce, la rupture de l'union ou le défaut des pères à subvenir aux besoins des enfants après la séparation sont aussi des facteurs d'appauvrissement. Rappelons seulement que 57 % des familles vivant de l'aide sociale au Québec en 1988 étaient monoparentales.

LES GÉNÉRATIONS

On observe depuis au moins une décennie un clivage de plus en plus prononcé entre les générations. La situation relative des jeunes dans la société s'est détériorée pendant que celle des adultes d'âge mûr s'est améliorée. Je retiendrai, rapidement, quatre indicateurs pour illustrer cette tendance.

1. Les revenus relatifs des jeunes qui travaillent à plein temps sont en baisse importante. Et la situation ne s'améliore pas vraiment d'un groupe d'âge à l'autre, jusqu'à 35 ans environ (Graphique 5).

2. Les jeunes qui travaillent à plein temps ont plus souvent que les autres accès à des emplois précaires, sans protection sociale, fréquemment sans avantages sociaux. Une part importante d'entre eux se retrouvent dans ce marché du travail parallèle évoqué plus haut, tantôt à l'ombre des travailleurs réguliers, tantôt dans des entreprises éphémères sans possibilité de planifier l'avenir.

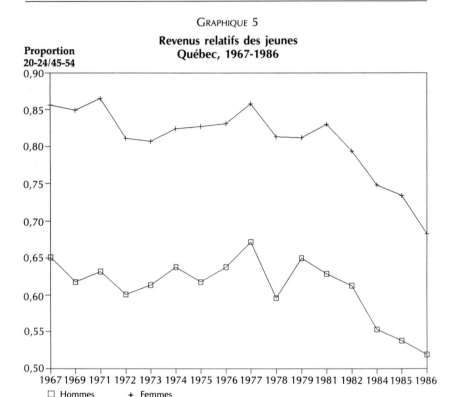

GRAPHIQUE 5

Revenus relatifs des jeunes
Québec, 1967-1986

Proportion
20-24/45-54

□ Hommes   + Femmes

3. Les jeunes sont de plus en plus nombreux à travailler parallèlement à leurs études à plein temps. Le graphique 6 est pour le moins éloquent, étonnant même. Environ le tiers des étudiants inscrits à plein temps font aussi en même temps partie de la main-d'œuvre active et cette proportion a augmenté de façon marquée depuis dix ans. Ces jeunes étudiants constituent une sorte de tampon sur le marché du travail. Ils occupent plus de 40 % de tous les emplois à temps partiel, le plus souvent dans les services. Les entreprises y trouvent avantage, parce qu'elles ont ainsi accès à une main d'œuvre flexible ; les étudiants peuvent quant à eux augmenter leurs revenus, notamment pour maintenir à un niveau élevé leur consommation de biens et de services. Cette forte implication sur le marché du travail des étudiants inscrits à plein temps

GRAPHIQUE 6

**Taux d'activité chez les étudiants
À plein temps, Québec, 1975-1988**

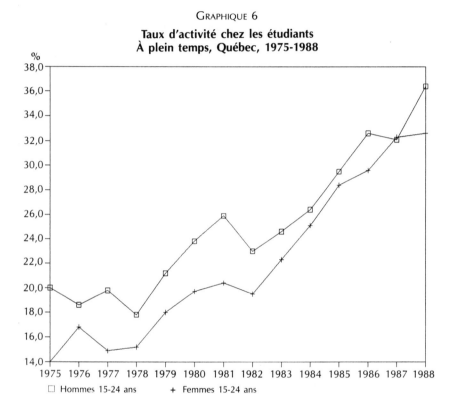

☐ Hommes 15-24 ans   + Femmes 15-24 ans

dans des programmes d'études collégiales et universitaires les amènent cependant à moins s'impliquer dans leurs études. L'ampleur de ce phénomène est plus marquée au Québec qu'ailleurs. Nos programmes d'études seraient-ils moins exigeants ? Quelles sont les conséquences sur les bas taux de « diplômation » qu'on ne cesse de déplorer ?

4. Il y a un déplacement important de la pauvreté : en 1981, la proportion des jeunes familles sous le seuil de faible revenu a dépassé celle des familles âgées et l'écart n'a cessé de s'agrandir depuis (Graphique 7). Il y a donc un déplacement très net de la structure d'âge chez les pauvres. Le revenu net des personnes âgées a augmenté de façon marquée durant les années 1970, réduisant ainsi la proportion des pauvres

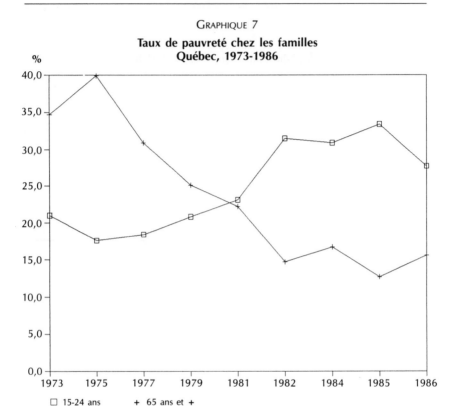

GRAPHIQUE 7

**Taux de pauvreté chez les familles
Québec, 1973-1986**

□ 15-24 ans   + 65 ans et +

dans ce groupe. Le supplément de revenu garanti a été instauré en 1967, en complément de l'allocation-vieillesse, pour les plus démunis, et l'allocation au conjoint âgé de 60 à 64 ans a été mise en place en 1975. Le nombre de retraités qui bénéficient du régime public de rentes a augmenté durant la période et une proportion importante des personnes âgées bénéficient de revenus tirés de leur patrimoine. Les revenus des jeunes n'ont pas suivi la même tendance. Le chômage les a frappés durement après 1975, et surtout dans les années 1980 ; les programmes de soutien du revenu — principalement l'aide sociale — sont moins généreux à leur endroit, surtout pour les jeunes âgés de moins de trente ans.

L'accumulation du patrimoine, enfin, accentue encore ces différences entre groupes d'âge. Épargne, propriétés, investissements, fonds de pension : les éléments du patrimoine sont très inégalement répartis, non seulement entre les groupes d'âge, étant fortement concentrés à la fin du cycle de vie, mais ils sont aussi répartis très inégalement entre les gens qui les possèdent. Voilà encore un autre aspect, fort peu étudié dans les travaux des spécialistes, qui contribue à accentuer les inégalités et les différences de comportement. Je ne citerai qu'un exemple pour l'illustrer. Depuis 1980, les personnes âgées de 55 ans et plus voyagent de plus en plus à l'étranger, l'écart s'agrandissant avec les jeunes de moins de 30 ans (Jean-Paul Baillargeon, dans *Téoros*, novembre 1989).

On objectera que toutes ces remarques, que toutes ces statistiques décrivent un effet de l'âge qui se corrigera par la suite. À d'autres époques, les jeunes ont connu eux aussi une situation désavantagée, qui s'est améliorée à mesure qu'ils ont vieilli. Or, l'observation des 10 ou 15 dernières années montre qu'il n'y a pas ici seulement un effet de l'âge. Il y a aussi un effet de génération : en vieillissant, les jeunes retrouvent *moins* que ce que les autres avaient au même âge. Cette tendance caractérise ce qui se passe jusqu'à 35 ans au moins. Seul l'avenir dira si cet effet de génération se maintiendra au-delà de ce groupe d'âge.

LES SEXES

On ne saurait terminer cette revue rapide sur les statuts et les inégalités sans aborder la question des inégalités et des différences entre les sexes. Le domaine est déjà bien balisé, mais il y a encore place pour des analyses susceptibles de mettre en évidence des aspects moins connus.

À l'époque où la Révolution tranquille s'est mise en place, les femmes étaient encore assez peu présentes dans les emplois salariés. Elles étaient surtout concentrées dans les emplois corrélatifs à leurs rôles traditionnels : dans l'enseignement, la santé, les soins personnels, et elles y occupaient des positions subalternes. Cette segmentation persiste encore de nos jours, mais il y a moins de secteurs où elles sont absentes. On signale que la place des femmes dans les emplois manuels a diminué de façon marquée depuis 15 ans.

Dans les secteurs d'emploi où elles sont présentes, elles accèdent maintenant plus nombreuses aux échelons supérieurs. Les femmes ne sont plus seulement infirmières ; elles sont aussi médecins. Le secteur des emplois de bureau et du travail administratif — au sens large — regroupe encore le tiers des femmes en emploi, mais son importance relative est à la baisse. Les femmes accentuent leur présence aux deux bouts de l'échelle des statuts, dans les emplois moins qualifiés et plus précaires des services et des commerces, où plus du quart d'entre elles se retrouvent maintenant, et dans les positions supérieures : cadres moyens et supérieurs, dans les affaires, les professions, la gestion. On se dirige donc lentement vers une polarisation plus marquée des statuts sociaux chez les femmes, qui deviennent de plus en plus inégales entre elles, sur divers plans : les revenus personnels, le statut social, le niveau de vie, l'accès aux postes de prestige et de pouvoir. Sur le plan individuel, elles tendent à se rapprocher des hommes, qui sont eux-mêmes fortement inégaux entre eux. L'égalité des femmes avec les hommes implique plus d'inégalités entre les femmes.

Cependant, il est permis d'avancer que les femmes connaissent en ce moment des situations plus contrastées, plus hétérogènes entre elles que les hommes, parce que les changements observables dans la condition féminine les ont touchées de façon inégale. Ainsi, l'inégalité entre les femmes est davantage marquée dans les régimes d'emploi, la participation au marché du travail et l'emploi du temps. Très peu d'hommes travaillent à temps partiel après l'âge de 25 ans, alors qu'une femme sur cinq connaît ce régime d'emploi (et cette proportion est en progression depuis 1975). Il y a donc une variance de l'activité professionnelle plus grande chez les femmes et la variance de leurs revenus personnels s'accroît : les femmes qui accèdent aux positions les plus prestigieuses ou qui travaillent à plein temps retirent des salaires plus élevés, ce qui les éloigne davantage du groupe des femmes travaillant à temps partiel ou œuvrant dans les secteurs d'emploi féminisés et moins bien rémunérés. Les femmes ne participent pas au marché du travail dans les mêmes proportions selon l'âge. Les plus jeunes ont un profil plus continu d'activités et elles interrompent moins fréquemment leur carrière après la venue des enfants. Les femmes plus âgées sont actives en moins forte proportion et elles travaillent plus fréquemment à temps partiel. Les femmes sont aussi inégales entre elles pour ce qui est de l'emploi de leur temps. Dans l'ensemble, elles consacrent plus de temps que les hommes aux tâches domestiques et au soin des enfants. La double tâche apparaît plus marquée chez les couples plus âgés car les hommes les plus jeunes partagent plus fréquemment avec leurs conjointes les tâches domestiques. Les femmes chefs de familles monoparentales doivent consacrer plus de temps aux travaux domestiques et assumer une double tâche, alors que les familles à double revenu ont fréquemment recours à des services extérieurs.

Les débats qui ont entouré, en 1989, l'examen du projet de loi sur le partage du patrimoine familial illustrent très bien ce clivage entre femmes, puisqu'on a alors vu s'opposer deux groupes aux intérêts bien distincts.

*   *   *

La Révolution tranquille a été faite en bonne partie pour la jeunesse québécoise, pour lui donner à la fois des diplômes et des emplois. N'est-il pas paradoxal de constater en ce moment que les institutions en place et les groupements de personnes qui en ont le plus profité laissent si peu d'espace aux nouvelles générations ? Il s'agit là d'une situation qui n'est voulue par personne ; force est, pourtant, de constater qu'elle est bien réelle.

Les premières analyses de la Révolution tranquille ont toutes insisté sur l'avènement ou la mise en place d'une classe moyenne qui reposait sur ce que Fernand Dumont a appelé, en 1981, des pouvoirs politiques, une classe moyenne dont les membres œuvraient dans l'enseignement, l'administration publique, les affaires sociales, les médias et même les syndicats, une classe, donc, qui a tiré profit de la modernisation, du changement et de la mise en place de l'appareil de l'État au sens large.

De nos jours, il n'est plus possible de tracer avec autant de netteté les contours de cette même classe moyenne ni de dégager aussi clairement à partir de quoi elle se constitue. Le travail et l'emploi restent, bien entendu, des points d'ancrage d'une grande importance. Mais la hausse inégale des revenus réels, l'avènement des doubles revenus, la baisse de la fécondité des couples, la taille réduite des familles, la longue période du nid vide : voilà autant d'éléments susceptibles d'affecter les styles de vie, la consommation, le statut et la place occupée dans la société. Cette dernière est maintenant déterminée de façon complexe parce que plusieurs dimensions s'entremêlent. Nous l'avons clairement vu à propos du travail à temps partiel. La précarité est associée à la faiblesse des revenus et à la pauvreté ; mais la rupture des unions peut aussi l'entraîner. Le chômage d'un individu n'a pas le même impact sur le niveau de vie dans une famille à double revenu que dans une famille monoparentale.

Si ce diagnostic est juste, il faudra en tirer des enseignements pour réajuster les programmes sociaux mis en place depuis la Révolution tranquille et pour revoir les institutions que le Québec s'est donné ou en rectifier les orientations, ou pour remettre en cause les privilèges acquis au fil des ans.

L'emprise croissante du droit

Guy Rocher

Dans un colloque dont le thème est le changement, on peut identifier comme un signe de changement que l'on y ait inscrit une conférence sur le droit. On renoue ainsi avec une ancienne tradition qui reconnaissait des liens étroits entre le droit et les sciences humaines. Cette tradition avait cependant été oubliée pendant longtemps. Il n'est pas certain que beaucoup de nos collègues des sciences sociales admettraient le droit dans la famille des sciences sociales. Le droit n'est généralement pas perçu comme une science, mais comme un art, voire une technique très marginale aux sciences humaines. Par contre, bien des juristes sont prêts à dire que leur discipline est une des sciences de la société, même la plus ancienne. Certains peuvent même croire qu'elle est la seule vraie science sociale. Je n'oublierai jamais ce vieil avocat un peu sourd à qui je disais que je faisais de la sociologie du droit et qui acquiesça en disant: «Oui, la sociologie, c'est le droit!» Je n'ai jamais su s'il se moquait de moi.

Le droit est évidemment une institution qu'on peut considérer comme le squelette de la société: il contribue pour une large part à assurer les bases de l'organisation et du fonctionnement de tout ensemble social dans lequel s'établissent des rapports d'autorité et de pouvoir. Je laisse de côté le débat de savoir s'il existe du droit dans toutes les sociétés. On sait en tout cas que les grandes civilisations et les grandes sociétés, depuis la Mésopotamie jusqu'à nos jours, ont connu une forme ou l'autre d'institution juridique. Cependant, la place et l'importance du droit ont beaucoup varié d'une société à l'autre et selon les époques. Il y eut des périodes où le droit a été en retrait dans l'évolution des sociétés et des esprits. Mais il fut par ailleurs des temps où il a exercé une influence prédominante dans l'histoire. Ce fut par exemple le cas aux XIᵉ et XIIᵉ siècles, lorsque des théologiens, qui étaient en même temps des juristes (droit et théologie allaient alors de pair), entreprirent la grande réforme de l'Église catholique par le recours au droit, à l'aide duquel ils voulurent rétablir la discipline et refaire l'unité du clergé tout autant que des fidèles. C'est de leurs travaux qu'émergea le droit canon qui forme encore l'armature juridique de l'Église catholique, en même temps qu'il a servi de matrice aux institutions juridiques que connaissent encore les nations occidentales [1]. On peut dire que c'est une période un peu analogue de prédominance du droit que connaît le Québec, comme c'est d'ailleurs le cas dans tous les pays occidentaux, et l'on pourrait ajouter dans bien d'autres pays aussi.

LA DOUBLE MUTATION DU DROIT CONTEMPORAIN

Le droit des pays occidentaux a connu une très grande activité, de grands changements depuis la crise économique des années 1930 et plus encore depuis la Seconde Guerre mondiale. Résumons une histoire complexe en disant qu'il a traversé deux grandes mutations.

Première mutation : l'explosion du droit public

Même si la distinction entre droit civil et droit public est contestable et contestée, elle nous sera utile ici. Le droit civil règle les rapports des citoyens entre eux, notamment en établissant les liens de filiation et en réglant l'échange et la transmission de biens (par le contrat et le testament, en particulier). Le droit public institue et régit les organismes de l'État et règle les rapports réciproques entre l'État et les citoyens. Ce dernier a connu un développement presque monstrueux au cours des dernières décennies, refoulant de plus en plus le droit civil et l'envahissant même au point qu'on se demande s'il y a encore du droit civil en dehors du droit public.

Lorsque j'étais étudiant en droit dans les années 1940, l'enseignement du droit civil régnait en maître, celui du droit public était plutôt minime. Je me souviens qu'un même cours de trente heures était consacré à la fois au droit « scolaire » et au droit paroissial. Le droit scolaire consistait surtout à décrire le mode d'élection des commissaires dans les commissions scolaires. Aujourd'hui, le droit paroissial a disparu et le droit de l'éducation — notons l'évolution de la terminologie — a pris une grande expansion.

Ce n'est là qu'un exemple. On peut les multiplier. Parallèlement au droit de l'éducation, on a vu se développer toute une série de nouveaux champs du droit : le droit de la santé et des services sociaux, de l'environnement, de l'habitation, de l'eau, le droit urbain, le droit fiscal. Le droit constitutionnel, dont on n'était pas certain que c'était du droit il y a peu de temps encore, est devenu un très important domaine du droit contemporain. Et le droit international est à son tour en train de gagner une reconnaissance certaine. À travers ces domaines juridiques, c'est tout un ensemble de rapports entre les citoyens et l'État qui sont réglementés.

Cette explosion du droit public est évidemment liée à l'extension de l'intervention de l'État, à la mise en place de l'État providence. On le sait, c'est principalement par le droit que s'exerce le pouvoir politique, qu'il s'agisse de lois, de règlements, de normes, de critères. L'explosion du droit public est un corollaire de l'inflation de l'État.

Ajoutons que ce n'est pas nécessairement l'État lui-même, par ses organismes, qui met en action tout ce droit public. Il le fait souvent d'une manière indirecte, ou médiatisée, par voie de délégation. Il se trouve ainsi qu'un grand nombre d'organismes qui sont ce qu'il y a de plus privés — une Chambre de commerce, un syndicat d'employés, une clinique populaire — se font des règlements en vertu de pouvoirs délégués par l'État et que des tribunaux pourront éventuellement rendre contraignables.

Cette explosion du droit public se fait sentir aussi d'une autre manière. Le droit public a envahi des champs de rapports sociaux qui relevaient auparavant du droit civil. C'est le cas notamment du droit du travail qui, du droit civil, est passé au droit public. On peut en dire autant des rapports entre producteurs et consommateurs, entre locateurs et locataires, tout comme aussi des rapports entre praticiens professionnels et leurs clients.

Ainsi, un civiliste québécois, Pierre Ciotola, s'est interrogé sur « l'intervention de l'État dans le droit des contrats » et les changements qui en résultent dans la pratique du notariat. Il note dès le départ « les symptômes d'une crise contractuelle », la réduction de « l'autonomie contractuelle », pour déclarer : « Le droit public envahit le droit privé. Les frontières entre le droit privé et le droit public cessent d'être étanches. L'envahissement par le droit public se traduit par la prolifération de règles impératives issues d'une socialisation du droit. L'intérêt de la collectivité publique dicte aux particuliers, dans le cours de leurs rapports contractuels, des considérations jusque-là ignorées [2] ». Un des dogmes fondamentaux de la théorie des contrats appelle révision, celui de « l'initiative contractuelle », car voilà que maintenant « le contractant ne peut façonner à sa guise les dimensions de ses liens juridiques [3] ». Et P. Ciotola conclut en montrant que, de diverses manières, « la publicisation du contrat », dont il dit qu'elle peut être justifiée par « le bien-être de la collectivité », a sur l'exercice du notariat « un impact des plus considérables... [elle] entraîne des modifications profondes des modalités d'exercice de la profession notariale [4] ».

Deuxième mutation : les droits de la personne

La deuxième mutation n'est pas indépendante de la première, on peut même y voir une conséquence de la première : c'est l'extension qu'est en train de prendre la protection des droits de la personne et des libertés fondamentales. Le début de cette histoire remonte en réalité quelques siècles en arrière, aux XVe et XVIe siècles, au moment de la Renaissance et de la Réforme protestante, puis au Siècle des Lumières. L'autonomie du sujet humain est alors apparue comme une valeur montante ; l'on observe à cette époque une importance croissante accordée à la subjectivité, notion étroitement attachée à celle de modernité, comme l'a bien montré Habermas [5]. Cette autonomie du sujet a voulu s'affirmer notamment contre l'arbitraire de l'État de l'Ancien Régime : c'est ainsi que la première grande Déclaration, celle de 1789 au moment où débute la Révolution française, protégeait avant tout les Droits du citoyen. On en a par la suite, surtout après la Seconde Guerre mondiale, élargi la portée pour protéger les Droits de la personne. Mais l'intention première demeure : c'est contre les abus possibles de l'État, tout autant que pour réclamer les services de l'État, que sont proclamés ces Droits. L'État s'engage à protéger ses citoyens contre sa propre action, contre les abus et vexations qu'il peut être tenté de commettre et à leur assurer certains services maintenant considérés comme essentiels (l'éducation, les soins de santé, le minimum vital, le travail).

On le voit aujourd'hui, ces Droits de la personne sont sans cesse invoqués dans un nombre toujours croissant de situations, parfois même les plus étonnantes, les moins prévisibles. Les tribunaux sont saisis de litiges au nom de ces droits, et ils le seraient plus encore si n'existait un certain tri qu'opèrent des Commissions des droits de la personne ou des ombudsman privés (comme on en a maintenant dans nos universités, par exemple).

La priorité accordée à ces droits, qui s'est matérialisée lorsqu'ils ont été intégrés dans une Constitution, a des répercussions multiples dans nos vies. Je n'en cite qu'une, qui intéresse les chercheurs. Des renseignements disparaissent progressivement des dossiers d'institutions publiques et privées, sous prétexte d'éviter toute discrimination. On élimine ainsi progressivement des données touchant la religion, le sexe, le statut civil, la profession des parents, l'âge. Les chercheurs des sciences sociales se voient privés de données, perdant du coup la possibilité, par exemple, de faire des analyses de l'évolution de différentes clientèles.

À l'intérieur même de l'édifice du droit québécois et canadien, le caractère prioritaire accordé aux Chartes apporte des changements observables presque chaque jour. Il suffit d'ailleurs, pour s'en rendre compte, de consulter la somme des écrits déjà impressionnante que les Chartes ont amenés dans le monde des juristes, qu'ils soient professeurs ou praticiens. Je n'en donne qu'un exemple. Ce qu'on appelle les « principes » ou les « notions floues » auxquels recourt nécessairement le droit — tels « le bon père de famille », « l'intérêt public », « la justice naturelle » — sont maintenant réinterprétés dans le cadre et à la lumière de ces Chartes. C'est ce que soulignent deux juristes, Didier Lluelles et Pierre Trudel : « Le caractère supra-légal de la *Charte canadienne des droits et libertés* implique nécessairement qu'il puisse en résulter des limites à la portée qu'avaient traditionnellement, ou qu'étaient susceptibles d'avoir, les principes du droit privé. Le contenu des notions floues que comporte le droit civil, telles que l'ordre public et la faute, ne saurait désormais être défini de manière à brimer ou à empêcher l'exercice de droits garantis par la Constitution. Au contraire, la Constitution, en raison de sa nature supra-légale, impose désormais des cadres à l'intérieur desquels devra être défini le contenu des notions floues essentielles à l'application des principes du droit civil [6] ».

LE DROIT COMME MORALE ET COMME RAISON

C'est à cette double mutation qu'est attribuable, pour une large part, la présence croissante du droit dans la vie des citoyens, dans leurs rapports économiques, sociaux, culturels et même affectifs. Il arrive qu'on n'y prête guère attention, qu'on en soit inconscient et sans doute généralement ignorant ; mais la presque totalité de nos rapports sociaux sont régis par le droit ou peuvent se présenter sous un angle donnant ouverture au droit. S'il est vrai que cette présence du droit n'est pas nouvelle, qu'elle était déjà là sous l'empire du droit civil, ce qui est par ailleurs marqué, c'est l'extension et la visibilité qu'a prises cette présence, le rappel qui en est fait d'une manière répétée. C'est en ce sens que cette présence prend de plus en plus la forme d'une emprise sur la vie de chaque citoyen.

Cette place pressante qu'a prise le droit, on la comprendra mieux encore si l'on pousse l'analyse un peu plus loin. Il faut en particulier approfondir les fonctions que remplit le droit — évoquant ici non pas tellement des fonctions manifestes, mais des fonctions plutôt cachées ou latentes que le droit remplit aujourd'hui.

Le droit et les morales

Dans les manuels d'introduction au droit, il est de tradition d'établir dès les premières pages une nette distinction entre le droit et la morale. Quelle que soit la distinction adoptée, l'auteur veut s'assurer que l'étudiant voit bien clairement que le droit et la morale sont distincts, qu'il ne faut pas les confondre, que le droit est indépendant de la morale parce qu'il procède selon sa logique propre.

Même si l'on trouvera longtemps encore cette distinction dans les manuels, il faudra reconnaître qu'elle vaut de moins en moins. Entre droit et morale, la porosité de la frontière devient nettement manifeste, parce qu'il s'est produit un phénomène de transfert de la morale au droit. La distinction entre droit et morale est plus facile à soutenir lorsque existe un consensus suffisant en matière de morale. Tel n'est plus le cas dans la société québécoise, comme dans toutes les sociétés avancées : le pluralisme religieux et moral est un des traits de ce que l'on a appelé la modernité.

Dans le contexte d'une société laïcisée, marquée par le pluralisme moral, le droit devient le dernier lieu où la morale commune peut espérer faire un certain consensus. Ou plus exactement, on fait appel au droit comme substitut à la morale pour se prononcer sur des questions de conscience. On observe en effet que l'on se tourne vers le législateur et vers les tribunaux — deux grandes sources de droit — pour leur demander de résoudre des problèmes impliquant la conscience morale des citoyens et de la collectivité. On l'a vu récemment, l'été dernier (été 1989), où l'opinion publique a été tenue en haleine pendant des semaines par un litige touchant l'avortement (la cause de Jean-Guy Tremblay contre Chantal Daigle). Des juges des trois instances hiérarchiques ont eu à se prononcer rapidement sur les questions juridiques d'une cause reposant en réalité sur des considérations profondément morales. Rappelons au moins trois enjeux moraux : le droit de la femme à son intégrité physique ; le droit du père ; le statut du fœtus. Un des juges de la Cour d'appel, le juge Louis Lebel, le disait clairement dans cette cause : « Ce dossier soulève des problèmes fondamentaux d'évaluation et de mise en équilibre des droits de la femme enceinte, du père potentiel et de l'enfant à naître [7] ». On sait combien la question de l'avortement divise radicalement l'opinion publique, précisément comme problème moral, chaque camp faisant pression sur le législateur pour se faire entendre. Et l'on a assisté à l'embarras du législateur, lui-même aussi divisé, devant une décision si difficile qu'il a fallu la reporter, obligeant par là les tribunaux à se prononcer.

Les développements acquis et à venir de la science et de la technologie posent et poseront bien davantage de nouveaux problèmes moraux de diverses natures. Le cas de l'avortement est évidemment une conséquence de ces développements : l'avortement est devenu une intervention médicale hautement sécuritaire, à la différence de ce qu'il était il y a bien peu de temps. De nouveaux problèmes moraux amenés par les changements scientifiques et technologiques se retrouvent dans une grande quantité de domaines. Ainsi, les progrès de l'informatique posent des problèmes éthiques nouveaux en matière d'information et de communication : diffusion de l'information, accès à l'information, utilisation de l'information sur les personnes. Les débats sur la protection de l'environnement et la lutte contre la pollution sont la conséquence, pour une part importante, de la technicisation de l'industrie, des progrès de l'industrie chimique et électronique. La bioéthique fait face à une multiplicité de nouveaux problèmes, dont les tribunaux et le législateur sont ou seront saisis : mentionnons, par exemple, les tests de dépistage du sida, l'acharnement thérapeutique, les dons et transplantations d'organes, les contrats de mères porteuses, la congélation d'embryons, les nouvelles techniques de reproduction. Et pour l'avenir, évoquons particulièrement les nouvelles connaissances génétiques qui ouvrent toute grande la porte à la manipulation génétique.

Par suite des progrès accomplis et de la puissance dont on l'a dotée, la technoscience n'est plus moralement neutre. Elle pose une série de nouvelles questions éthiques qui, dans l'état de pluralisme moral de nos sociétés contemporaines, aboutissent devant le législateur et les tribunaux, où l'on espère leur trouver des solutions susceptibles d'un certain consensus, ce qui est cependant rien moins que certain.

Le droit et le consensus social

Avec le consensus, le droit entretient des rapports équivoques. On attribue souvent au droit la responsabilité de créer et entretenir des divisions, de susciter et nourrir l'esprit de chicane, d'être source de désunion sociale. C'est pour cette raison que les avocats ne furent pas admis à venir résider en Nouvelle-France sous le Régime français. Par ailleurs, on reconnaît aussi au droit d'être un des modes de solution des conflits ; il sert à la fois à refroidir les passions, à offrir des voies neutres et, en principe, objectives aux parties opposées pour arriver à un compromis, à proposer en dernier ressort le recours à un tiers extérieur (juge, arbitre ou autre) et, en principe, impartial pour mettre fin à un conflit.

Le consensus moral de plus en plus évanescent que je viens d'évoquer met en relief plus que jamais cette fonction contradictoire du droit. Il peut être la source de conflits multipliés et il demeure en même temps un lieu privilégié de solution de ces conflits. Il est aisé de constater comment le droit est un enjeu dans les luttes sociales : les affrontements entre mouvements sociaux représentant des intérêts, des valeurs ou des idéaux divergents, se font généralement autour d'un projet de loi ou d'une loi. Les conflits de la société québécoise sont souvent datés par le numéro d'un projet de loi ou d'une loi : « Bill 60 », Loi 22, Loi 101, Loi 178, le rapatriement de la Constitution canadienne, et la liste pourrait s'allonger avec les lois relatives aux conflits de travail et aux politiques sociales.

L'apparition de problèmes éthiques nouveaux résultant des développements technoscientifiques déjà connus et des nombreux autres à venir, que j'ai évoqués plus haut, l'éventualité de conflits d'une nature encore inconnue résultant de ces développements, vont amplifier l'appel à la fonction consensuelle du droit, par la médiation du législateur et des tribunaux. En l'absence de consensus moral, le droit apparaît comme la seule voie pour maintenir le consensus social. Il est en effet identifié à la véritable manière démocratique de procéder dans les cas de conflits. C'est en ce sens qu'on a souvent qualifié de « civilisées » les luttes sociales qui se maintenaient à l'intérieur des limites du droit, qui ne recouraient ni à la violence, ni à la force physique, ni non plus à des grèves ou manifestations considérées illégales.

Cette valorisation du caractère « civilisé » des luttes sociales limitées à l'intérieur de l'espace juridique m'apparaît un phénomène qui a une très grande signification, à laquelle on n'a pas accordé l'attention qu'elle mérite. Elle souligne en effet la fragilité que l'on attribue à la paix sociale, à ce que l'on peut aussi appeler l'ordre établi. La société moderne est constituée d'une distribution du pouvoir parmi une pluralité d'acteurs : l'État en est un, bien sûr, et d'importance, mais il doit compter avec les pouvoirs que détiennent les représentants de divers groupes d'intérêts avec qui il doit, à l'occasion, négocier soit formellement, soit informellement. Il est donc bien important pour les porte-parole de l'État d'amener leurs interlocuteurs à se situer sur le même terrain qu'eux, celui du droit. Le droit sous toutes ses formes est en effet le principal instrument par lequel s'exerce le pouvoir politique. Au-delà du droit, lorsque celui-ci n'est plus efficace, il reste à l'État le recours à la force : la police, l'armée, la prison. Dans une société qui se prétend ou se veut démocratique, le recours à la force demeure une dernière instance que les hommes politiques repoussent le plus loin possible. Valoriser le recours au droit, la solution des litiges à travers les canaux juridiques et judiciaires en qualifiant ces voies de « civilisées », permet d'éviter, espère-t-on, l'emploi de la force.

Ainsi, malgré le caractère conflictuel qu'il comporte, le droit prend, dans une société aux solidarités fragiles, figure de créateur ou de

producteur de consensus social. Il évite les ruptures brutales, les déchire-
ments du tissu social qu'entraînent des luttes trop passionnées, des
manifestations trop « chaudes », l'expression trop crue des frustrations et
de l'hostilité.

Le droit et la justice

Si le droit peut faire consensus jusqu'à un certain point, c'est qu'on
l'identifie à l'expression de la justice. C'est, par exemple, dans la robe
de la justice que se drape le tribunal qui s'entoure d'un ensemble de
symboles destinés à le rappeler à l'esprit de tous ceux qui s'en appro-
chent. Antoine Garapon, juge lui-même, a bien décrit et analysé les
mécanismes symboliques du « rituel judiciaire ». Il l'explicite en ces termes : « Le rituel judiciaire n'a pas seulement un rôle instrumental. Il
préfigure également de manière symbolique un certain ordre de justice
caractérisé par la neutralité du juge, l'égalité entre les parties, etc. Les
jusnaturalistes ont vu dans ce dispositif symbolique l'expression de la
vertu naturelle de justice... Les marxistes, en revanche, critiquent violemment cette figuration par le rituel d'une valeur de justice illusoire et en
totale contradiction avec la réalité sociale. Quant à moi, je pense, dans
une perspective phénoménologique du droit, que ce qui est important
est moins la nature de l'ordre représenté, que le concept d'ordre lui-
même. Nous voyons dans l'ordre rituel plus que la figuration d'une
valeur, l'expression d'un besoin fondateur du droit [8] ».

Je ne veux pas discuter ici à fond la question de savoir dans quelle
mesure le droit réalise et trahit tout à la fois la valeur d'ordre et de justice
qu'on veut lui faire figurer. Je ne voudrais mettre en lumière qu'un
aspect, qui est l'extension qu'a prise ce que des philosophes ont appelé
la justice de procédure dans une société hautement bureaucratisée et
technicisée. L'organisation bureaucratique, qui domine dans les entreprises et les organismes privés aussi bien que publics, est un effort de
rationalisation des modes et des rapports de travail. La seule — ou en
tout cas la principale — voie de cette rationalisation passe par l'instauration de normes, de règles, de critères, de standards. Cet ensemble
régulateur sert à préciser et à régir la position et le statut de chaque
acteur dans l'organisation, ses responsabilités et ses droits, ses fonctions,
ses rapports avec les autres acteurs dans l'organisation et dans d'autres
organisations.

Par cette normativité qui les fonde l'un et l'autre, la bureaucratie et l'État de droit appartiennent au même type d'organisation sociale. Les deux produisent et appliquent leurs règles ; l'ordre juridique ou normatif qui prévaut dans l'entreprise bureaucratique est de la même nature sociologique que l'ordre juridique de l'État de droit. Les deux sont composés d'un ensemble de règles, d'acteurs qui sont légitimés à produire ces règles, de mécanismes d'application des règles et de sanctions des contrevenants. On trouve ici tous les éléments d'un ordre juridique, que ce soit celui de l'État ou celui qui régit une bureaucratie privée [9].

Une des fonctions que les sociologues appelleraient « latente » (par opposition à « manifeste », selon la distinction faite il y a déjà longtemps par R. K. Merton [10]) de cette normativité est d'établir une équation entre le « *due process of law* » et la justice. Cette équation consiste à croire que le fait d'avoir des règles qui sont connues, claires, transparentes, le fait de les appliquer d'une manière systématique et avec bonne foi et le fait de ne pas déroger des règles, ont comme effet de produire des décisions justes et équitables. C'est cette justice issue du « *due process of law* » que l'on appelle la justice de procédure.

Il est important de bien affirmer que la justice de procédure est un grand acquis : elle constitue le fondement de la société démocratique, elle est le principal fruit qu'ont produit les Révolutions des XVIIe et XVIIIe siècles. On a voulu qu'elle remplace l'arbitraire du Prince par un État qui ne se dit pas au-dessus des lois qu'il fait, mais contraint par elles comme les citoyens le sont aussi. Il en va de même dans l'entreprise bureaucratique où le personnel est à l'abri de l'arbitraire de patrons et de supérieurs qui doivent procéder selon les règles établies.

Mais la justice de procédure révèle ses limites lorsqu'on constate qu'elle peut engendrer ou reproduire des injustices. La démarche qui mène à la justice de procédure n'est pas exempte de diverses embûches susceptibles de créer des distorsions. Songeons seulement aux rapports de pouvoir inégaux entre les parties engagées dans cette démarche ; tous les participants à la procédure n'ont pas un accès égal aux divers moyens de faire valoir leurs intérêts ou leurs points de vue. C'est ainsi que, dans l'application de politiques sociales, par exemple, on prend aisément pour acquis que le recours aux règles établies produira une justice que l'on veut croire distributive, alors qu'elle est une justice de procédure.

La confusion entre justice de procédure et justice distributive est courante : les règles administratives permettent de faire l'économie d'une réflexion, bien plus exigeante, sur les véritables conditions de la justice distributive.

On voit ainsi la mentalité juridique, qui règne partout dans toute organisation bureaucratique, inspirer une justice qui est sans doute un acquis indiscutable mais dont l'esprit du droit occulte trop aisément les limites et même les dangers.

Le droit comme raison

Ce qui donne au droit une certaine crédibilité en matière de justice et de morale, c'est que le droit paraît pouvoir s'identifier à la raison dans la vie sociale. Le droit est en effet une manière d'organiser les rapports sociaux selon une certaine logique, en suivant des raisonnements qui ont toutes les apparences de la rigueur et en faisant appel à un appareil conceptuel de principes, de règles et de procédures qui fondent sa crédibilité. Dans une culture où le positivisme règne d'une manière prédominante dans la mentalité et dans les valeurs, le droit apparaît comme le refuge de la validité et de la crédibilité en ce qui a trait à l'organisation et à la régulation de la vie sociale. Il paraît offrir la normativité la plus assurée, la plus largement partagée et la mieux fondée en rationalité. Il se présente comme le dernier rempart de la raison positive dans les comportements sociaux, l'activité et la vie sociales.

Les sciences sociales ont évidemment la prétention d'avoir une connaissance empirique et théorique des réalités sociales. Mais aujourd'hui, dans l'esprit de beaucoup de gens, particulièrement des jeunes, le droit est perçu comme étant un ordre de connaissances positif plus scientifique que les sciences sociales. Le droit, dit-on, s'appuie sur une tradition ; il réfère à un ensemble donné et clair de règles ; il bénéficie d'une logique qui paraît bien fondée et valide.

L'enseignement que l'on donne du droit vient conforter cette perception qu'on en a. L'enseignement du droit s'inspire essentiellement de ce que l'on appelle le positivisme juridique. Le droit est enseigné comme un corps de règles qui sont tenues pour des données ; elles existent comme des faits. L'étude et la pratique du droit consistent essentiellement à connaître ces règles telles qu'elles sont et à en voir l'application la plus plausible et la plus efficace. La philosophie et l'analyse critique du droit étant sous-développées, la représentation positiviste du droit a donc la voie libre.

Si un grand nombre de jeunes se dirigent vers l'étude du droit — ou aspirent à y être admis — c'est sans doute pour des considérations économiques : le droit paraît offrir un avenir plus assuré que les sciences sociales. Mais c'est aussi largement parce que les jeunes y voient un univers de connaissances plus stabilisé, mieux établi que celui des sciences sociales. Telle est du moins une conclusion à laquelle j'en arrive en fréquentant quotidiennement ces étudiants.

Il ne doit donc plus paraître étonnant que le droit se substitue aux sciences sociales dans l'interprétation, le diagnostic et le pronostic de la réalité sociale. Le droit retrouve ainsi une fonction traditionnelle, qu'il a longtemps exercée avant l'avènement des sciences sociales et qu'on semble bien prêt aujourd'hui à lui reconnaître de nouveau. Ainsi, le droit exerce une emprise croissante non seulement sur les comportements et les conduites, mais profondément encore sur la représentation que les membres d'une société se font de celle-ci, de sa structure et de sa dynamique. La double mutation évoquée plus haut — extension du droit public, prolifération des droits de la personne — a donné au droit à la fois un cadre conceptuel et une crédibilité morale pour offrir la représentation qu'on croit la plus véridique de la société et comme objet et comme projet.

L'EMPRISE DU DROIT PAR LA PROFESSION JURIDIQUE

La sociologie cherche toujours à expliquer le mouvement et la diffusion des idées et des valeurs en identifiant ceux qui les définissent et les portent ou les propulsent. S'agissant ici de l'emprise du droit dans les sociétés contemporaines, il est par trop évident que celle-ci résulte de l'action de personnes, de groupes ou d'institutions.

Je n'évoquerai pas ici le rôle joué par l'État, grand producteur de droit et diffuseur de la mentalité juridique. L'analyse en a été faite par d'autres, comme Gérard Boismenu, par exemple [11] ; je ne pourrais que répéter ce qu'ils ont dit avec beaucoup de justesse. Je voudrais plutôt souligner le rôle de la profession juridique.

L'analyse sociologique des sociétés modernes en termes de classes sociales et à travers les rapports de classes — analyse que je ne récuse pas, bien évidemment — a eu l'inconvénient de minimiser, sinon d'ignorer totalement le statut et le rôle contemporains des professions. La sociologie des professions en a subi un net déclin, étant trop facilement identifiée à une sociologie bourgeoise et conservatrice. En présentant le numéro de *Sociologie et sociétés* sur la sociologie des professions, Denise Couture le rappelle avec à-propos : « À partir des années 1960, la sociologie des professions a été l'objet de critiques sévères portant sur la construction de son objet, les professions. Ces critiques ont conduit à remettre en question l'existence même de ce champ de la sociologie ; les sociologues des professions seraient tombés dans un piège idéologique en reprenant à leur compte l'image voulant que les occupations organisées en monopoles professionnels aient réussi à imposer à leur propre sujet ». Malgré cela cependant, on constate vingt ans plus tard, ajoute Denise Couture, « la vitalité de ce champ dans ses développements récents [12] ».

La profession juridique a été l'objet d'un certain nombre de monographies et d'analyses sociologiques, surtout aux États-Unis et en Europe, très peu au Canada et au Québec. On a notamment insisté sur la montée du pouvoir des professions juridiques, suivie d'un certain déclin de ce pouvoir pour certains segments de la profession, à la suite notamment de l'évolution de l'État et du capitalisme [13]. Cette analyse ne manque pas de fondements et décrit assez bien une évolution récente. Mais elle m'apparaît incomplète dans la mesure où elle néglige de prendre en compte le pouvoir de la profession juridique résultant de son omniprésence dans les organisations bureaucratiques, privées tout autant que publiques. Parce que l'institution bureaucratique est essentiellement régulatoire, pour son personnel et pour sa clientèle (fournisseurs et clients), la profession juridique y joue un rôle actif par les fonctions quotidiennes nombreuses qu'elle remplit. Ainsi, la présence des juristes dans les organismes étatiques et para-étatiques se retrouve dans tous les ministères ; à l'intérieur des gouvernements, la profession juridique est généralement celle qui est la mieux organisée, la mieux structurée, à partir d'un noyau central et souvent centralisateur des activités de la profession, noyau qui se trouve d'ordinaire au ministère de la Justice. Les bureaucraties privées, de leur côté, ont généralement leur propre bureau du contentieux ; un nombre croissant de juristes — avocats et notaires — sont à l'emploi de ces entreprises industrielles, commerciales ou financières. Beaucoup de décisions de toutes sortes passent évidemment par leurs mains. De plus, un grand nombre de bureaux privés d'avocats travaillent avec ces entreprises, soit de concert avec leurs juristes, soit contre eux, soit comme substituts lorsque ceux-ci ne sont pas disponibles dans l'entreprise. Compte tenu qu'une grande partie de l'activité économique s'exerce maintenant dans et par ces organisations bureaucratiques privées et publiques, les diverses fonctions qu'occupent les juristes leur confèrent un pouvoir exceptionnel dans la prise de décision et dans le fonctionnement quotidien de toutes ces entreprises.

La profession juridique exerce une grande influence d'une autre manière, plus difficile à cerner cependant : la diffusion de la mentalité juridique. J'ai évoqué celle-ci plus haut. Elle est, me semble-t-il, particulièrement caractéristique des sociétés industrielles avancées. Le pluralisme moral qui y règne fait qu'il est difficile de compter sur un consensus éthique. Il semble plus prometteur de chercher à s'entendre sur quelques principes d'une certaine justice fondamentale. C'est ce qu'a proposé John Rawls notamment [14], et l'on sait que son lourd traité de la justice est devenu un des ouvrages les plus lus et discutés dans le monde anglo-saxon et qu'il devient aussi l'objet de grande attention depuis sa récente traduction en français [15]. Il est significatif que la percée la plus originale, la plus novatrice de la philosophie et de la morale politiques soit venue par la voie de la réflexion sur la justice.

Ce n'est là qu'une dimension de l'influence de la mentalité juridique. D'une manière plus générale, celle-ci se retrouve dans toutes les formes de « bonne gestion », dans toutes les préoccupations d'une « saine administration ». C'est en elle que se trouve l'archétype de la volonté de formuler des normes (de « normer », selon l'expression qui a cours dans le jargon gestionnaire) et d'agir et faire agir selon des normes.

Porteuse de la mentalité juridique, identifiée aux attentes créées à l'endroit du droit, poursuivant aussi ses propres intérêts professionnels, la profession juridique a vu son pouvoir réel s'accroître dans les secteurs-clés de l'activité sociale : les secteurs économique et politique. L'emprise croissante du droit dans les sociétés contemporaines apparaît ainsi comme étant corrélative de la présence toujours plus étendue des juristes dans les institutions dotées du poids le plus lourd dans ces sociétés.

CONCLUSION

L'emprise croissante du droit — dans la mesure où on peut la cerner et la mesurer — est un fait lié à la civilisation présente ; on ne peut la nier et il ne faut surtout pas s'empêcher de la voir. Il ne s'agit par ailleurs pas de s'y enfermer et de l'aborder dans une attitude fataliste. Il importe plutôt d'aborder cette réalité dans la perspective d'une analyse critique du droit. La sociologie du droit peut justement ici se révéler utile par l'apport qu'elle peut contribuer à une telle analyse.

Si l'on se tourne vers l'avenir, certaines pistes de recherche me paraissent susceptibles de nous aider à dépasser l'emprise du droit sans la nier, pour en mieux voir les possibilités, les limites et les dangers. Tout d'abord, il faudra étudier la question de l'inégalité dans l'accès à la justice. Lorsqu'on fait état des inégalités socio-économiques dans nos sociétés, on n'évoque jamais l'inégalité devant la justice. On sait pourtant qu'en pratique tous les citoyens n'ont pas un accès égal aux moyens d'obtenir justice. Il est vrai que l'instauration de l'Aide juridique a fait beaucoup pour éliminer les cas les plus flagrants où l'accès à la justice était pratiquement impossible. Mais il reste encore de très grands écarts entre ceux qui ont le pouvoir ou l'autorité de se faire entendre du législateur ou qui ont les moyens de retenir les services des meilleurs bureaux d'avocats ou de notaires, et ceux qui sont dénués de ces pouvoirs et de ces moyens. L'inégalité d'accès à la justice est cependant difficile à étudier parce qu'elle est bien difficile à cerner et à mesurer. Les inégalités économiques s'offrent assez facilement au regard du chercheur ; en revanche, les inégalités en rapport avec le droit sont cachées, ne se révèlent pas d'elles-mêmes, appellent des recherches très fines et très perceptives.

Un second champ d'étude sera celui de la profession juridique, trop négligée par les sociologues québécois. Nous nous sommes intéressés davantage aux professions de la santé. L'omniprésence et les pouvoirs politiques et économiques de la profession juridique demandent à être étudiés empiriquement, pour confirmer ou infirmer les affirmations que j'ai faites, que je présentais plutôt comme des hypothèses que comme des conclusions vérifiées.

Ceci m'amène à une autre piste de recherche que je juge d'importance majeure : il s'agit précisément du thème que j'ai développé dans cette présentation, celui de l'emprise progressive du droit. Si l'on entend le droit dans un sens très étendu, incluant différents ordres juridiques non étatiques aussi bien qu'étatiques, la question ne se pose pas vraiment. Mais le droit dont j'ai parlé ici est entendu dans le sens le plus usuel, pour désigner l'ordre juridique étatique, celui que l'on peut associer à toutes les formes de bureaucratie, privées aussi bien que publiques. Il y a lieu alors de s'interroger sur les conséquences concrètes de l'emprise croissante de ce droit ; en particulier, je suggère que l'on explore les autres rationalités sociales qu'elle risque d'exclure ou à tout le moins de réduire et de minimiser. Je songe ici aux voies alternatives à la judiciarisation qui ont été expérimentées dans d'autres pays alors qu'on n'a pas commencé à s'y intéresser ici : les divers modes de « justice informelle » destinés à régler par des procédures simplifiées, hors du droit formel, les problèmes et les questions que l'on confie aujourd'hui trop aisément aux bureaux d'avocats, de notaires et aux tribunaux.

Enfin, dans la même veine mais sur un plan plus théorique, les rapports entre droit et justice appellent une réflexion qui devrait impliquer juristes, philosophes et chercheurs des sciences sociales. Il importe en effet d'échapper à la seule normativité juridique, à la seule interprétation de la justice par le droit et les juristes. Les avancées récentes de la réflexion philosophique sur la justice appellent un dialogue nouveau entre la philosophie et le droit, auquel les sciences sociales devraient nécessairement participer. Le temps est venu d'un tel dialogue, devant toutes les ambiguïtés dans lesquelles nous ont laissé les prises de position trop souvent polarisées sur le thème de la justice sociale.

NOTES

1. Harold J. Berman, *Law and Revolution. The Formation of the Western Legal Tradition*, Cambridge, Mass. Harvard University Press, 1983.

2. Pierre Ciotola, « L'intervention de l'État dans le droit des contrats : vers une publicisation du droit des contrats ? », (1986) 20 *Revue juridique Thémis*, p. 171.

3. *Idem.*

4. *Idem.*

5. Jürgen Habermas, *Le discours philosophique de la modernité*, trad. française, Paris, Gallimard, 1988.

6. Didier Lluelles et Pierre Trudel, « L'application de la *Charte canadienne des droits et libertés* aux rapports de droit privé » *in : La Charte canadienne des droits et libertés : concepts et impacts*, Montréal, Les Éditions Thémis, 1985, p. 219-252. La citation est aux pages 251-252.

7. Cour d'appel de la Province de Québec. Transcription du jugement *Chantal Daigle c. Jean-Guy Tremblay*, p. 11.

8. Antoine Garapon, *L'âne portant des reliques. Essai sur le rituel judiciaire*, Paris, Éditions du Centurion, 1985, p. 165.

9. Cette notion des ordres juridiques se fonde sur l'élaboration que j'en ai faite dans mon article, « Pour une sociologie des ordres juridiques », (1988) 29 *Les Cahiers de droit*, p. 91-146.

10. Robert K. Merton, *Social Theory and Social Structure*, Glencœ, Ill., The Free Press, édition révisée, 1957, chapitre I : « Manifest and Latent Functions ».

11. Gérard Boismenu, « L'État et l'ordre juridique », *in : Les mécanismes de régulation sociale*, sous la direction de Gérald Boismenu et Jean-Jacques Gleizal, Montréal et Lyon, Boréal et Presses universitaires de Lyon, 1988, chapitre I.

12. Denise Couture, « Enjeux actuels en sociologie des professions », (1988) 20 *Sociologie et sociétés* 5.

13. Elliott A. Krause, « Les guildes, l'État et la progression du capitalisme : les professions savantes de 1930 à nos jours », (1988) 20 *Sociologie et sociétés*, p. 91-124.

14. John Rawls, *A Theory of Justice*, Cambridge, Mass., Harvard University Press, 1971. Traduction française : *Théorie de la justice*, Paris, Éditions du Seuil, 1987.

15. Par exemple, *Individu et justice sociale. Autour de John Rawls*, Paris, Éditions du Seuil, 1988. Cet ouvrage fait suite à la traduction française du livre de John Rawls ; il est « issu de trois colloques récents sur le thème de l'individu et de la justice sociale qui ont réuni des auteurs de toutes tendances autour de la pensée du professeur de Harvard » (p. 6).

DEUXIÈME PARTIE

LA CULTURE

Protéger la langue française : quelle langue ?

Michel Plourde

Depuis la Révolution tranquille et surtout depuis vingt ans, notre sensibilité et nos attitudes linguistiques, de même que les moyens que nous avons choisis pour protéger et développer notre langue, ont évolué et changé de façon plus notable et plus profonde que pendant les quatre-vingt-dix ans qui ont séparé la Confédération de la Révolution tranquille.

Je lisais récemment un petit livre publié il y a cent ans [1], à l'époque où le mot « francophone » n'existait pas encore et où le mot « Québécois » n'avait pas encore supplanté, au Québec, les termes « Canadien » et « Canadien français ». Trois choses essentiellement me frappent dans le discours linguistique de l'époque. D'abord, l'horizon n'est pas le Québec, mais le Canada tout entier, voire l'Amérique : on nourrit alors le secret dessein d'une grande nation qui serait la « France catholique américaine », rien de moins ! Deuxièmement, le discours déborde d'une assurance toute téméraire en la victoire de la race fondée sur les traditions catholiques et sur une remarquable fécondité. Enfin, tout se passe comme si on croyait vraiment que le pacte confédératif (encore tout récent) consacrait l'égalité des deux nations et leurs droits linguistiques respectifs.

Mais le temps a passé, révélant de façon lancinante la dualité des relations politiques fédérales-provinciales et creusant le fossé des relations linguistiques entre anglophones et francophones. Nous nous sommes aguerris ; nous sommes devenus plus réalistes ; l'envolée patriotique a fait place aux études, aux constats et aux bilans ; notre horizon s'est rétréci au carré du Québec — dernière chance de développement sérieux du français en Amérique — ; notre taux de fécondité a connu une chute dramatique ; et nous avons enfin compris que le seul moyen logique, efficace et démocratique de nous faire respecter était la loi.

Certes, il y a d'autres moyens que la loi, et nous allons dépasser les mécanismes juridiques pour examiner à quelle situation nous faisons face maintenant sur le plan linguistique. Mais il est important de réaffirmer que notre législation linguistique est un des acquis majeurs des dernières années et qu'il ne s'agissait pas d'une mesure temporaire ou corrective, mais d'une *charte* permanente destinée à établir et à préserver un ordre social, comme on peut en sentir également le besoin, par exemple, dans le domaine de l'environnement ou dans celui des droits individuels.

Même si ce colloque a pour but de faire le point sur les changements majeurs survenus dans notre société au cours des trente dernières années, il serait fastidieux, je crois, de refaire ici l'histoire de nos débats et de nos législations linguistiques. Inutile donc de répéter le livre que j'ai écrit à ce sujet l'an dernier et qui a justement été publié par l'Institut québécois de recherche sur la culture [2]. De plus, on peut se référer aux recherches ou aux avis du Conseil de la langue française qui ont généralement ponctué les grands épisodes de notre débat ou de notre développement linguistique.

Je voudrais plutôt aborder avec vous la situation dans laquelle nous nous trouvons placés et analyser brièvement les enjeux auxquels nous avons à faire face maintenant et au cours des années qui viennent. J'en vois quatre :

—   l'enjeu politique du statut du français au Québec ;

—   le double enjeu social et culturel de la qualité de la langue et de l'intégration des immigrants ;

—   l'enjeu européen et international du statut du français dans le monde.

L'ENJEU POLITIQUE DU STATUT DU FRANÇAIS AU QUÉBEC

Au-delà de la *Charte de la langue française* et de la Loi 178, le statut du français au Québec est actuellement lié à l'évolution et à l'issue de trois dossiers politiques : l'accord du Lac Meech, la Loi C-72 sur les langues officielles et le traité de libre-échange avec les États-Unis. On s'est évertué à le répéter, l'entente du Lac Meech constitue un minimum pour le Québec. Or, même ce minimum n'est pas acquis actuellement : plus l'échéance se rapproche, moins on a l'impression que le Canada anglais est prêt à dire oui au Québec ! De deux choses l'une : ou bien le Québec fera comme bien d'autres peuples qui se sont lassés de quémander et de se mettre à genoux et il décidera de prendre en mains ses propres destinées. Ou bien le Canada anglais finira par consentir, auquel cas le Gouvernement du Québec devra immédiatement lever toute l'ambiguïté qui persiste dans le contenu de l'entente et définir clairement, aussi bien pour les Québécois que pour les tribunaux, cette « société distincte » que nous formons au sein du Canada, en précisant que la langue française en constitue « la caractéristique fondamentale », comme cela était écrit noir sur blanc dans le projet d'accord du 30 mai 1987 préparé par des fonctionnaires juste avant l'entente finale du 3 juin [3].

Lorsque l'ambiguïté que je viens de dire sera levée, nous aurons probablement franchi un pas de plus dans le fameux débat qui oppose les droits individuels et les droits collectifs, débat qui a grandement besoin d'être étoffé par une réflexion plus poussée. Nous avons en effet un problème de fond récurrent qui ne sera pas réglé tant que, à l'intérieur même de la Constitution canadienne (si nous y demeurons), la langue française n'aura pas le caractère fondamental qu'on accorde aux droits individuels. Certes, en droit ou en soi, ces deux catégories de droits (individuels et collectifs) peuvent être aussi importantes l'une que l'autre, mais ce sont des catégories d'ordre différent. Il appartient au législateur, selon les règles démocratiques habituelles, de définir la hiérarchie entre ces droits et de reconnaître la prédominance des uns par rapport aux autres, compte tenu de l'ordre public et des objectifs essentiels du développement de la société québécoise, comme il est d'ailleurs autorisé à le faire par l'article 9.1 de la Charte québécoise des droits et libertés de la personne. Quand cela sera acquis, on ne pourra plus dire que l'usage exclusif du français, exigé en certaines circonstances publiques, va à l'encontre de la liberté d'expression.

La clarification de cette notion de « société distincte » et des conditions nécessaires à sa réalisation devrait également donner le coup de mort à la théorie du bilinguisme intégral qui a la vie dure et qui est incompatible avec l'existence tant soit peu sérieuse d'une société distincte, c'est-à-dire française, au Canada. L'adoption par Ottawa, l'an dernier, de la Loi C-72 sur les langues officielles relève d'un esprit et encourage des pratiques diamétralement opposés à l'objectif de faire du Québec une société distincte. En se servant de son pouvoir de dépenser et en utilisant son agent attitré, le Commissaire aux langues officielles, le Secrétariat d'État est habilité par la Loi à se livrer à une opération de charme et de persuasion, au Québec, auprès des entreprises, des organisations patronales et des organismes bénévoles pour les aider, au moyen de subventions, à offrir leurs services dans les deux langues et à favoriser par tous les moyens l'égalité de l'anglais et du français quant à leur statut et à leur usage.

Voilà que le Gouvernement fédéral sort du champ de ses compétences. Ce dont il s'agit ici, ce n'est plus strictement l'usage des deux langues dans les institutions fédérales. Par son pouvoir de dépenser, Ottawa s'ingère littéralement dans la langue du travail et dans la langue des services au Québec. L'application de la Loi 142 sur les services de santé en anglais est financée par Ottawa. Le président de l'Office de la langue française et le Commissaire aux langues officielles se retrouvent face à face sur le terrain linguistique des entreprises, le premier pour leur demander de se franciser, le second pour leur offrir l'argent nécessaire à leur bilinguisation. Qui gagnera la partie, selon vous ? Et quel genre de « société distincte » aurons-nous au bout du compte ? Ce à quoi nous faisons face aujourd'hui dans le domaine linguistique, c'est ce genre d'infiltration, ce genre d'action discrète et efficace, en sous-main et à voix basse, dont l'issue est d'autant plus à craindre qu'elle ne fait aucun tapage.

Le traité de libre-échange n'échappe pas, jusqu'à un certain point, à cette dynamique de discrétion forcée qui consiste à minimiser le plus longtemps possible les dangers. Or, on sait bien pourtant que, sur le plan international comme sur le plan intérieur, on ne peut pas ignorer la loi du plus fort ; que les arguments d'intérêt et de bien-être économique finiront bien par avoir raison des restrictions linguistiques ; et que celles-ci seront finalement considérées comme des contraintes non justifiées à la libre circulation des produits, des services et des personnes. La preuve en a déjà été faite devant les tribunaux au sein de la Communauté économique européenne, au sujet d'un litige entre deux pays d'égale importance [4]. Que sera-ce lorsqu'il s'agira du Canada et des États-Unis, de David et de Goliath? Déjà des pressions ont eu lieu en vue d'une plus grande ouverture de nos politiques d'achat et nous apprenions tout récemment, de la bouche d'un ministre fédéral, à l'occasion d'une décision du tribunal du GATT, que les relations libre-échangistes ne baignent pas dans l'huile entre les États-Unis et le Canada.

Il y a donc devant nous, à l'heure actuelle, trois variables déterminantes qui, au-delà de notre législation linguistique — au-delà de la Charte de la langue française —, peuvent avoir un effet important sur le statut et l'avenir de la langue française au Québec. Chacune de ces variables est à la fois de nature juridique et politique et les deux premières au moins ont aussi des incidences constitutionnelles. Les ignorer, ce serait faire preuve d'inconscience et tronquer notre situation linguistique du principal enjeu politique auquel elle se trouve actuellement confrontée.

LE DOUBLE ENJEU SOCIAL ET CULTUREL DE LA QUALITÉ DE LA LANGUE ET DE L'INTÉGRATION DES IMMIGRANTS

Au-delà de cet enjeu politique, je crois que la qualité de notre langue et l'intégration des immigrants constituent un double enjeu social et culturel aussi important que le premier et auquel il est urgent que nous apportions des réponses.

La Charte de la langue française ne dit pas un mot de la qualité de la langue, ou plutôt elle mentionne la qualité de la langue à propos du Conseil de la langue française, qui a pour mandat de «surveiller l'évolution de la situation linguistique au Québec quant au statut de la langue française et à sa *qualité* et de communiquer au ministre ses constatations et ses conclusions [5]» (article 188). De son côté, l'Office de la langue française doit veiller à la correction et à l'enrichissement de la langue, soit en normalisant ou en recommandant l'emploi des termes appropriés, soit en fournissant aux individus et aux organismes l'assistance terminologique et linguistique appropriée (articles 113 et 114). Toutefois, la Loi 101 ne dit pas un mot de la nature ou de la qualité de la langue qu'il faut enseigner dans nos écoles ou qu'il faut utiliser en public.

« Heureusement, dirons-nous peut-être... S'il fallait que nous en soyons rendus à vivre dans une société où notre façon de parler serait réglementée par l'État !... » Mais, une fois que nous avons dit cela, nous n'avons rien réglé. Le problème est toujours là. Car il y a problème, sinon personne n'en parlerait. Quel est-il, ce problème ?

Quand on dit de quelqu'un qu'il parle bien, c'est qu'on a en tête un certain modèle, une certaine norme. Il y a quelques années, la question s'était posée clairement : Faut-il établir une norme officielle du français parlé au Québec ? Nous sortions à peine de l'époque où, pour nous valoriser nous-mêmes, certains linguistes avaient fait l'apologie du « joual ». Cette époque est aujourd'hui terminée. Il avait été décidé alors de ne pas établir de norme officielle et de laisser le consensus social se dégager de lui-même avec le temps. Des indications de ce consensus ont été fournies à l'occasion. Ainsi, il y a quelques années, une enquête du CLF [6] avait révélé que les préférences des auditeurs québécois allaient carrément au parler de Pierre Nadeau, de Lise Payette, d'Andréanne Lafond, de Denise Bombardier et de Joël Le Bigot ; bref, à un parler québécois équivalant au français international. Le malheur, c'est que ce parler n'a jamais été complètement décrit, recensé, identifié. Cela serait nécessaire pour faire émerger la norme québécoise.

Il ne s'agit pas par ailleurs d'aller à la chasse aux pustules et aux virgules. Que pendant longtemps nous ayons dit « icitte », « à drette », « moikié » et « tabakière » (pour « ici », « à droite », « moitié » et « tabatière »), les études linguistiques sont là pour prouver que dans certaines régions de France la langue a connu les mêmes variations, qui ne sont pas nécessairement des « corruptions »... Le but recherché n'est pas de nous culpabiliser. Il n'est pas non plus de nous amener à parler comme les Français de l'Hexagone et à adopter leurs propres « déformations », au point par exemple de ne plus faire la différence entre « tâche » et « tache », « pâte » et « patte », « côte » et « cote », le mois de « mai » et l'adverbe « mais », le futur « j'aimerai » et le conditionnel « j'aimerais » !... [7] Le consensus, je crois, commence à se dessiner de façon passablement claire. Certes, il y aura toujours des niveaux de langue différents, et on n'est pas toujours obligé d'utiliser la langue soutenue. Mais, de toute évidence, et de façon impérieuse, l'école doit donner à l'enfant la capacité de recourir aisément et spontanément, chaque fois qu'il en a besoin, à une langue française de qualité internationale, c'est-à-dire une langue française qui, tout en gardant sa spécificité québécoise, peut être comprise sur le plan international sans causer de prime abord l'étonnement de l'interlocuteur ou susciter sa reconnaissance pour la pièce de folklore qu'on lui sert gratuitement !

Le rôle de l'école n'est pas de répéter ou de transposer le langage de la rue ; ce n'est pas non plus d'entretenir l'enfant dans une langue québécoise tributaire du passé ; mais d'apprendre, de façon systématique, à l'enfant, une langue qu'il croit avoir mais qu'il ne possède pas du tout. Une langue de qualité, c'est une langue qui exprime correctement ce qu'on a à dire, avec clarté et simplicité, sans affectation, avec le vocabulaire contemporain approprié, ce qui n'exclut pas le vocabulaire d'ici, dans le respect des règles de la grammaire, selon une structure de phrase logique et cohérente, et avec une prononciation claire et agréable. Nous possédons une telle langue, mais il est évident que nous ne consentons pas toujours à l'utiliser. Avec un peu plus de rigueur et une oreille plus « critique », nous pourrions aussi réduire de beaucoup nos habitudes nationales d'assibilation et de nasalisation des « in » et des « eur ». J'entendais, l'autre jour à la télévision, des étudiants allophones parler en français de leur insertion au Québec : j'avoue que j'ai trouvé leur langue plus avenante, plus dégagée, plus « internationale » que celle de leur professeur...

La qualité de la langue que nous enseignons dans nos écoles devrait être une motivation de plus pour les allophones de s'intégrer à la société française du Québec. Attention ! je n'abonde pas dans le sens de certains immigrants qui ont intérêt à ravaler le français québécois au rang de patois pour se dispenser d'apprendre le français, mais je n'abonde pas non plus dans le sens de certains Québécois qui disent qu'on est bien comme on est, qu'on n'a rien à changer et que les immigrants n'ont qu'à s'adapter.

L'intégration linguistique et culturelle des immigrants constitue un enjeu social majeur pour l'avenir de la langue et le développement du Québec. Cet enjeu va se jouer presque exclusivement dans la région de Montréal, où se trouvent concentrés près de 90 % des immigrants du Québec. Or, les quatre cinquièmes des allophones ont élu domicile sur l'île de Montréal, où habitent également les trois quarts des anglophones de la région métropolitaine. La proportion des francophones sur l'île de Montréal n'atteint plus les 60 % et elle continue de diminuer, ce qui va rendre difficile l'insertion naturelle des immigrants à un milieu authentiquement francophone [8]. Peut-on vraiment amener les immigrants à ne pas s'établir à Montréal mais ailleurs en région ?

À Montréal même, 58 écoles sur 311 comptent entre 26 % et 50 % d'allophones parmi leurs élèves, et 36 écoles en comptent plus de 50 % [9]. Réussir une intégration linguistique et culturelle dans ces circonstances relève du défi. Certes, on peut dire que la Loi 101, à ce chapitre, a été extrêmement efficace, puisqu'elle a réussi à inverser complètement les chiffres : en 1977, 70 % des jeunes allophones fréquentaient l'école anglaise et 30 % l'école française ; aujourd'hui, c'est le contraire. De plus, d'après des données récentes du ministère des Communautés culturelles et de l'Immigration, « 69 % des moins de 15 ans auraient le français comme langue d'usage » parmi les cohortes d'immigrés moins anciennes. Ces signes de changement sont encourageants, mais peut-on parler de véritable intégration à la société québécoise quand, tout récemment, seulement 32 % des allophones de Montréal déclaraient travailler en français, alors que 31 % affirmaient travailler en anglais et 26 % en langue d'origine ? À la question « Dans laquelle des deux langues officielles [10] vous sentez-vous le plus à l'aise pour soutenir une conversation ? », 48 % des allophones répondaient « en anglais » et 34 % « en français [11] ».

La partie n'est donc pas encore gagnée pour le français. Disons plus : ce n'est pas tout de franciser, encore faut-il « intégrer » à la culture québécoise, c'est-à-dire permettre « l'intériorisation » des immigrants à cette culture. Le plus bel exemple est celui des écoles « françaises » du Protestant School Board of Greater Montréal : on y « francise » peut-être les enfants, comme on le ferait en France ou au Sénégal, mais comment peut-on espérer qu'ils soient enracinés dans la culture du Québec, alors que leur école appartient à des structures et à une administration anglophones ? De façon générale, je crois qu'il existe un gros problème de transmission de la culture québécoise. Souvent l'allophone parle français, mais sa vie, sa pensée ne sont pas québécoises. On sent qu'il a appris le français surtout pour communiquer, mais de quelle culture cette langue française est-elle porteuse ?

Il y a pourtant des faits et des tendances qui n'ont pas un caractère épisodique et qui apparaissent comme des facteurs positifs dans l'évolution de notre situation linguistique. Ce qu'on pressentait depuis longtemps s'est manifesté clairement à l'occasion de la Loi 178 et des événements qui ont suivi jusqu'à la récente campagne électorale : les allophones se démarquent des anglophones et il ne faut pas les confondre avec ces derniers. Il est intéressant de constater que 77 % des allophones considèrent que l'apprentissage du français est absolument nécessaire à leur intégration au Québec [12]. Plusieurs d'entre eux sont également sensibles aux mesures que doit prendre le Québec pour assurer la survie du français. À la question « Quel est le plus important problème qu'aura à résoudre le Gouvernement du Québec au cours de la prochaine année, selon l'opinion la plus répandue dans votre communauté ? », 40 % de l'ensemble des communautés culturelles répondent « la langue » et, à l'intérieur de cette réponse, « la survie du français » recueille 17 % chez les communautés culturelles, alors qu'elle ne recueille pas plus de 20 % auprès du groupe-témoin francophone ! [13]

À nous par conséquent de jouer la carte de l'intégration. Il nous appartient, à nous d'abord francophones qui constituons la majorité, de clarifier notre discours sur l'intégration, de poser les paramètres et les balises nécessaires, et de les signifier clairement aux immigrants qui viennent chez nous. Si nous sommes une société qui se distingue par sa langue, nous devons tenir à ce qu'ils communiquent avec nous au moyen de notre langue commune qui est le français. À cette condition, ils peuvent être des Québécois à part entière, et nous pouvons leur offrir de former avec nous une société « une » et « plurielle » : « une » par la langue commune et par la même allégeance aux intérêts du Québec ; « plurielle » par la diversité des origines et des contributions culturelles de ses membres. On ne peut pas exiger des immigrants qu'ils vibrent au moindre souvenir de notre histoire ou au moindre élément de notre folklore, mais on peut s'attendre à ce qu'ils travaillent avec nous à la construction d'un bagage culturel québécois qui n'ait pas été défini une fois pour toutes et qui soit capable de susciter l'attachement et la fierté de tous les Québécois.

L'ENJEU EUROPÉEN ET INTERNATIONAL DU STATUT DU FRANÇAIS DANS LE MONDE

Comme tout se tient, l'intégration des immigrants à la société française du Québec sera grandement facilitée si celle-ci est valorisée par son appartenance à la francophonie et si le prestige de celle-ci s'affermit sur le plan international. C'est pourquoi je dis que nous faisons face aussi finalement à un enjeu européen et international du statut du français dans le monde. Car, jusqu'à preuve du contraire, c'est par la langue française d'abord que s'affirme la francophonie, au cas où les sherpas qui préparent les sommets auraient tendance à l'oublier!...

J'ai évoqué, au début, quelques écrits d'il y a cent ans. Eh bien! en 1890, le *New York Sun* saluait la langue française avec beaucoup de déférence. Je cite :

> Presque tous [les officiers de marine] parlent le français [...] C'est à peine si quelques-uns d'entre eux comprennent un mot d'anglais. On parle le français à bord des navires russes et allemands, italiens et brésiliens, hollandais, espagnols [...], à bord des navires anglais et américains [...] On voit par là que le français est bien réellement la langue vivante la plus utile à connaître lorsqu'il s'agit d'entrer en relation avec les représentants des différentes nations du globe.

Le *New York Sun* compare ensuite les qualités de l'anglais et du français et reconnaît que le français est «une langue polie, poétique, précise et harmonieuse», qu'elle a été illustrée par de grands écrivains, qu'elle est «la langue internationale», la langue de la diplomatie, «la langue par excellence» et qu'il faut la saluer «de tout notre respect»...

C'est un euphémisme de dire que la situation a évolué depuis!... Dans un article intitulé «De l'hégémonie au déclin» et publié dans *Le Monde* le 12 juillet dernier, un Français, Maurice Allais, Prix Nobel d'économie, dont le nom vient d'entrer cette année au Dictionnaire Larousse, estime que «le fait d'avoir écrit en français a considérablement compromis la diffusion internationale de [ses] œuvres»; il lui semble «que les défenseurs de la langue française n'aient pas une conscience claire de la situation actuelle et de ce qu'il conviendrait réellement de faire»; par une étonnante contorsion de l'esprit, il en arrive à croire qu'«à vouloir s'obstiner à défendre la langue française on finit par empêcher la diffusion de la pensée française»; et il conclut finalement que «la solution désagréable, mais inévitable» est que nous ayons, en France, «des revues scientifiques en langue anglaise, ainsi que des maisons d'édition publiant en anglais». Voilà un parangon de lucidité : être réaliste au point d'abdiquer sa personnalité... Capituler sans résistance, courir au-devant de l'anglais! Bravo!

L'été dernier, à l'occasion du Congrès mondial d'éducation comparée qui se tenait à l'Université de Montréal, un éminent universitaire de l'UNED (Madrid), qui parle le français à la maison par plaisir et par goût, s'étonnait devant moi du peu de conviction avec laquelle les Français défendent la place de la langue française dans l'Europe de 1992. «L'espagnol, disait-il, n'a jamais eu le statut dont le français a bénéficié sur le plan international : nous ne pouvons donc pas avoir les mêmes prétentions... Mais le français jouit encore d'un certain prestige international. Pourquoi ne pas miser sur cet avantage pour réactiver et renforcer son statut?» Aux Nations-Unies, le français et l'anglais sont encore les deux seules langues de travail. Bien sûr, la plus grande partie de la documentation est maintenant rédigée en anglais, mais pourquoi considérer qu'il s'agit d'une tendance irréversible au lieu de travailler à faire gagner des points au français?

Malheureusement, on est forcé de constater beaucoup d'inconscience ou d'insouciance chez la plupart des Français à ce chapitre. Tout se passe comme s'ils avaient confiné la langue française à la France une fois pour toutes... Dans cette conjoncture, à quoi ressemblera l'Europe de 1992? Il y a pourtant un pari qui est tenable : celui d'empêcher que l'anglais ne domine en Europe. En dehors de la langue scientifique, Maurice Allais est prêt à proposer une sorte de trilinguisme. Plusieurs prétendent aussi que c'est en redonnant une certaine vitalité aux autres langues qu'on pourra assurer une place au français. Le Conseil de l'Europe a adopté un programme selon lequel les pays membres s'engagent à faire la promotion d'au moins deux langues. Mais, ce qu'il serait urgent de comprendre, c'est qu'on n'arrivera jamais à endiguer la marche vers l'anglais, ni en Europe ni sur le plan international, à moins de procéder à un aménagement formel de l'usage des langues, fondé sur des ententes ou des traités. Les règles d'aménagement linguistique pourraient aussi servir entre nations, à la condition de prendre clairement conscience de la situation et d'avoir la volonté politique de s'attaquer au problème. Or, ce sont ces deux derniers éléments qui font le plus défaut. Et qu'on me comprenne bien! ce n'est pas contre l'anglais que j'en ai, mais contre le fait qu'il prenne trop de place! La diversité des langues et des cultures est une condition de l'ordre universel. Et d'ailleurs, pour sa propre survie et pour son équilibre, la république américaine devrait commencer à investir sérieusement dans la promotion des autres langues!

NOTES

1. Faucher de Saint-Maurice, *La question du jour. Resterons-nous Français ?* Québec, Belleau, 1890, 140 pages.

2. Michel Plourde, *La politique linguistique au Québec, (1977-1987)*, IQRC, 1988, 143 pages.

3. Voir : *Le Québec et le Lac Meech*, Montréal, Guérin littérature, 1987, p. 47.

4. Voir : Conseil de la langue française, *Notes et documents*, N° 60, et *Avis du CLF* du 17 octobre 1986.

5. Le Conseil de la langue française peut aussi « recevoir et entendre les observations et suggestions des individus et des groupes sur les questions relatives au statut et à *la qualité* de la langue française » (article 189).

6. Rochette, Bédard, SORECOM, Georgeault, *La langue des animateurs de la radio et de la télévision francophones au Québec*, Conseil de la langue française, 1984, 216 pages.

7. Voir : Dominique Daguet, *Langue française à l'épreuve*, Troyes, Librairie Bleue, 1985, p. 88-89.

8. Voir : Michel Paillé, *Nouvelles tendances démolinguistiques dans l'île de Montréal, 1981-1986*, Québec, Conseil de la langue française, 1989.

9. Georges Latif, *L'école québécoise et les communautés culturelles*, ministère de l'Éducation du Québec, Rapport, août 1988, p. 61.

10. On constate que « l'esprit » de cette question est plus « canadien » que « québécois »...

11. Chiffres obtenus du MCCI et tirés du sondage Option-Communications et Segma-Lavallin (voir *La Presse* du 30 septembre 1989).

12. Sondage du MCCI, 1989.

13. Sondage Segma-Lavallin, *La Presse*, 30 septembre 1989.

De l'école à l'université: quelle scolarisation?

Nicole Gagnon et Jean Gould

La société québécoise n'est pas tellement satisfaite de ses institutions scolaires. On n'a qu'à tendre un peu l'oreille pour récolter tout un lot de problèmes qui le montrent bien. En haut de l'échelle de décibels, il y a la mauvaise qualité du français. On peut ajouter, avec Raymond Laliberté, que les taux de scolarisation ont beau avoir augmenté, ils restent insuffisants; ou, avec Guy Rocher, que la confessionnalité scolaire est un mensonge. Que la démocratisation n'a pas réussi à égaliser les chances; que les enfants n'aiment pas la pédagogie; que les enseignants sont brisés et ne croient plus à rien; que les élèves du secondaire se classent bons derniers dans un test international de connaissances scientifiques; que l'enseignement de la philosophie au cégep est un échec; que le premier cycle universitaire est trop spécialisé; qu'il y aura pénurie de scientifiques dans les prochaines années; etc., etc., etc. Et comme cerise sur le gâteau, citons Gil Courtemanche: «Le secondaire et le collégial québécois sont des crimes contre l'humanité».

Au sein d'un tel concert, le sociologue se sent assailli par deux tentations contraires. La première, ce serait de dire qu'en fait, il n'y en a pas de problèmes. La réforme scolaire des années 1960 a consisté, sous un de ses principaux aspects, à remplacer un réseau d'institutions indépendantes par un système gérable étatiquement. Or un système, par définition, ça fonctionne par adaptation constante à son environnement. La prolifération de problèmes serait alors un symptôme de vitalité, et le fait qu'on les énonce à haute voix, le signe que le système est correctement irrigué par l'information de feedback et qu'en somme, tout fonctionne bien. La seconde tentation, c'est le diagnostic de sida : l'école québécoise a contracté un virus de déficience immunitaire et elle ne s'en remettra pas. Prenons le temps de céder à cette seconde tentation, dans l'idée d'éclairer les enjeux actuels du « virage à l'excellence ».

LA MODERNISATION DES ANNÉES 1950

La réforme scolaire des années 1960 n'a pas surgi à l'improviste. Déjà dans les années 1950, l'école québécoise s'était engagée dans une vaste entreprise de modernisation. En 1951, la Commission Massey-Lévesque conclut à l'agonie de la culture et des universités canadiennes et en recommande le financement. Pour récupérer la manne fédérale, tout en faisant pression sur le gouvernement provincial, les collèges se regroupent en association. La Fédération des collèges classiques présente son premier rapport, rédigé par Paul Gérin-Lajoie, à la Commission Tremblay (1954-1956), avant même d'avoir obtenu sa pleine existence juridique. Sous l'influence de la Fédération, les collèges standardisent leur administration (on introduit notamment la comptabilité à deux colonnes...). La Fédération produit des statistiques, se penche sur la démographie, s'inquiète la première du baby-boom, envoie son secrétaire général, Jean-Marie Beauchemin, au département de développement immobilier de Steinberg-Marathon, pour y apprendre à calculer les courbes.

Dans sa thèse de licence (1949), Mgr Marcel Lauzon annonçait déjà les couleurs : il faut vider les collèges de leurs élèves sans talent qui encombrent les classes parce que « fils de » et les ouvrir plutôt à tous les jeunes gens et jeunes filles aptes à les fréquenter. L'orientation professionnelle fait son apparition avec Wilfrid Éthier, p.s.s., et ses élèves, l'abbé Lauzon et Arthur Tremblay. On sélectionne à l'entrée par des tests psychométriques, et on fait bénéficier les finissants de tests d'orientation.

Au début des années 1960, une vague de construction touche les collèges : inspiré du modèle anglo-saxon, chacun se dote d'une bibliothèque, d'un gymnase, de laboratoires, de chambres individuelles pour les étudiants des classes avancées. Hier considérées comme un luxe, ces immobilisations, qui supposent le travail individuel et le souci du corps, s'avèrent aujourd'hui indispensables à l'éducation de la jeune génération.

Sous l'impulsion de son doyen, monsieur Perras, p.s.s., la nouvelle Faculté des arts de l'Université de Montréal y va de réformes radicales. On divise le cours de huit ans en deux parties : cinq ans de secondaire et trois de collégial ; on abolit l'étude obligatoire du grec et on ne conserve celle du latin qu'au secondaire ; la part consacrée aux sciences augmente. Le cours collégial fonctionne désormais sous le régime des options, que le doyen voulait même introduire au secondaire. Pour Perras, le but est d'aligner le baccalauréat canadien-français sur le B.A. anglo-saxon ; il faut alors hausser les trois dernières années du cours classique au niveau d'un véritable collégial, ce qui implique la spécialisation et le diplôme avec mention. Les communautés envoient leurs jeunes prêtres décrocher des doctorats à l'étranger. Le collège jésuite Sainte-Marie veut se transformer en université de premier cycle et plusieurs autres collèges y songent ; ce courant reste toutefois minoritaire au sein de la Fédération.

Alors que la réforme pédagogique du cours classique est réalisée sans tambour ni trompette à Montréal, à Laval, on convoque une Commission d'enquête. Avec un budget de 100 000 $, la Commission Lafrenière siégera pendant trois ans et produira un gros rapport en trois tomes. Les recommandations sont semblables. On introduit les sciences humaines dans l'enseignement de l'histoire ; on met l'accent sur l'oral dans l'enseignement des langues (y compris pour le latin) ; on mise beaucoup sur la méthode active.

Et puis en 1965, tout s'effondre : pris de panique, les collèges décident de se vendre au Ministère pour être transformés en cégeps.

Jetons un bref coup d'œil du côté de l'enseignement public. Pendant les années 1950, le taux de scolarisation fait des bonds : la demande populaire et les communautés religieuses forcent les commissions scolaires, souvent à leur corps défendant, à ouvrir des classes de 8e, 9e... jusqu'à la 12e année ; plusieurs communautés de frères donnent le cours classique à l'école publique ; la C.É.C.M. ouvre une section classique d'abord dans huit puis douze écoles de la ville de Montréal. À la fin des années 1950, 45 % des étudiants de l'Université de Montréal proviennent de l'enseignement secondaire public. Le vent de la modernisation souffle aussi sur les écoles normales qui connaissent une réforme importante et un essor considérable en 1953.

Bref, quelques années avant la Commission Parent, les Facultés des arts, sensibilisées aux idées américaines, et la Fédération des collèges classiques, sous l'impulsion des élites laïques et avec l'apport des subsides gouvernementaux, avaient déjà modernisé les études secondaires. Le Département de l'instruction publique avait fait de même pour ses programmes et les commissions scolaires offraient un secondaire complet.

LE CHEVAL DE TROIE DE LA RÉFORME SCOLAIRE

La Commission Parent ne s'est pourtant pas bornée à reconduire, amplifier, orienter ce qui existait déjà. Elle a voulu à tout prix innover, ce qui a signifié en bonne part : perfectionner des modèles empruntés ici et là, plutôt que de travailler à partir des tendances et possibilités des institutions en place. C'est ainsi qu'on a fermé les toutes neuves écoles normales — chez les anglophones, la formation des maîtres se faisait à l'université — et qu'on a implanté les polyvalentes, parce que c'était le genre d'écoles qui étaient censé exister dans tous les pays civilisés.

Le principe de la polyvalence consiste à réunir sous un même toit l'enseignement technique et l'enseignement général. Avec cet aménagement, l'enseignement général pourrait s'agrémenter de quelques cours d'initiation technique, tandis que les élèves de l'enseignement technique profiteraient des mêmes matières de formation fondamentale que les autres. Cette porosité des deux types de formation visait pour une part à gommer leur hiérarchisation sociale. Mais la formation elle-même serait progressivement spécialisée plutôt que polyvalente. La nouveauté essentielle, ici, c'est que le cheminement de l'élève serait individualisé : ses goûts et aptitudes, éclairés par l'orienteur, prévaudraient au choix de cours. L'option est la clé de voûte de ce système pédagogique.

La polyvalence des établissements favorisait surtout une gestion plus souple des ressources humaines. Tandis que les enseignants seraient affectés à diverses clientèles, en fonction des spécialités des uns et des besoins des autres, les élèves seraient orientés progressivement et tout en douceur vers les voies de sorties menant au marché du travail, l'ultime niveau d'enseignement professionnel étant l'université.

Pour implanter la polyvalence au secondaire comme à l'«institut» (cégep), il fallait fusionner l'enseignement d'État et l'enseignement privé à l'enseignement public. Les écoles secondaires, les écoles de métiers ainsi que les écoles d'arts ménagers et d'agriculture ont été fondues dans une même structure; il en a été de même pour les collèges classiques, incorporés aux instituts de technologie, aux écoles normales et aux diverses écoles techniques, pour former les cégeps. La nouvelle école s'est ainsi transformée en un grand système d'aiguillage de locaux, de professeurs et d'élèves, sous la gouverne de l'ordinateur chargé de réunir dans un même local et à la même heure un groupe d'élèves et un professeur. Au début de la réforme, ce fut le cauchemar des horaires: il fallut plusieurs années pour apprivoiser cette simple opération.

Le système a bien fini par s'ajuster. Mais l'unification des ressources humaines et matérielles brisait l'unité organique des anciennes institutions. Le groupe-classe, élément fondamental de la socialisation, a été détruit; les programmes cohérents ont été remplacés par des combinaisons de blocs interchangeables; les enseignants sont devenus des distributrices à notions; les directeurs raisonnent comme des sous-ministres. La communauté enseignante s'est effritée. Retranché dans sa classe, chaque professeur se trouve confronté à des groupes hétérogènes et qui ne sont jamais les mêmes. Tandis qu'il renoue des solidarités autour du syndicat, ses élèves se retrouvent dans des gangs, autour de la mode, de la télé ou de la musique pop. Personne n'habite plus l'école ni le savoir. La vie se passe ailleurs.

Le sida c'est ça. On a démoli des institutions d'éducation pour fabriquer un système de scolarisation, destiné à répondre aux besoins de la société ou de l'individu. L'école est devenue une grande gare de triage des aptitudes vers les divers secteurs du marché du travail. Le savoir a été oublié au profit de la mise en valeur de la ressource humaine. Au lieu de transmettre la culture, c'est-à-dire d'y introduire la jeune génération, on prétend répondre à ses besoins, qui sont en réalité les besoins de l'économie en main-d'œuvre informée. Dès la petite école, on prend prétexte de la spontanéité des enfants pour leur cultiver ladite «créativité», qui est au fond une première forme de comportement productif. Les adolescents se font corner les oreilles par des cours de choix de carrière qu'ils sont les premiers à trouver «complètement débiles» et se font initier aux mystères de la Bourse, alors qu'ils seraient tout disposés à apprendre le latin. On n'arrive pas non plus à concevoir un enseignement collégial destiné à des jeunes gens qui n'auraient pas encore fait de choix de carrière, la culture générale faisant ainsi fonction de voie de relégation pour ceux qui n'ont pas d'aptitudes, alors qu'elle devrait être cet espace-temps de liberté pour se cultiver l'esprit, en toute indépendance des contraintes de l'emploi et des prérequis universitaires.

UN DOUBLE VIRUS

La sociologie contemporaine a déjà bien identifié ce que tout un chacun perçoit plus ou moins clairement comme le problème de la dégradation de l'institution scolaire partout en Occident. Jean-Jacques Simard a fait valoir comment le «détournement de mineurs» qu'opère l'école technocratique est un phénomène de cybernétisation de la société. Ou encore, selon la conceptualisation de Habermas, l'incapacité de l'école à poser ses propres normes est due à la colonisation du monde de la vie quotidienne par les systèmes du marché et de l'administration. Un élément banal de la culture scolaire en offre un symptôme net : les objectifs d'apprentissage. Selon une norme très généralement admise, un plan de cours doit être rédigé sous forme d'objectifs comportementaux, c'est-à-dire sous forme de description de ce dont l'élève sera capable au terme du cours en question. Cette conception technique de l'apprentissage ne pose évidemment pas de problème pour les enseignements de type technique : l'élève sera capable de remonter un moteur ou de résoudre une équation de second degré. Elle est par contre absurde dans l'enseignement général, même du point de vue d'une pédagogie des habiletés. On ne peut prétendre inculquer en quarante-cinq heures l'habileté d'analyse ou l'esprit critique, ni mesurer cet apprentissage par une modification de comportement. Le fait est que les objectifs comportementaux ont une utilité bureaucratique indéniable, comme l'a observé Claude Beauchesne : ils dispensent d'avoir recours à Fernand Dumont ou Jean-Paul Desbiens pour évaluer, par exemple, la qualité de l'enseignement de la philosophie au cégep. Il suffit d'embaucher un étudiant (d'administration scolaire, pour le principe) et de lui faire trier, parmi tous les plans de cours, ceux qui sont déficients pour cause d'absence d'un verbe comportemental. Priés d'implanter une politique d'évaluation de leurs programmes, les établissements auront facilement recours aux mêmes critères bêtement formalistes. Quant aux professeurs qui se soumettent sans mot dire à la mascarade des objectifs, ils risquent d'en venir à confondre leur technique de notation avec la raison d'être de leur enseignement. (Examen de géographie régionale : inscrire la région 03 sur la carte muette. Objectif d'apprentissage : être capable de connaître le découpage administratif du Québec. Attention : le plan de cours est défectueux ; à corriger par : l'élève sera capable de placer les régions administratives sur une carte muette).

L'école québécoise semble d'autant plus victime de ce colonialisme interne, celui de la raison pédagogique par la raison administrative, que la société elle-même reste mentalement colonisée. Non seulement le virage à l'excellence est-il commandé par les chefs d'entreprise ou les décisions ministérielles, mais on voudrait encore que l'école s'épuise à courir après la carotte ontarienne ou qu'elle risque une crevaison à se mirer sur le bœuf américain. Le rattrapage de l'Ontario et la compétitivité des entreprises québécoises sur le marché américain ne sont pas seulement la douce lubie de ceux qui ne veulent pas comprendre que Montréal n'est pas « en retard » sur Toronto, ni l'Université Laval sur Harvard ; c'est l'idole à laquelle on s'apprête à sacrifier subrepticement ce que la réforme des années 1960 nous a quand même laissé de valable : une école accessible et un système original, dont la divergence avec les modèles voisins n'est pas la cause du fait que le Québec, règle générale, ne joue guère que dans les ligues mineures.

La Commission Parent a favorisé l'accessibilité de l'école québécoise notamment en optant pour un secondaire court (onze ans au lieu de douze, comme dans la majorité des pays « civilisés ») et en intercalant entre le secondaire et l'université ce niveau hybride qu'est le cégep. Si on considère le collégial comme le début des études supérieures, ainsi que la pression du modèle nord-américain a amené à le penser, la raison d'être du cégep c'est son accessibilité matérielle, du fait qu'il est gratuit et répandu à la grandeur du territoire. À la lumière du modèle français, cette fonction d'accessibilité prend cependant un tout autre sens : notre collégial est en réalité un cours secondaire qui n'atteint même pas le calibre du secondaire français. Et c'est l'existence de ce secondaire de second degré, si on peut dire, qui permet le maintien d'un secondaire démocratique, c'est-à-dire, calibré sur la moyenne inférieure, de façon à rester accessible à la majorité des citoyens obligés de le fréquenter. En aval, le cégep ouvre la porte de l'université plutôt qu'il ne la bloque, puisque le D.E.C. est décerné par des enseignants dont la politique générale est de sauver le plus d'étudiants possible.

Faut-il alors prendre la route de l'excellence en instaurant un examen national au cégep, selon le modèle français ? ou abolir la normalisation des examens au secondaire et dissoudre le collégial dans le premier cycle universitaire, de façon à s'aligner davantage sur le modèle nord-américain ? Faut-il encore hausser les frais de scolarité à l'université pour rattraper l'Ontario au moins sur cette statistique-là ? ! « Il serait peut-être sage de regarder chez les voisins où nous sommes allés chercher ces recettes d'école moderne [... pour] les imiter aussi dans le choix des correctifs qu'ils ont adoptés », écrivent deux anciens membres du Conseil supérieur de l'éducation. Mais avant d'emprunter aux Américains leurs institutions ou leur système scolaire, empruntons-leur quelques analyses.

PROCHAIN VIRAGE

La grande justification de l'entreprise de démolition créatrice des années 1960, comme on sait, a été la démocratisation. Le mot est devenu aujourd'hui synonyme d'« égalité des chances » ; mais à l'époque, il véhiculait autre chose. Au départ, nous dit Guy Rocher, l'idéal démocratique s'est imposé par le biais du problème de la confessionnalité : démocratiser l'école, c'était offrir un enseignement laïque à ceux qui ne voulaient plus de l'éducation catholique. Le ministre Gérin-Lajoie, de son côté, prétendait démocratiser l'école en la plaçant sous l'autorité ultime d'un ministre responsable au peuple. Pour les grands commis de l'État, démocratiser revenait à rattraper le retard économique du Québec, par un investissement massif dans le capital humain : bien davantage que le contrôle démocratique du peuple sur un ministre, c'est le contrôle technocratique d'un ministère sur l'école qui apparaissait comme une nécessité.

Les recherches en sociologie de l'éducation depuis les années 1960 ont montré que le système de développement de la ressource humaine n'avait pas réussi à égaliser les chances. Marqués par le paradigme de la reproduction, ces travaux ont expliqué les aspirations ou les résultats scolaires par l'origine sociale des élèves, reléguant les caractéristiques de l'école elle-même au statut de facteurs neutres. Des travaux plus récents, d'origine américaine surtout, se sont penchés sur ces caractéristiques, pour découvrir que certaines écoles, toutes variables contrôlées, sont plus productives que d'autres, en ce sens que leurs élèves apprennent davantage et ont plus de chances de se retrouver à l'université. Ni les budgets, ni le ratio professeurs/étudiants, ni même la qualification des professeurs n'expliquant cette différence de qualité, on s'est tourné vers les variables d'organisation. Et on a trouvé que les écoles les plus productives se distinguaient par l'esprit collégial qui régnait chez leurs enseignants. Ceux-ci ont plus de pouvoir sur les programmes, sur le règlement, sur le choix des manuels; corrélativement, le directeur se consacre à des tâches davantage pédagogiques qu'administratives et son leadership est plus affirmé. En outre, ce sont les meilleurs élèves qui ont le plus d'influence dans la classe. L'efficacité de l'école, comme celle de l'industrie automobile, passe en somme par une culture d'entreprise.

Il est difficile de contraindre le travail intellectuel et l'implication personnelle. C'est pourquoi l'école la moins administrée a de bonnes chances d'être la meilleure : elle fonctionne par autorégulation culturelle et l'influence qu'elle exerce sur les élèves passe par un *ethos*. C'est pourquoi aussi l'école ne prendra le virage de l'excellence qu'en s'affranchissant du discours de l'adaptation aux besoins pour retrouver sa fonction fondamentale : la transmission du savoir.

*   *   *

Ramassons notre propos en quatre thèses et terminons par quelques suggestions rapides.

La modernisation de l'éducation au Québec est antérieure aux réformes des années 1960.

Axé sur l'adaptation aux besoins, le système mis en place dans les années 1960 était un cheval de Troie.

L'alignement de l'école québécoise sur le modèle nord-américain minerait ce qu'elle a de plus valable : son accessibilité.

Le virage à l'excellence ne pourra venir d'en-haut; il se fera dans l'école, par les éducateurs eux-mêmes.

Au lieu d'envisager des solutions globales importées d'ailleurs, il faudrait laisser plus d'autonomie aux écoles, libérer les cégeps des prérequis universitaires et tenter d'y recréer un dialogue autour des programmes. Et au lieu de s'obséder des standards ontariens, il serait temps de se soucier plus sérieusement de ces grands négligés de la modernisation : les enseignants.

Contre la dégradation des études au secondaire, la mesure la plus efficace serait de rétablir le groupe-classe et le titulaire de classe. Et comme les esprits semblent vouloir se rallier à l'idée que la langue maternelle est la discipline fondamentale par excellence, ce sont les professeurs de français qu'il faudrait former pour cette fonction, en leur confiant une seconde matière et moins d'élèves, de façon à ce qu'ils les connaissent personnellement. Il faudrait alors songer dès maintenant à mettre sur pieds une véritable école normale supérieure, destinée à ces super-enseignants du secondaire, mais d'abord, à la formation de la relève dans les cégeps.

Le cégep est l'institution dont dispose la société québécoise pour «démocratiser à fonds perdus le temps d'apprendre» (Gilles Gagné). Apprendre quoi ou comment ? La pédagogie d'Allan Bloom et le courant de «retour aux grandes œuvres» n'ont pas suscité gros d'enthousiasme chez les enseignants du collégial. Ils ont sans doute raison : deux ans, c'est bien court pour parvenir à Platon, Pascal ou Polanyi. Ce serait néanmoins suffisant pour commencer tout simplement d'apprendre à lire : saisir exactement une pensée autre, c'est l'habileté fondamentale qui a été perdue avec l'abandon des langues anciennes et qui fait le plus défaut dans notre civilisation narcissique et saturée d'informations.

BIBLIOGRAPHIE

Louis Balthazar et Jules Bélanger, *L'école détournée*, Montréal, Boréal, 1989.

Claude Beauchesne, « Le processus de revision du programme », dans N. Gagnon et C. Beauchesne, *Le programme de sciences humaines au collégial : perspectives critiques*, Québec, Département de sociologie, Université Laval, 1989.

E. Chubb, « Why the current wave of school reform will fail », *Public Interest*, hiver 1988, p. 28-49.

Gil Courtemanche, *Douces colères*, Montréal, Boréal, 1989.

Gilles Gagné, « L'enseignement des sciences humaines », dans Nadine Pirotte (dir.), *Penser l'éducation. Nouveaux dialogues avec André Laurendeau*, Montréal, Boréal, 1989, p. 199-217.

Jürgen Habermas, *Théorie de l'agir communicationnel*, Paris, Fayard, 1987, (1981), 2 tomes.

Guy Rocher, *Entre les rêves et l'histoire. Entretiens avec Georges Khal*, Montréal, VLB, 1989.

Michael Rutter *et al.*, *Fifteen Thousand Hours, Secondary Schools and their Effects on Children*, Cambridge, Harvard University Press, 1979.

Jean-Jacques Simard, « Détournement de mineurs. L'éducation québécoise à l'heure de la bureaucratie scolaire », *Recherches sociographiques*, XXIII, 3, 1982, p. 405-427. (*Imaginaire social et représentations collectives. Mélanges offerts à Jean-Charles Falardeau*).

Quatre décennies de télévision:
de la culture aux industries culturelles

Florian Sauvageau

Dans de nombreux pays, la télévision est, depuis quelques années, soumise à rude épreuve. Les accusations s'accumulent, tout aussi dévastatrices les unes que les autres.

En France, l'ancien ministre Françoise Giroud parle des «assistés mentaux» que sont les téléspectateurs, «sous hypnose visuelle», et l'essayiste Marc Paillet se demande en sous-titre de son pamphlet *Télégâchis*: «Doit-on tolérer plus longtemps ce racolage sur la voie audiovisuelle?» Le philosophe Michel Henry va plus loin: il voit dans la télévision la cause de la barbarie qui, selon lui, caractérise maintenant nos sociétés.

Le rédacteur en chef du *Monde diplomatique*, Ignacio Ramonet, affirmait lors d'un forum tenu au printemps 1989 à l'Université Laval, qu'en Europe de l'Ouest, et surtout en France, «aujourd'hui les seuls grands débats sociaux sont ceux qui concernent la télévision. Ils traversent la société entière. C'est comme la guerre, comme les problèmes concernant la religion ou l'éducation, à d'autres époques».

Aux États-Unis, il y a plus d'une décennie que la télévision est la cible de toutes les critiques, dont le célèbre *Four Arguments for the*

Elimination of Television, de Jerry Mander, publié en 1978, représente sans doute la tendance la plus radicale. Plus récemment, Neil Postman la rendait aussi coupable de tous les maux ; dans son livre *Se distraire à en mourir*, il accuse la télévision d'avoir dégradé les grands débats de société, en les transformant en spectacle et en divertissement.

Bref, la télévision a le dos large. C'est elle qui a dénaturé la vie politique et qui fait qu'on ne débat plus des enjeux, mais des personnalités et de l'image des candidats. C'est aussi l'influence de la télévision qui a provoqué la « tabloïdisation » des journaux, l'information visuelle et en capsules. C'est enfin la télévision qui détruit la cohérence logique, la suite dans les idées et la faculté d'abstraction.

Chez nous, quelques voix, tout en restant plus prudentes, commencent à aller dans le même sens. Ainsi Laurent Laplante qui écrit dans *Le vingt-quatre octobre* : « Au fond, je suis convaincu, sans toujours oser le dire, que la télévision est une calamité, une sorte de funeste machine — à empêcher — de penser. Chaque heure qu'on lui consacre est une heure de retard par rapport à ce que peut donner et que donne effectivement une heure de dialogue ou de lecture. »

Tous ces critiques ont à la fois tort et raison. Raison parce que la télévision, telle qu'on la connaît depuis quelques années, ne contribue guère en effet à l'enrichissement culturel. Tort parce que leurs remarques confondent le média et l'utilisation qu'on en fait, la logique médiatique et la logique commerciale qui anime le plus souvent la télévision, tant publique que privée. En France par exemple, les détracteurs de la télévision oublient souvent de situer leurs attaques dans le contexte du mouvement de privatisation de l'audio-visuel enclenché en 1985.

LES DÉBUTS DE LA TÉLÉVISION AU QUÉBEC

Faisons, si vous le voulez, un « flash-back », pour emprunter au jargon du cinéma et de la télévision justement, et rappelons-nous ce qu'a été notre télévision.

On ne peut pas dire aujourd'hui, que le petit écran nous abrutit, après avoir dit il n'y a pas si longtemps, que cette « fenêtre ouverte sur le monde », pour reprendre le cliché cent fois ressassé, avait été l'une des clefs de la Révolution tranquille et que la télévision avait eu une influence déterminante, le plus souvent positive, sur les arts et la culture, sur nos vies et sur l'évolution de la collectivité québécoise. « En réalité, écrivons-nous dans le Rapport du Groupe de travail sur la politique de la radiodiffusion (Caplan-Sauvageau), la radio-télévision, la culture, la langue et la société québécoise ont grandi ensemble. »

La culture

Rappelez-vous l'interpénétration de la télévision publique, à ses débuts, et des arts et des créateurs qui la nourrissaient. De *L'Heure du Concert* au *Téléthéâtre de Radio-Canada*, la télévision devient un lieu de création sans précédent ; elle initie en même temps un large public à des formes d'expression auxquelles il n'avait jamais eu accès.

Souvenez-vous des téléromans du temps, *La famille Plouffe*, *Le Survenant*, et du succès de ce genre télévisuel que nous avons pour ainsi dire inventé et qui reste toujours plus populaire, près de quarante ans plus tard, que tous les *Dallas* et autres *Dynastie* américains.

Rappelez-vous aussi les auteurs de cette époque : Roger Lemelin, Germaine Guèvremont, André Giroux, Robert Choquette, Claude-Henri Grignon. « Pour la première fois, écrit l'historien Gérard Laurence, parlant de ces premiers téléromans, le peuple québécois se raconte, se voit, s'observe et s'objective*. »

La langue

Qu'on pense au rôle joué par la télévision, et par la radio auparavant, dans le raffermissement linguistique que nous avons connu. « L'exemple le plus fameux, je cite encore le rapport du Groupe de travail, reste le vocabulaire des sports, à peu près complètement anglicisé même en France. Des commentateurs de Radio-Canada, Michel Normandin et René Lecavalier, durent inventer pour décrire les parties des équivalents français qui s'enracinèrent si bien que la concurrence privée, la presse écrite et les amateurs de sports les ont peu à peu adoptés, puis assimilés. »

---

* Je puise, pour ces quelques paragraphes de nature historique, aux travaux de mon collègue Laurence, de l'Université Laval, et à un dossier de recherche préparé par le journaliste Normand Cloutier (en collaboration avec Laurence et moi) dans le cadre d'un projet de film documentaire sur l'histoire de la télévision au Québec.

L'information

Avec la télévision, avec Judith Jasmin et René Lévesque qui insufflent de la vie au journalisme terne et gris du temps, les francophones de ce pays découvrent la crise de Suez, la révolution hongroise, le premier spoutnik et la guerre d'Algérie. Chez nous, la télévision, Radio-Canada, amplifie les tendances et mouvements divers qui commencent à s'exprimer et offre une tribune à plusieurs intellectuels qui ne s'exprimaient jusque-là que dans des revues ou journaux au rayonnement limité.

C'est tout ce remue-ménage qui amène Gérard Pelletier à écrire dans *Cité libre* en 1956 : « En l'espace de 4 ans (la télévision est née en 1952), 600 000 appareils prennent place en autant de foyers. Plus d'un million de personnes braquent les yeux sur les écrans et l'on dit aux écrivains, aux artistes, aux intellectuels, aux éducateurs, aux hommes de science ou de politique : « Parlez, bougez, car on vous écoute, on vous regarde. » Cet impératif est sans précédent. En trois siècles d'histoire, c'est la première fois que résonnent ici ces deux mots, prononcés sur un ton d'urgence : « Exprimez-vous ». »

Les créateurs, les journalistes et les autres se sont exprimés à un point tel qu'on a voulu plus tard mettre la clef dans la porte et montrer des vases chinois à la télévision. Vous vous souviendrez de ces déclarations de M. Trudeau à la fin des années 1960.

Comment et pourquoi, après avoir dit tant de bien de la télévision et avoir ou presque célébré son rôle dans l'évolution de la société québécoise, comment les choses ont-elles à ce point changé qu'on puisse maintenant parler, comme le fait Laurent Laplante, de « machine-à-empêcher-de-penser » ?

LE LONG CALVAIRE DE LA TÉLÉVISION PUBLIQUE

Avant d'aller plus loin, je voudrais faire une mise en garde. Il ne faudrait surtout pas sombrer dans la nostalgie et idéaliser les années 1950.

Bien que mon collègue Laurence ait recensé 102 téléthéâtres, entre 1952 et 1957, et 13 téléromans, créés au cours de cette même période, il n'a pas pour autant statué sur la qualité, parfois douteuse, de ces productions. Il n'y avait pas non plus que du théâtre et des concerts à la télévision. Sur l'échelle de la facilité, *La Rigolade*, dont certains se souviendront peut-être, vaut bien plusieurs des quizz actuels. Mais la télévision est aussi faite pour divertir. Fort heureusement d'ailleurs.

Une partie du public des années 1950 se plaignait aussi du caractère trop sérieux de la programmation de la télévision. Et l'écoute de certaines émissions, perçues comme plus élitistes, n'était pas toujours très élevée, même si Radio-Canada bénéficiait en quelque sorte, jusqu'à la venue de Télé-Métropole en 1961, d'un auditoire captif.

Mais revenons à notre question. Comment, en quelques décennies, notre télévision a-t-elle à ce point changé ?

La mutation du paysage audiovisuel québécois s'est faite en trois étapes :

— à partir de 1961, la *télé-culture* fait de plus en plus place à la *télé-divertissement* ;

— à partir des années 1970, et dans le contexte de l'évolution technologique et du développement du câble, nous allons entrer dans l'ère de ce que j'appelle la *télé-bazar* ;

— enfin, nous arrivons aux années 1980, celles des *industries culturelles*.

La télé-divertissement

La création de Télé-Métropole en 1961 offre une première version des difficultés d'adaptation, toujours actuelles, de la télévision publique face à son concurrent privé.

C'est ainsi qu'on pourrait croire que le texte suivant d'André Laurendeau, publié en 1966 dans *Le Magazine Maclean*, a été écrit ce mois-ci : « Il me semble que le réseau français (de Radio-Canada) tente de récupérer son auditoire en utilisant les armes de son principal adversaire montréalais [...] Je crois que c'est une erreur. À ce jeu on perd l'initiative des opérations [...] On se condamne à ne jamais rien réussir totalement ; car jamais Radio-Canada ne pourra se permettre de ressembler tout à fait à l'entreprise privée. »

Ce qu'écrivait Laurendeau il y a plus de 20 ans, s'applique tout à fait à la télévision publique d'aujourd'hui. Aux heures de grande écoute, et plus encore depuis qu'Ottawa lui a coupé les vivres, Radio-Canada ressemble à s'y méprendre à Télé-Métropole, dans la guerre que les réseaux se livrent pour la conquête des revenus publicitaires.

Loin de moi l'idée de mépriser ici le Canal 10, selon l'expression familière. Télé-Métropole a permis le développement d'une authentique culture populaire, bien qu'elle ait aussi hélas! souvent sombré dans la démagogie facile.

Ce que je dis, c'est que ce n'est pas de la télévision commerciale qu'il faut attendre les grandes réalisations culturelles, et que nous avons toujours besoin d'une télévision publique différente et originale.

La télé-bazar

À partir des années 1970, le développement du câble et la multiplication des canaux ont rendu les grands réseaux américains (ABC, CBS, NBC, PBS) accessibles partout au Canada. Les réseaux américains sont populaires et accaparent déjà, en 1971, le quart de l'écoute des Canadiens de langue anglaise ; cette part d'écoute ne cessera de croître au cours des années suivantes.

On s'inquiète au Canada anglais ; plus tard, avec la naissance de la télévision payante et des canaux spécialisés (musique, sports, information, etc.), on craindra que l'invasion américaine prenne des proportions épidémiques. On veut occuper l'espace avec des émissions canadiennes ; on privilégie la stratégie de la quantité. Mais on ne peut espérer développer à l'infini les canaux publics et on doit s'en remettre au secteur privé. Les objectifs culturels côtoient de plus en plus fréquemment le souci de rentabilité et les ambitions industrielles.

Les stratégies développées au Canada anglais, au nom du nationalisme culturel, influencent l'évolution de la situation québécoise, même si les problèmes sont différents. La télévision américaine n'est pas vraiment une menace au Québec ; si quelques émissions américaines sont populaires, c'est parce que nos stations ont décidé de les programmer, en version française, et non parce que nous regardons les réseaux américains, bien qu'ils soient disponibles, dans les foyers câblés.

Pour le Québec, le fait d'augmenter le nombre de canaux de langue française entraîne un éparpillement des ressources humaines et financières, dans un petit marché qui n'a pas les moyens d'occuper tous ces espaces avec des émissions de qualité.

Les possibilités qu'offre le câble conduisent aussi les ministères des Communications, tant à Ottawa qu'à Québec, à l'euphorie technologique.

À Ottawa, c'est l'époque de Télidon, le vidéotex canadien, « qui promet, clame la publicité gouvernementale, en 1979, de révolutionner le monde des télécommunications (et) a permis au Canada d'être à la fine pointe du progrès en matière de télévision interactive ».

Le vidéotex permet d'obtenir instantanément une grande variété d'informations sous forme de textes et de graphiques. On pourra maintenant, annonce-t-on, lire son journal sur son écran de télévision. Il faudra dépenser cent millions de dollars des contribuables pour constater qu'il est plus facile de lire un journal sur papier que sur un écran !

Dix ans plus tard, la télévision interactive est encore à nos portes. Cette fois, c'est Vidéotron qui nous l'offre : 24 services qui vont de l'astrologie à la liste des films à l'affiche, avec en prime la possibilité de choisir son angle de vue au cours d'un match de hockey. Bref, tout un bond en avant pour la culture ! C'est cela la télé-bazar.

Les industries culturelles

Et nous en arrivons, avec la volonté gouvernementale de développer des industries culturelles privées, qu'accompagne le mirage des exportations, à la dernière étape du long martyre de la télévision publique.

Dans leur bilan des politiques culturelles des gouvernements libéraux fédéraux, de 1963 à 1984, Benoît Lévesque et Jean-Guy Lacroix ont bien décrit les origines de ce processus néo-libéral à deux volets (privatisation et internationalisation), qui s'est accentué dans le sillage du rapport Applebaum-Hébert de 1982.

Au ministère fédéral des Communications, on souhaitait déjà exporter les nouvelles technologies de communications qu'on avait développées, comme Télidon. Avec la globalisation des échanges et la supposée mondialisation de la culture, on rêve maintenant d'envahir le marché mondial avec nos émissions de télévision ; on veut, pour le faire, développer une industrie indépendante de la production télévisuelle.

C'est ainsi qu'au fil des ans, on a privatisé dans les faits notre télévision publique. D'abord en diminuant les fonds venant de l'État et en forçant Radio-Canada à recourir aux revenus publicitaires et aux recettes à succès facile de la télévision commerciale. En l'obligeant aussi à faire appel aux producteurs indépendants, qui ne sont pas privés, contrairement à ce qu'on pourrait penser, puisqu'ils sont subventionnés par le biais de Téléfilm Canada. Ce sont les indépendants qui produisent certaines des émissions qui illustrent le mieux la dégradation de Radio-Canada : les *Samedi de rire* et *Star d'un soir*.

Les mêmes exigences de recours à la publicité et aux producteurs indépendants ont été imposées, quoique dans une moindre mesure, par le gouvernement du Québec à la télévision éducative, Radio-Québec.

Il faut reconnaître, pour être honnête, que la télévision publique diffuse toujours certaines émissions plus « culturelles » que néglige la télévision commerciale. Aux heures creuses cependant. En soirée, c'est la cote d'écoute qui règne, tant à la télévision publique qu'à la télévision privée.

C'est ainsi qu'en quatre décennies, on est passé de la culture aux industries culturelles, de la « fenêtre ouverte sur le monde » à la « machine-à-empêcher-de-penser ».

QUE FAIRE ?

On peut penser que certains d'entre nous accordent à la télévision une importance démesurée et une influence qu'elle n'a pas. Les spectateurs, disent certains chercheurs, ne sont pas les récepteurs passifs qu'imaginent ceux qu'angoisse la télévision. Ils décodent fort bien les messages et savent les replacer dans leur juste perspective. *Just entertainment!* disent aussi aux États-Unis les représentants de l'industrie.

On peut au contraire penser qu'il est difficile de négliger certaines données de base : le fait par exemple qu'en Amérique du Nord, les enfants auront en moyenne regardé 5 000 heures de télévision avant d'aller à l'école, ou qu'à 18 ans, un adolescent aura passé plus d'heures devant l'écran que dans une salle de classe. On peut considérer que tout cela a une certaine importance et qu'une société doit donner certaines orientations à sa télévision.

La clef, selon moi, reste toujours la télévision publique. Jamais n'aurons-nous eu autant besoin d'une véritable télévision publique, populaire et de qualité, dans un contexte où la logique commerciale pousse chaque jour plus loin les limites de l'acceptable. Trop souvent hélas, prétexte fallacieux, au nom de la liberté d'expression et de création.

Certains rêvent d'une télévision publique confinée à l'élitisme ; ils se leurrent. Elle perdrait vite le soutien populaire et serait condamnée à terme au sous-financement et à la marginalité, alors qu'elle doit au contraire servir d'aiguillon et de modèle pour le secteur privé.

Pour que renaisse la télévision publique, il faut attaquer sur deux fronts :

Celui de l'école. Je sais qu'on en demande beaucoup à l'école, mais il me semble que l'influence des médias est telle qu'il faut y initier les futurs spectateurs, tout comme les futurs lecteurs et auditeurs. Il faut former une génération de spectateurs actifs, critiques, qui vont réclamer une télévision qui réfléchit et donner tort à ceux qui confondent la technologie avec l'usage qu'on en fait.

Le front de la gestion. Il faut que les administrateurs apprennent à « gérer la créativité » et redonnent aux artisans l'envie d'inventer les formules, adaptées à la civilisation de l'image et aux réalités des années 1990, qui redonneront vie à la télévision publique.

Je ne suggère pas de refaire la télévision des années 1950. Les émissions du temps apparaîtraient aujourd'hui archaïques, dans leur forme. S'il avait à refaire son célèbre *Point de Mire*, René Lévesque devrait troquer le tableau noir et la baguette contre le graphisme par ordinateur ou autres effets électroniques.

Il faut que les administrateurs retrouvent l'éthique du secteur public et le sens du service au citoyen. Il faut aussi bien sûr, et peut-être avant tout, que l'État reconnaisse l'importance de la télévision publique et la primauté des objectifs culturels. Une télévision au service de la démocratie et des citoyens, plutôt que du marché, cela pourrait bien être la caractéristique essentielle de la télévision publique.

Je voudrais conclure en citant de nouveau André Laurendeau. Il s'agit cette fois d'un texte de 1956. Ses interrogations d'alors au sujet du défi que représentait la télévision pour notre société restent tout à fait d'actualité. « Sur le plan de la culture, écrivait-il, la télévision nous presse de répondre à la question fondamentale : avons-nous raison d'exister, et même existons-nous ? »

BIBLIOGRAPHIE

Henry, Michel, *La Barbarie*, Grasset, 1987.

Lacroix, Jean-Guy et Benoît Lévesque, *Les libéraux et la culture — de l'unité nationale à la marchandisation de la culture* (1963-1984), dans Bélanger, Brunelle *et al.*, « L'ère des libéraux », Presses de l'Université du Québec, 1988.

Laplante, Laurent, *Le vingt-quatre octobre*, Les Éditions du Beffroi, 1988.

Laurence, Gérard, *Histoire des programmes de télévision*. Essai méthodologique appliqué aux cinq premières années de CBFT (Montréal), 1952-1957. Thèse de doctorat, Université Laval, 1978.

Laurendeau, André, *À Radio-Canada, il y a des valeurs à protéger*, Le Magazine Maclean, novembre 1966.

————, *Sur la télévision et les Canadiens français*, Queen's Quarterly, été 1956.

Mander, Jerry, *Four Arguments for the Elimination of Television*, Morrow, 1978.

Paillet, Marc, *Télé-gâchis*, Denoël, 1988.

Pelletier, Gérard, *Un défi — la télévision*, Cité Libre, août 1956.

Postman, Neil, *Se distraire à en mourir* (Amusing ourselves to death), Flammarion, 1986.

Rapport du groupe de travail sur la politique de la radiodiffusion (Caplan-Sauvageau), ministère des Approvisionnements et Services, Canada, 1986.

Le Québec, devenu un désert spirituel?

Julien Harvey, S.J.

Les vraies révolutions, malgré les images négatives et souvent terri-fiantes qui peuvent s'y associer (la Place T'ien an Men!), sont des phénomènes spirituels. Une révolution est toujours emportée par un grand rêve, par une espérance. Si donc la Révolution tranquille a été une vraie révolution, il serait regrettable de négliger de la considérer sous son angle spirituel. C'est ce que je veux tenter, au moins partiellement, à travers deux démarches : d'abord, tenter de lire ce qui s'est passé au plan de la vie spirituelle du Québec depuis trente ans, ensuite distinguer ce qui est décadence de ce qui est mutation, de façon à nous situer présentement et à amorcer une prospective.

UNE MÉTHODE

On pourrait adopter une méthode intuitive, existentielle, qui regrou-perait des perceptions ; cela a été fait, et avec succès [1]. On pourrait également adopter une méthode historique. Les paliers significatifs ne manquent pas entre 1959 et 1989. Songez au Concile (1962-1965), à l'encyclique Humanæ Vitæ (1968), au Rapport Dumont (1968-1972), à la visite du pape Jean-Paul II (septembre 1984). À ma connaissance, cette recherche n'a pas encore été faite ; elle serait intéressante et utile.

Mais je préfère adopter, dans le contexte de ce colloque, une méthode à la fois plus modeste et plus rigoureuse, malgré ses défauts inévitables, celle des sondages. C'est finalement celle qui recueille le mieux les perceptions que nous avons de nos propres migrations spirituelles de groupe. J'utilise plusieurs sources, les études de Montminy [2], de Rouleau [3], les recherches portant sur l'ensemble du Canada, comme celle de Berton [4], celle de Maurice Chagnon pour le CERA [5], mais à mon avis la recherche-synthèse la plus utile est celle de Reginald W. Bibby, traduite en français l'an dernier sous le titre de *La religion à la carte* [6]. C'est celle que je citerai le plus souvent. Bibby est professeur à l'Université de Lethbridge, en Alberta. Son travail s'appuie sur trois sondages pancanadiens réalisés en 1975, 1980 et 1985, en plus d'un nombre considérable de sondages de Gallup, CROP et ICOP, dont je crois qu'il interprète intelligemment les résultats. Que nous dit-il ?

D'UNE FOI-CADRE À UNE RELIGION SUR MESURE

Une première observation s'impose : la révolution sur le plan spirituel et religieux a commencé ailleurs plusieurs années avant d'atteindre le Québec. Sur le plan de la pratique liturgique et de l'unanimité morale, les protestants et les anglicans, autant au Canada qu'en Angleterre ou aux États-Unis, ont commencé à se détacher ou à pratiquer une grande liberté dès la fin de la guerre, en 1945. En 1965, dans les premières années de la Révolution tranquille, alors que les catholiques du Québec se rencontraient à 83 % pour la messe dominicale, les protestants canadiens et québécois pratiquaient à 32 %. La différence est si frappante que certains ont attribué au Concile la découverte québécoise catholique de la liberté de la pratique. Et en 1985, la pratique liturgique dominicale du Québec est de 38 %. Il est prudent de conclure que sur ce terrain, superficiel mais significatif, notre Révolution tranquille a suivi, chronologiquement, celle du Canada, comme d'ailleurs celle de l'Angleterre (plus que celle des États-Unis, remarque Bibby). Ce qui ne signifie pas qu'il y ait un lien causal ; plus probablement s'agit-il d'une conséquence de l'évolution culturelle internationale. Ailleurs comme ici, la révolution religieuse a été tranquille, ajoute Jean-Paul Rouleau, parce que les autorités religieuses en place ont exercé peu de résistance et n'ont pas employé la menace.

Où sont allés ceux qui ont quitté ? À la suite de plusieurs chercheurs américains, Bibby explore méthodiquement les alternatives qui se sont ouvertes aux USA. Les sectes et Églises conservatrices ? pratiquement personne chez nous. L'Église électronique des évangélistes ? chez nous, pratiquement personne, la méfiance étant même croissante à l'égard des prédicants de la télévision. Les religions nouvelles, le Nouvel Âge et autres ? ici, beaucoup d'intérêt momentané, surtout parmi les jeunes ; mais, malgré le battage publicitaire, seulement 0,5 % adhèrent de façon stable aux religions nouvelles au Québec. Enfin, l'incroyance ? Après trente ans de Révolution tranquille, moins de 7 % de Québécois et Québécoises se disent sans foi et, plus étonnant encore, plus de la moitié de ces 7 % admettent qu'ils sont revenus à une foi et à une Église après dix ans en moyenne de refus.

Une conclusion s'impose donc, elle aussi bien vérifiée par des sondages : « En dépit de leur tendance de plus en plus prononcée à s'absenter de la pratique religieuse, les Canadiens n'abandonnent pas les groupes religieux qui, historiquement, sont les plus considérables [7] ». Ce qu'on observe ici des Canadiens est également confirmé dans toutes les provinces, y compris le Québec. Bibby ajoute avec raison que les plus déconcertés sont les clergés des Églises, devenus les pasteurs de communautés invisibles ! D'autant plus déconcertés que les sondages montrent que les fidèles devenus invisibles continuent d'accorder leur confiance aux Églises plus qu'à l'école, qu'à la Cour suprême, qu'à l'Assemblée nationale, qu'aux journaux et aux syndicats [8] !

Que s'est-il donc passé pendant les trente ans de la Révolution tranquille ? D'une part, l'intérêt pour la dimension spirituelle de la vie n'a pas changé. Le but de la vie, le sens de la souffrance, la mort, l'existence de Dieu, les chemins du bonheur préoccupent entre 60 % et 80 % d'entre nous. Près de 70 % dépassent le spirituel vers le religieux et le religieux chrétien, considérant (et confessant ?) que Jésus est Fils de Dieu et sauveur. Plus de 75 % de nous prient à l'occasion, surtout devant les difficultés. Plus de Québécois que par le passé disent avoir une expérience personnelle de Dieu, soit 54 %.

UNE RELIGION À LA CARTE

C'est à partir de ce point que l'évolution majeure se révèle : « La religion de la plupart des 60 % des Canadiens qui restent semble être caractérisée par une consommation sélective, plutôt que par un engagement religieux [9]. » Les Canadiens et les Québécois « pratiquent la religion à la carte [10] ». Un sondage a même été fait sur ce point précis, en 1985, et 78 % des personnes qu'on a consultées sur cette formule s'y reconnaissent.

Les enquêtes faites par Bibby sont divisées par provinces et régions. Elles permettent de voir qu'en trente ans nous sommes devenus une société ouverte et une société de consommateurs et, en même temps, de consommateurs de religion. Au lieu de modeler notre vie sur ce que saint Paul appelle l'« obéissance de la foi », nous allons chercher dans un menu diversifié ce qui nous semble utile : réponse à une nostalgie de l'enfance à Noël, beauté des rites de passage au baptême ou au mariage, consolation dans la maladie et devant la mort, solidarité occasionnelle dans une manifestation pour la justice, éventuellement identité nationale quand René Lévesque ou Félix Leclerc nous quittent !

Mais l'engagement total est devenu trop exigeant pour nous. La morale des affaires est souvent moins exigeante de justice que le Sermon sur la montagne, la morale sexuelle des médias plus condescendante que celle du décalogue, la solidarité avec les pauvres et les minorités plus flexible dans nos partis politiques que dans l'Évangile. « Quand la religion n'est plus qu'un article de consommation, c'est le client qui mène [11]. » D'ailleurs, les valeurs s'avèrent être étonnamment les mêmes chez les croyants et chez les humanistes [12].

Un aspect des sondages peut sembler encourageant pour les Québécois, si on les compare aux autres nord-américains : notre souci social est plus élevé qu'ailleurs, qu'il s'agisse du chômage, de la famille éclatée, de l'environnement ou de la pauvreté. Mais, ajoutera Bibby, les sondages montrent également que « les catholiques du Québec, engagés ou pas, sont plus préoccupés que les autres à propos de tout. C'est peut-être une question de tempérament [13] ». Ajoutons qu'un autre sondage révèle qu'au Québec « l'engagement religieux, l'héritage culturel et le nationalisme vont souvent de pair [14] ».

Par contre, la religion à la carte ne mobilise pas très fortement ses adeptes : 60 % des catholiques du Québec préfèrent que leurs leaders, et d'abord les évêques, « s'en tiennent à la religion », c'est-à-dire s'en tiennent à des gestes symboliques ou liturgiques et évitent de s'engager et d'inviter les chrétiens à s'engager dans des interventions sociales, politiques ou économiques [15]. On favorise la compassion sociale, mais peu la redistribution sociale du bien-être ou du pouvoir. Si bien que nous pouvons conclure qu'en général nous avons plus besoin de notre culture que de notre foi. Ce qui ne signifie pas, pour reprendre une réflexion d'Andrew Greeley sur la religion à la carte aux USA, que la foi est à disparaître : elle est à « s'adapter à la culture », une culture différenciée ou pratiquement plus rien n'est communautaire, une culture très individualiste où la solidarité est marginale.

EST-CE LÀ UNE SITUATION DE DÉCADENCE ?

J'ai déjà souligné les similitudes de notre évolution et de celle de l'Angleterre, plus que des États-Unis. Or, en Angleterre, un sociologue religieux très connu, Bryan Wilson, interprète le passage à une religion à la carte comme une situation de décadence [16]. Il a déjà affirmé qu'il croyait que la société occidentale serait en péril, en raison de la perte progressive d'une spiritualité et d'une foi fortes, même si l'appartenance occasionnelle et fonctionnelle demeure.

Il sera sans doute éclairant de poursuivre ici, cette fois avec une méthode historique, l'usage qu'on a fait de l'idée de décadence, pour évaluer ce qui se passe chez nous.

Déjà Hésiode, au VIIe siècle avant J.-C., parle de vieillissement des civilisations et des religions, d'âge de fer succédant à l'âge d'or puis d'argent. Déjà Platon, au 7e livre de la République, montre comment l'éducation peut faire face à la décadence. La chute de l'empire romain amènera un très long effort de réflexion sur la décomposition du plus grand projet politique et social qu'on ait connu jusque-là ; Zozyme, Orose, Augustin débattront la question, pour trouver des responsables, pour montrer que l'Église n'était pas la responsable de cette ruine, un débat que des hommes comme Edouard Gibbon et Christopher Dawson reprendront beaucoup plus près de nous. Et les apocalypticiens ne manquent pas dans l'Église d'aujourd'hui, pour annoncer la catastrophe finale, ni les optimistes inconfusibles pour annoncer à tout propos des reprises éclatantes de la foi.

Je préfère adopter le point de vue plus critique d'Arnold Toynbee, en le complétant par des réflexions de Henri-Irénée Marrou, inspiré d'ailleurs par Benedetto Croce et Guglielmo Ferrero [17]. Dans son immense recherche en douze tomes, Toynbee étudie 21 sociétés, dont 9 seulement ont survécu à la décadence. Selon lui, ni le recul de la pratique liturgique, ni la baisse de l'influence sociale ou morale des Églises, ni la déconfessionnalisation des institutions, ni la disparition apparente du sacré, ne sont des indices certains de décadence. Ils peuvent au contraire être des occasions de relance de la foi. La « désaxiologisation », la perte des valeurs qui structurent un message fondateur de religion, peut au contraire être un indice sérieux de décadence. Mais avant de parler de décadence, il faut prêter plus d'attention aux mécanismes de transformation des sociétés.

Selon lui, les sociétés et la foi qui les soutient, sont bâties sur des réponses spirituelles originales à des défis de l'environnement (challenge and response). Ces sociétés et ces religions croissent aussi longtemps qu'elles ont en elles des élites créatrices. Lorsque ces élites perdent leur créativité, lorsque les saints et les sages font défaut, et aussi les prophètes, la décadence commence. Pour se maintenir, les élites deviennent alors dominatrices. La communauté qui s'inspire d'elles perd confiance, refuse les projets englobants et se met à les suivre, dirait-on aujourd'hui, « à la carte », menaçant peu à peu l'unité de la communauté et de la société puis la paix sociale. Alors, les élites menacées réagissent en survalorisant l'État ou le chef, en centralisant la décision et le pouvoir, en secrétant des intellectuels voués à la défense de leurs positions. Enfin, les foules réagissent en réduisant leurs besoins au domaine du bien-être matériel, en augmentant leur confiance au pouvoir du hasard, en perdant la décence morale, en cherchant dans des fragments de religion une réponse à des besoins de sécurité, en applaudissant des médias qui ne produisent plus rien de neuf.

Chacun de nous peut reconnaître dans cette dialectique de la décadence selon Toynbee des traits que nous avons discernés dans la première partie de notre démarche. C'est ici cependant que je tiens à compléter Toynbee par Marrou. Sa recherche, appuyée surtout sur une excellente connaissance de la Grèce classique et de la Rome décadente, permet de voir ce qui arrive à une culture et à une foi lorsqu'elles ont à vivre dans une révolution inachevée, où seule la phase de déconstruction était urgente et a été accomplie, mais sans qu'un projet de remplacement soit encore mis en place. Alain Touraine parle de « révolution pour » le groupe concerné, qui n'a pas été accompagnée ni suivie d'une « révolution contre » les forces extérieures qui empêchent le développement humain. Ce qui me semble être le cas de la Révolution tranquille, qui s'est surtout limitée à une « remise en question tranquille ».

Selon Marrou, rien ne ressemble autant à une révolution arrêtée qu'une transition, lorsqu'elle se produit dans une religion ou dans une société qui a vieilli, s'est surchargée de lois et de contraintes, de discours inutiles. À un moment donné, la rupture et même la démolition un peu perverse des acquis traditionnels peuvent être la condition d'une relance. Pour Marrou, ce type de décadence apparente a une fonction, celle de libérer d'un passé trop lourd pour permettre à nouveau la créativité. Selon lui, nous n'aurions jamais eu Augustin sans la décadence romaine !

UN BILAN POUR LA SUITE DES JOURS

Après trente ans de Révolution tranquille inachevée, je crois que les données observées jusqu'ici nous permettent un bilan. Bien des signes d'une désertification spirituelle et religieuse se manifestent : pratique largement répandue d'une religion à la carte qui n'exige pratiquement rien, de ce que Bonhöffer appelait la « grâce à bon marché », baisse du sens communautaire, éloignement des jeunes, perte des valeurs fondamentales de la foi chrétienne (non-violence, respect des faibles, pardon des offenses et réconciliation, franchise même coûteuse, refus de la magie et du merveilleux, foi en un rôle terrestre de la foi en Jésus). On peut aussi observer des traits tout récents de la réaction à la perte de confiance dans les élites spirituelles : efforts de centralisation, survalorisation des chefs, contrôle extérieur des intellectuels. Mais le désert me semble avoir ici sa signification biblique, celle de lieu de la « vie dure dans un pays austère », pour reprendre la phrase de Louis Hémon, de lieu de la conversion et de la relance. Toynbee donne des moyens de renverser un processus de désintégration dans une mutation de la culture. D'abord redéfinir les défis. Puis commencer à y répondre dans des petits groupes plus motivés, qu'ensuite le grand nombre suivra volontiers car ces élites seront redevenues spirituellement créatrices.

À la fin de son livre, Reginald Bibby nous offre une intuition analogue, qui retrouve inconsciemment le schéma du défi et de la réponse au défi. Il nous fait remarquer que ses sondages montrent que dans une situation changée certains offrent du nouveau pour faire face au nouveau. Avec des chances de succès, mais avec le risque considérable d'être récupérés culturellement à mesure, de continuer en l'améliorant le régime de la religion à la carte. D'autres, au contraire, cherchent à répondre au nouveau culturel en offrant de l'ancien religieux. Avec l'avantage de retrouver le patrimoine, la tradition, le message fondateur, mais avec peu de chances d'être suivis, vu la crainte de retrouver l'ancien fardeau dont on s'est libéré. Selon Bibby, une seule voie prometteuse peut servir de nouveau défi et inviter à une nouvelle réponse qui arrête le processus de désintégration en maîtrisant le processus de changement : c'est de concentrer l'engagement et l'intervention dans trois domaines où la foi, et particulièrement la foi chrétienne, a de l'original à offrir. Selon lui, c'est une parole articulée et cohérente sur Dieu, le moi et la société. L'affirmation d'un Dieu connu par la révélation (et par l'expérience) comme père et comme frère, qui crée par amour, qui ne supprime pas le mal de peur de supprimer en même temps la liberté. Une affirmation croyante du moi, qui en fait une personne, que la mort ne vient pas abolir mais réaliser. Une volonté de société comme communauté, conservant des traits essentiels de la fraternité, en particulier dans son souci vital pour les faibles.

Ce sont là, à mon avis, des repères qui peuvent permettre au Québec de traverser son quasi-désert spirituel, de guérir certains traits de décadence, de refaire son identité spirituelle et croyante, en attendant la deuxième phase de la Révolution tranquille.

NOTES

1. Le Centre justice et foi de Montréal a tenu une session dans cette optique. Voir Marc Lesage et Francine Tardif, éd., *Trente ans de révolution tranquille*. Entre le je et le nous, itinéraires et mouvements, Montréal, Bellarmin, 1989.

2. J.-P. Montminy, *La religion au Canada*. Bibliographie annotée des travaux en sciences humaines des religions (1945-1970), Québec, Presses de l'Université Laval, 1974.

3. J.-P. Rouleau, « La religion au Québec : situation présente et avenir », *Dossiers Pro Mundi Vita*, 3, nov.-déc., 1977.

4. Pierre Berton, *The Comfortable Pew*, Toronto, McClelland and Stewart, 1965.

5. Maurice Chagnon, « Les systèmes de valeurs au Québec », recherche pour le Center for Allied Research in Apostolate, 1987.

6. Reginald W. Bibby, *Fragmented Gods*, Concord, Ontario, Irwin Publ., 1987. On lira aussi avec intérêt, sur la période de la Révolution tranquille, Jean Hamelin, *Le XXᵉ siècle*, tome 2, *De 1940 à nos jours*, Montréal, Boréal, 1984, p. 209-377 (dans Nive Voisine, éd., *Histoire du catholicisme québécois*, III).

7. Bibby, p. 73.

8. Sondage ICOP 1979, cité par Bibby, p. 80.

9. Bibby, p. 113.

10. Bibby, p. 114.

11. Bibby, p. 198.

12. Bibby, p. 220 et 222.

13. Bibby, p. 227-228.

14. Bibby, p. 239 et 241.

15. Bibby, p. 252-253.

16. Bryan Wilson, *Contemporary Transformations of Religion*, Londres, Oxford University Press, 1976.

17. Arnold Toynbee, *A Study of Religion*, 12 vol., Londres, 1934-1961. Voir aussi : *La religion vue par un historien*, Paris, 1964 (orig. angl. 1956) ; H.-I. Marrou, « Culture, civilisation, décadence », *Revue de Synthèse*, 15, 3 (déc. 1938), p. 133-160.

TROISIÈME PARTIE

LES POUVOIRS

Centres de décisions et volonté politique

Laurent Laplante

C'est avec crainte et tremblement, avec, en somme, l'attitude d'Abraham devant le buisson ardent, que je me présente devant un tel auditoire et que j'aborde un sujet tel que celui-ci. On me pardonnera donc de prendre au départ quelques précautions oratoires.

En premier lieu, il va de soi que le sujet qui nous réunit est susceptible de diverses interprétations. Je présenterai mes hypothèses sans les croire infaillibles.

En deuxième lieu, je reconnais, d'entrée de jeu, que mon point de vue sera celui, infiniment discutable et terriblement instable, du journaliste. C'est dire que je soulignerai la fluidité des choses sans doute plus que leur continuité. C'est dire, d'autre part, que ma lecture de l'évolution québécoise sera tout naturellement globalisante, comme il convient à un métier qui simplifie et vulgarise plus qu'il ne respecte les règles d'une quelconque spécialité.

En troisième lieu, j'avoue, sans m'en vanter ni en rougir, que mon point de vue est volontiers celui du «pessimiste actif». Il voit les côtés abrupts des hommes et des événements, mais sans pour autant croire que les escalades sont impossibles. Et même si les tendances inquiétantes étaient irréversibles, il n'en conclurait pas pour autant qu'il faut leur obéir avec résignation.

Enfin, n'en déplaise à mes anciens professeurs qui insistaient pour que toutes nos dissertations se déploient en trois points, je me bornerai ici à réfléchir tout haut à deux questions. D'une part, où nos contemporains trouvent-ils les centres de décisions ? D'autre part, comment se manifeste aujourd'hui la volonté politique ?

OÙ SONT LES CENTRES DE DÉCISION ?

Pour localiser aujourd'hui les centres de décisions significatives, il convient de ne pas prendre au pied de la lettre les discours les plus répandus. En effet, autant certains des véritables décideurs tiennent à préserver leur anonymat, autant ceux et celles dont le pouvoir de décisions évolue à la baisse tiennent à masquer cette évolution. Plusieurs des puissants ne tiennent pas à ce qu'on les sache puissants ; plusieurs de ceux dont le pouvoir décline préfèrent que leur déclin passe inaperçu. On ne croira donc aveuglément ni les uns ni les autres.

Pour parler concrètement, observons ceci. Le pouvoir technocratique, qu'il agisse à l'intérieur de l'appareil d'État ou dans l'entreprise privée, a tout intérêt à faire oublier sa présence et son influence. Un sous-ministre a souvent plus d'influence s'il laisse à son ministre élu la totalité du prestige, du crédit et de l'attention des médias. Le directeur général d'une grande entreprise accepte tout aussi volontiers, du moins devant les caméras, de s'effacer devant les représentants des actionnaires. Ne sous-estimons pourtant pas son influence. À l'inverse, l'élu qu'on a logé sur les banquettes arrière de la Chambre des communes ou de l'Assemblée nationale n'admettra pas volontiers qu'il est devenu plus figurant que législateur. Ne le croyons pourtant pas indispensable.

Un deuxième élément contribue à rendre ardue la localisation des centres de décisions. C'est le fait que les sphères d'influence se compénètrent plus que jamais. Les passerelles sont nombreuses qui permettent les allées et venues entre le secteur public et le secteur privé, entre les universités et le monde de l'assurance ou de l'industrie, entre, ô scandale !, le monde syndical et le monde des négociateurs patronaux. Quand s'instaure une telle mobilité, il faut présumer que ceux et celles qui changent de sphère d'activité pensent retrouver dans leur nouveau décor quelque chose de l'influence dont ils jouissaient jusque-là. J'ai peine à croire, en tout cas, que les changements fréquents et majeurs qui surviennent dans les hautes sphères de la fonction publique, de la gestion privée, de la recherche universitaire soient le fait de personnes qui se moquent de perdre du pouvoir... Je croirai plus volontiers à une subtile diffusion du pouvoir qu'au total désintéressement de toutes les élites.

La localisation des centres de décisions est d'autant plus aléatoire que l'opinion publique, c'est un troisième élément, porte aujourd'hui sur toutes choses des jugements de plus en plus tranchés et de moins en moins prévisibles.

Selon le jour de la semaine, l'homme public a avantage ou non à se dire tout-puissant. Selon la réaction du public, une entreprise a avantage ou non à vanter ses surplus. Selon le temps écoulé depuis le dernier budget, le ministre a avantage ou non à proclamer une hausse de criminalité. Ce qui ne varie guère d'un milieu ou d'un jour à l'autre, c'est l'importance de l'opinion publique.

Par ailleurs, cette même opinion publique confirme ou révise ses verdicts selon une rationalité souvent peu transparente. Une semaine, l'opinion publique s'insurge contre le monsieur qui recourt à une injonction pour empêcher une femme d'obtenir un avortement. On voit dans l'injonction une parodie de justice et un inadmissible abus de pouvoir. La semaine suivante, la même opinion publique rigole de bon cœur quand une injonction retarde l'arrivée de BPC à Manic 2. Deux mois après ces divers événements, l'injonction fait toujours partie de notre panoplie procédurale et plus personne ne perd le sommeil à ce propos.

Un regard sur la popularité des partis politiques fédéraux au cours des deux dernières années achèverait sans doute de donner à l'opinion publique l'allure d'une girouette. Qui se souvient aujourd'hui des semaines, pourtant récentes, pendant lesquelles le NPD de M. Broadbent occupait la première place dans l'affection de l'électorat ? Qui se souvient de cette période où les libéraux fédéraux ont accordé un répit à M. Turner parce que les sondages le donnaient alors gagnant ? Qui s'étonne de voir M. Mulroney aussi peu populaire aujourd'hui qu'il y a deux ans et pourtant chef incontesté d'un gouvernement largement majoritaire ?

L'opinion publique, dont nul ne conteste l'importance, semble fluctuer sans logique.

Je ne perds pas de vue que je dois essayer de localiser les vrais centres de décisions. Je note simplement que divers facteurs me compliquent la tâche. Premièrement, les discours officiels ne correspondent pas, loin de là, à la réalité. Deuxièmement, ceux et celles qui prennent les décisions majeures changent fréquemment de décor et de partenaires. Troisièmement, l'opinion publique, qui est prompte à blâmer ou à canoniser les preneurs de décisions, semble changer constamment de conclusions et peut-être même de critères.

Malgré ces difficultés, je crois possible d'identifier les centres de décisions. De façon inductive, c'est vrai, mais en demeurant quand même sur le terrain du vraisemblable et du plausible. Le véritable problème pourrait même devenir, soit dit sans présomption, non pas de localiser les centres de décisions, mais de vérifier de façon minutieuse les alibis des personnes et des groupes mis en cause et qui affirmeront ne pas être impliqués.

Un exemple me vient ici à l'esprit. Donald K. Cressey. Le travail de ce scientifique me paraît rassurant, même si je n'ai aucunement la prétention de comparer mes réflexions à ses savantes recherches. Ce scientifique américain s'occupe paisiblement à faire ce que ses études le préparent à faire : classer les trouvailles des paléontologues et des archéologues de manière à reconstituer, si possible, un brontosaure ou un ptérodactyle. Une demande bizarre lui parvient de la très sérieuse Commission d'enquête présidentielle Katzenbach sur le crime aux USA. On lui demande d'examiner les éléments épars recueillis par le FBI américain sur le crime organisé et d'en déduire quelque chose. Cressey s'attaque à la tâche et déduit, en bon archéologue qu'il est, l'organisation de la Mafia. Il ne peut évidemment pas identifier des coupables, mais il dit aux services policiers quoi chercher. Ceux-ci, de fait, cherchent ce qu'on leur a décrit et reconstituent ce qu'avait entrevu Cressey : la composition d'une famille de la Cosa Nostra. Le célèbre témoignage de Valachi ne fera que confirmer ensuite le modèle théorique de Cressey. Ce qui nous est demandé ici ressemble à ce défi.

Un autre exemple peut également nous aiguillonner. Je pense à la goniométrie, ce bizarre « exercice triangulaire » par lequel les services allemands essayaient de localiser les émetteurs secrets des maquis français. Nous sommes, en effet, dans une situation analogue : nous voyons circuler les messages, mais nous ne savons pas qui les lance et nous ne savons donc pas quels objectifs précis poursuivent les émetteurs de messages.

Mon hypothèse, qui n'a d'ailleurs rien de neuf ou d'original, c'est que les centres de décisions appartiennent presque tous aujourd'hui à ce que l'on pourrait dénommer la technostructure mercantile ou, si vous préférez, le pouvoir marchand technicisé. J'insiste, quel que soit le terme préféré, sur la variable *technicienne* que comprend cet amalgame. Oui, l'argent garde son poids, mais les énormes réservoirs de capitaux qui permettent aujourd'hui d'invraisemblables fusions et qui exercent les pressions que l'on sait sur les nations elles-mêmes sont eux-mêmes mis en mouvement, « agis » en quelque sorte, par des techniciens. Il est aussi important, Galbraith le disait déjà, de savoir que de posséder. Dans certains cas, et l'on peut penser ici à ces empires économiques qui portent toujours le nom d'un individu ou d'une famille, il y a convergence entre la propriété et le savoir technique. De plus en plus souvent, cependant, c'est à un cerveau, à un savoir particulier, que les actionnaires font appel pour féconder les capitaux. Au passage, le propriétaire du cerveau veillera sans doute à troquer ses services contre quelques millions. Pourtant, même génial, même généreusement récompensé, le propriétaire du cerveau ne sera ou ne deviendra que très rarement propriétaire de l'entreprise.

De tels cerveaux ne dédaigneront pas tâter de la haute fonction publique ou de l'administration universitaire. Ils voient là, en effet, ce qu'ils appellent de « nouveaux défis ». Ils apporteront à ces nouveaux champs d'action leur sens de l'organisation et leur culte de l'efficacité. Ils retireront de cette excursion en territoire public la très utile connaissance des rouages gouvernementaux. Ils ne négligeront d'ailleurs pas de laisser derrière eux, en retournant à la gestion des grandes entreprises, des fils spirituels aussi ouverts que possible aux vertus de la libre entreprise. Ainsi s'instaure et s'étend un mercenariat de haut niveau technique qui resserre et rend plus rigoureuse la gestion gouvernementale et para-gouvernementale ; ainsi, cependant, se dilue l'idée même d'une gestion publique porteuse de projets de société.

À strictement parler, il faut donc distinguer le *lieu* du pouvoir et le *modèle* du pouvoir. Si, en effet, le pouvoir occupe toujours plusieurs lieux, du moins en apparence, c'est presque toujours le même modèle, un modèle d'ailleurs à haute teneur technique, que l'on retrouve partout. Le pouvoir est donc ou bien politique, ou bien financier, ou bien universitaire, mais il adopte de façon de plus en plus constante une seule et même logique. Celui qui maîtrise cette logique passe sans encombres d'un décor à l'autre. Il est, en effet, à la fois un technocrate, un technicien, un gestionnaire, mais il est tout autant et peut-être surtout un mercenaire et un apatride.

Dans cette grandissante osmose, tous les milieux ne sont pas également gagnants. D'une part, sous la poussée des divers libres-échanges, les cultures nationales moins costaudes sont bousculées et anémiées. Elles sont, au mieux, menacées d'homogénéisation. D'autre part, les pouvoirs publics, à force d'adopter un modèle de développement et d'évaluation qui évacue volontiers le qualitatif, perdent confiance en leur mission et versent dans les crises de culpabilité. Très vite, l'État participe de bon gré à sa propre dilution.

Comprenons-nous bien. Il faudrait beaucoup de masochisme, d'esprit de clocher et d'attachement aux anachronismes pour ne pas souhaiter la libre circulation des idées et des produits culturels. J'espère ne pas encourir tous ces reproches. J'estime, tout simplement, que le pouvoir s'identifie aujourd'hui, non plus à la force brutale, non plus à l'hérédité bourgeoise ou nobiliaire, non pas même autant qu'avant à l'argent, mais à un savoir. Ce savoir, issu du secteur à but lucratif, se déploie en diverses techniques. Il permet de susciter la passion de l'excellence. Il mobilise au service du contrôle de la qualité totale. Il décerne des diplômes aux gestionnaires du troisième type. Il canonise ceux et celles qui savent réduire les inventaires par le « just in time ». Il conscrit les innombrables ressources de la publicité et des relations publiques au service du produit, de la cause, de l'entreprise. Il sonde l'opinion publique, la décode, l'interprète. Il peut même l'influencer.

Le problème, c'est que ce savoir, enfanté par le secteur privé, ne se déploie bien dans le secteur public qu'à condition de ne pas y affronter d'autres modes de gestion. Ce risque diminue d'ailleurs de jour en jour, car l'État, ici comme ailleurs, a résolument entrepris de s'agenouiller devant un savoir bâti à d'autres fins. On retrouvera ainsi, avec déception mais sans surprise, l'« approche-client » jusque dans l'activité éducative publique. Cela nous vaudra des gestionnaires mobiles, mais aussi des institutions d'enseignement aux allures de cafétéria.

Notre situation, au Canada et au Québec, est même un peu plus nébuleuse qu'ailleurs, car nous n'avons pas encore terminé, du moins je l'espère, notre transition vers de nouvelles institutions. C'est dire que, pendant un laps de temps que j'espère aussi court que possible, nous continuerons de ne pas savoir exactement où sont les lieux du pouvoir, où logent les centres de décisions.

S'il en est ainsi, c'est que nous venons, une fois de plus, de vivre une demi-révolution, une révolution si tranquille que nous ne l'avons même pas vu passer. Alors que le parlement était, il y a quelques années encore, l'institution suprême, voilà que nous vivons désormais avec une constitution et une charte des droits. Et voilà que nous acceptons, comme les Américains le font depuis deux cents ans, de confier à la Cour suprême l'énorme pouvoir que nous réservions autrefois aux seuls élus. Je ne dis pas que c'est un mal ; je dis que le virage est considérable.

Mais j'ajoute du même souffle que ce virage n'est pas complet. Oui, nous avons transféré à notre Cour suprême un pouvoir analogue à celui de la Cour suprême américaine, mais nous n'avons pas entouré notre sélection des juges de la Cour suprême des précautions auxquelles tiennent les Américains. Le pouvoir judiciaire s'est amplifié, ce qui n'est peut-être pas un mal, mais notre pouvoir exécutif, qui continue ici à contrôler le pouvoir législatif, n'a pas renoncé, loin de là, à peser lourdement sur la sélection des membres du tribunal suprême. Alors que les trois pouvoirs américains sont réellement distincts, notre exécutif subjugue toujours le législatif et il conserve sa forte emprise sur le judiciaire. À maints égards, nous avons importé les institutions américaines, mais en les dénaturant. Alors, en effet, que les centres de décisions sont, dans la structure américaine, soigneusement identifiés et se surveillent les uns les autres, nous avons opté pour une transformation qui ne garantit en rien des décisions équilibrées.

De telles demi-mesures sont d'autant plus inquiétantes que ce pouvoir exécutif qui n'a rien sacrifié de sa gourmandise est plus soumis que jamais à ce modèle de savoir et de gestion dont je parlais tantôt. Par pouvoir exécutif interposé, c'est donc un modèle technocratique et même techniciste qui se répand dans tout l'appareil public, pouvoir judiciaire compris.

Ainsi se boucle la boucle : les droits individuels, tels qu'un certain libéralisme économique aime à les définir pour mieux les invalider, prennent désormais le pas, avec l'assentiment enthousiaste du tribunal suprême, sur les valeurs collectives. Qu'on ne s'y trompe pas : faute de clarté, aucune des deux grandes catégories de droits ne résistera tantôt au déferlement des plus puissants égoïsmes. Après avoir immolé les droits collectifs sur l'autel des droits individuels, on risque fort de privilégier tantôt les droits de certains individus.

COMMENT S'EXPRIME LA VOLONTÉ POLITIQUE ?

Ce qui précède réduit ma deuxième réflexion à l'état de simple corollaire. Savoir, en effet, même obscurément, où se situent les centres de décisions en dit déjà très long sur les modes d'expression modernes de la volonté politique.

Je précise quand même les termes. Si, par volonté politique, on entend les désirs, souhaits et aspirations de l'*électorat*, la réflexion s'oriente dans une direction donnée. Si, par contre, volonté politique réfère aux desseins des dirigeants *élus*, c'est dans une autre analyse qu'on s'aventure. De ce qui précède, on peut cependant déduire que ces deux facettes du vouloir politique doivent beaucoup, et même trop, à des influences qui ont très peu à voir avec ce que l'on considère normalement comme la règle démocratique.

Présentons la chose autrement. Pour que, sous nos latitudes, la volonté politique garde quelque chose de son contenu démocratique, il faut, d'une part, que l'électorat puisse influer de façon significative sur les décisions gouvernementales ou législatives. Et il faut, d'autre part, pour les mêmes motifs, que les élus orientent leur gouverne vers des objectifs connus de l'électorat ou déterminés par lui. La question globale devient donc la suivante : si l'on cherche comment s'exprime la volonté politique, ne faut-il pas vérifier d'abord si l'électorat pèse encore et toujours sur la marche de la société et vérifier également si les élus prennent leurs décisions au vu et su de l'électorat ?

À regarder d'abord l'électorat, les plus grands doutes sont permis. Qui vote une fois aux quatre ans ne peut certes pas baliser de façon valable les décisions des élus. Qui vote à la date choisie selon l'arbitraire du prince ne vote pas non plus dans les meilleures conditions. Qui vote pour un chef ou un parti en arrive, en outre, à ne plus apprécier ni même connaître le candidat qui brigue les suffrages dans sa circonscription. Qui vote, comme ici, sans la moindre répartition proportionnelle du suffrage universel voit ses volontés constamment modifiées par le mode de scrutin. Qui vote pour l'un ou l'autre de nos partis omnibus est impuissant à dire ce qu'il n'aime pas dans le programme du parti qu'il a privilégié.

Pour tous ces motifs et pour plusieurs autres, la volonté politique entendue dans son sens « individuel » n'a guère de poids. Les exemples récents surabondent. Le libre-échange, dénoncé par les libéraux autant que par les néo-démocrates, a pourtant été mis en œuvre par les conservateurs au nom de la démocratie. La majorité des électeurs avaient pourtant voté contre le seul des trois partis qui préconisait ce traité. De la même manière, on doit s'étonner de ce que le premier ministre Bourassa obtienne encore plus de 70 % des sièges alors qu'il reçoit à peine 50 % du suffrage. Et que dire de M. McKenna qui, avec moins de 60 % du suffrage, monopolise les 58 sièges de son Assemblée législative ? Les défenseurs québécois de l'environnement ont eux aussi à se plaindre du système actuel : avec 3 ou 4 % du suffrage universel de 1989, les candidats « verts » n'obtiennent même pas un député.

Constatons, du même souffle, avec quelle efficacité et quel cynisme on table sur l'« absence de mémoire de l'électorat ». Tout gouvernement sait maintenant, en vertu de cette règle, qu'on peut et qu'on doit adopter dès la première année d'un mandat les mesures impopulaires... de manière à ce que l'électorat ne s'en souvienne plus au moment de voter de nouveau, deux, trois ou quatre ans plus tard. La TPS et le démantèlement de Via Rail ne sont que les plus récentes illustrations de cette stratégie. On hésite, bien sûr, à considérer comme respectueuse de la démocratie une telle spéculation sur l'amnésie des gens.

Si, par volonté politique, on entend le vouloir de l'électorat, mieux vaut donc admettre qu'elle s'exprime difficilement, sans toujours maîtriser les enjeux, sans non plus que ses nuances puissent prendre corps et forme. Sans qu'on puisse considérer comme magiques et nécessairement efficaces les changements de structures, j'ai pourtant le sentiment qu'un certain nombre de modifications institutionnelles clarifieraient la situation : élection à date fixe, scrutin à la proportionnelle tempérée, élection de la chambre haute, régime présidentiel, recours au referendum, etc. Pour le meilleur et pour le pire, on saurait au moins ce que veulent les citoyens et les citoyennes. Chose certaine, nous achèverions ainsi la transformation de nos institutions politiques, nous aurions une chance de localiser les vrais centres de décisions et nous aurions de quoi interpréter avec plus de précision la volonté de l'électorat.

Si, par volonté politique, on entend « ce que veulent les élus », l'optimisme n'a pas plus de fondement. La pénétration à l'intérieur de l'appareil étatique des modèles de gestion et d'évaluation du secteur privé a comme conséquence, répétons-le, que les décisions découlent d'une logique de type privé même lorsque les décisions sont prises, en apparence, par les technocrates à l'emploi de l'État. Parfois, en effet, les hauts fonctionnaires qui prennent les décisions ne sont que « de passage » dans la fonction publique. Dans d'autres cas, le fonctionnaire de carrière croit décider en fonction de la seule mission de l'État, mais il adopte ses décisions selon une philosophie mise au point dans un autre contexte.

La politique dite démocratique est donc de moins en moins l'art de gouverner selon les besoins exprimés par la nation. Elle est devenue l'art de rendre acceptable à la société la décision adoptée par des gens qui ne sont pas élus. La politique, en effet, ne tire plus son sens d'un mandat ascendant ; elle descend. Le message ne monte plus de l'électorat jusqu'aux députés et jusqu'au cabinet pour faire savoir en haut lieu ce que désire la base électorale. La politique est maintenant, et la TPS illustre admirablement cette tendance, l'art de faire accepter par la base ce que le cabinet a concocté. Pire encore, si l'on admet que le cabinet se fait lui-même « inspirer », sinon ses décisions, du moins ses valeurs et sa philosophie, la politique devient l'art de faire accepter — par un peuple dit souverain et grâce à des élus qui se disent tout-puissants — les décisions prises à l'extérieur de toute démocratie par des techniciens infiniment compétents et infiniment apatrides.

Comment s'exprime la volonté politique ? On voit à quel point la question devient imprécise. Au vrai sens du terme, il y a, en effet, de moins en moins de décisions proprement politiques. D'une part, parce que la « base » ne contrôle souvent qu'un mirage du pouvoir ; d'autre part, parce que les élus s'entourent de technocrates dont un grand nombre sont piégés par des modèles de gestion et d'évaluation fabriqués par et pour le secteur privé.

Vision pessimiste ? Je ne sais. Vision décourageante ? Certainement pas, car la démocratie n'a jamais été une pente naturelle et facile. Le défi est cependant plus abrupt que d'habitude, parce que l'État, qui demeure quoi qu'on en dise la plus belle conquête de l'humanité, me semble avoir tragiquement perdu jusqu'à la confiance en sa légitimité.

L'entrepreneurship québécois: nouveauté ou continuité?

Jean-Marie Toulouse

Depuis le milieu des années 1970, on assiste au Québec à une discussion importante concernant l'entrepreneurship. On s'intéresse au nombre d'entreprises créées par les Québécois, on examine le type d'entreprises qu'ils ont créées et on compare la création d'entreprises au Québec à ce qui se crée ailleurs au Canada ou aux États-Unis. De plus certains s'interrogent sur le sens, la portée de ce que d'aucuns appellent la montée de l'entrepreneurship québécois. D'autres s'interrogent sur des phénomènes particuliers comme ce qu'il est convenu d'appeler « le miracle beauceron ». Il est intéressant de noter que même à l'extérieur du Québec plusieurs revues et plusieurs auteurs se sont interrogés sur ce qu'ils perçoivent comme « l'avènement » de l'entrepreneurship québécois comme s'il s'agissait d'un phénomène nouveau. En fait, derrière ces interrogations, on décèle quelques thèmes dont le principal est : « les Québécois sont-ils devenus des entrepreneurs ou les Québécois continuent-ils d'agir en entrepreneurs ».

NOUVEAUTÉ DU PHÉNOMÈNE

Examinons d'abord la question de la nouveauté du phénomène de l'entrepreneurship québécois. Les Québécois sont-ils de nouveaux entrepreneurs ou ont-ils toujours agi de façon entrepreneuriale ? Plusieurs ont fait l'hypothèse que le phénomène de l'entrepreneurship au Québec est un phénomène totalement nouveau qui n'existait pas il y a cinquante ou cent ans. Il me semble qu'Édouard Montpetit, dans son discours à la Société Royale du Canada en 1938, a très bien illustré cette hypothèse lorsqu'il disait : « On aperçoit dans notre histoire, au-dessus du cultivateur ou de l'ouvrier, un groupe d'élite qui se fait et qui se refait sans durer, on distingue à peine des industries inféodées. Tous les 30 ans, nous recensons nos pertes. Comment avoir une économie qui soit forte si les leviers d'argent sont manipulés par d'autres ? [1] »

Dans une analyse publiée en 1979 « L'entrepreneurship au Québec », aux éditions Fides, nous (Toulouse) avons démontré que la création d'entreprises au Québec triple à tous les dix ans et ce depuis 1905. Dans cette même étude, nous avons également démontré que le type d'entreprises créées par les entrepreneurs québécois était en parfaite symbiose avec la réalité socio-économique. Ainsi lorsqu'on examine le type d'entreprises créées durant les périodes de guerre, on constate que les entrepreneurs québécois s'adaptent et s'orientent dans le sens des opportunités offertes par ce marché. Après la guerre, ou durant l'industrialisation, ils se réorientent encore dans le sens des nouvelles opportunités.

Dans leur ouvrage sur l'entreprise québécoise, Yves Fournier et Pierre Bélanger (Hurtubise HMH, 1987) démontrent que de 1837 à nos jours, l'expérience des entrepreneurs québécois est une expérience qui s'harmonise à la réalité socio-politique. Dans l'introduction, ils affirment : « À ce niveau [évolution historique des entreprises], nous avons été étonnés de constater la profondeur de leurs racines historiques. Contrairement à la thèse dominante, ce capital ne s'est pas uniquement développé depuis une vingtaine d'années, grâce aux nouveaux diplômés des écoles d'administration. En effet, nos recherches ont permis d'identifier quatre groupes d'entreprises d'une égale importance dont les origines correspondent à des périodes très différentes... [2] »

Dans le même sens, Esdras Minville disait au milieu des années 1930 : « À la fin du siècle, nous occupions dans le petit et le moyen commerce, dans la petite et la moyenne entreprise, une situation assez rassurante, parce que assez bien proportionnée à notre importance numérique. Il a fallu moins de 20 ans pour secouer l'organisme ainsi édifié, le réduire à des proportions telles qu'il ne reste pour ainsi dire que des vestiges épars. [3] »

On sent bien, dans cette citation de Minville, l'oscillation entre la constatation que les entrepreneurs québécois sont actifs dans l'économie québécoise et canadienne mais on voit poindre l'hypothèse que cette place est menacée, qu'elle est en train de s'effriter.

Lorsqu'on réfléchit à l'entrepreneurship québécois, on est porté à ne regarder que la création d'entreprises commerciales ou d'entreprises d'affaires. À mon avis, il faut aussi examiner les autres formes d'activité que l'on pourrait appeler entrepreneuriale. Par exemple, comment expliquer le fait que des villes comme Saint-Hyacinthe et Nicolet aient été le berceau de tant de communautés religieuses. Est-ce que créer une communauté religieuse c'est faire œuvre d'entrepreneurship ou si les deux phénomènes n'ont rien à voir ? Dans le même sens, comment expliquer le fait que les ordres religieux aient bâti toutes les églises et la très grande majorité, pour ne pas dire toutes les écoles, les hôpitaux, les collèges et les universités au Québec. Est-ce que ces projets ont été développés par des entrepreneurs à soutane ou si encore une fois l'entrepreneurship et le développement des instruments devant protéger la foi et la langue n'ont rien à voir les uns avec les autres ? À notre avis, les activités de développement observées dans le domaine social et religieux doivent être considérées en même temps que l'on réfléchit à l'émergence de l'entrepreneurship au Québec. La question devient donc : « Est-ce que les entrepreneurs québécois ont créé uniquement des entreprises commerciales ? Certains ont-ils (elles) créé des couvents, des hôpitaux ou des églises ? »

Au terme de quinze ans de travail sur ces questions, j'en arrive à la conclusion que l'entrepreneurship au Québec a toujours existé, seules les formes, les modalités d'expression de l'entrepreneurship ont changé avec le temps. Certaines formes d'entrepreneurship sont acceptables à une époque alors qu'à une autre époque ces mêmes formes d'entrepreneurship sont moins acceptables, moins tolérables, moins désirables.

DEUX FACETTES DE L'ENTREPRENEURSHIP

Cette conclusion m'amène à décomposer l'entrepreneurship en deux aspects : d'une part l'objet de l'action entrepreneuriale, c'est-à-dire le type d'entreprise qui est effectivement créée par les entrepreneurs à une époque donnée et, d'autre part, l'examen de ce qu'on pourrait appeler « l'acceptabilité » de l'activité entrepreneuriale. Ainsi, à chaque moment de l'histoire on peut décrire le type d'activité entrepreneuriale et se demander quel type d'activité entrepreneuriale était acceptable. Cette oscillation entre le possible et l'acceptable permet de mieux comprendre ce qui se passe à chacune des époques de la création des entreprises au Québec. Réfléchir à cette oscillation permet également de repositionner les principales hypothèses invoquées précédemment pour expliquer la situation de l'entrepreneurship au Québec.

Un examen attentif de la littérature sur l'entrepreneurship nous confronte assez rapidement à trois hypothèses principales. La première peut s'appeler l'hypothèse de l'affranchissement national. Cette hypothèse suggère que les Québécois, à cause du trauma de la conquête, ne sont pas arrivés à prendre leur place dans l'économie. Elle suggère également que l'histoire économique des Québécois est une série de tentatives pour s'approprier l'espace économique, tentatives qui se butent toujours aux difficultés inhérentes au fait que le Québec ne contrôle pas totalement son espace politique. Donc, selon cette hypothèse, l'activité économique est un éternel recommencement qui se heurte toujours à la même difficulté : le contrôle du pouvoir politique.

La deuxième hypothèse est une hypothèse dite culturelle ; c'est-à-dire une hypothèse selon laquelle les francophones d'Amérique se sont orientés vers les secteurs suggérés par les valeurs et la culture de la société dans laquelle ils vivaient. Ainsi, dans une société qui met l'emphase sur la protection de la foi et de la langue, il est évident que les affaires prennent un rôle secondaire ; rôle teinté par la crainte et l'attrait de l'objet défendu et rôle tributaire de l'importance accordée à l'activité d'affaires dans une culture dominée par les valeurs chrétiennes.

Et finalement, une troisième hypothèse qu'on pourrait appeler l'hypothèse d'adaptation à l'environnement : les transformations de l'environnement sont à la base des actions d'entrepreneurship observées dans la société. Ainsi par exemple, des auteurs comme Breton, Brenner, Paquet, Wallot suggèrent que les grandes poussées d'entrepreneurship ont été provoquées par des chocs importants dans l'environnement. En fait, cette hypothèse revient à dire que les entrepreneurs canadiens-français ou francophones ont toujours répondu de façon adéquate aux contraintes, aux menaces ou aux opportunités qui s'offraient à eux. On peut même penser qu'il s'agit là d'une version différente de l'hypothèse globale de la contingence que l'on retrouve en théorie des organisations.

Plus récemment un article de Gilles Paquet (« L'entrepreneuriat canadien-français : une radiographie », *Gestion*, vol. 12, n° 4, novembre 1987, p. 10-16) poussait plus loin cette hypothèse. L'auteur disait :

> L'environnement crée deux familles de contraintes pour l'agent ou le groupe entrepreneurial : sur *les possibles* et sur *l'éthos*. Les marges de manœuvre et les stocks de ressources disponibles diffèrent évidemment selon les environnements géotechniques, mais des contraintes émanent aussi des règles du jeu différentes d'un environnement à l'autre. Ces contraintes proviennent des coûts d'organisation différents et de l'accès différentiel aux ressources par les divers groupes. Elles font que l'environnement *adopte* certains agents économiques ou groupes entrepreneuriaux en leur donnant une probabilité plus grande de succès à cause de leurs caractéristiques ou de leurs coordonnées dans le jeu. (Alchian, 1950). Ce faisant, l'environnement tend à donner une valence accrue à certains groupes qui survivent mieux et à favoriser l'émergence de règles du jeu qui les favorisent.

> Une transformation de l'environnement (que ce soit à cause d'un choc réverbéré à partir du reste du monde ou le résultat d'une intervention politique) va avoir des effets structurants sur *les possibles* et sur *l'éthos*. (p. 11)

> L'environnement est un ensemble d'états, de ressources, de contraintes, de règles du jeu et d'événements, qui s'impose aux agents et groupes comme données, tout au moins à très court terme. Cet environnement imbrique les systèmes géotechnique, social, économique et politique dans une trame causale susceptible d'entraîner plus ou moins d'actes d'entrepreneuriaux par *les possibles* et *l'éthos* qu'elle permet d'actualiser. D'une part les agents ou groupes ou organisations *adoptés* ne sont pas passifs. Ce sont des unités adaptatives complexes ouvertes par rapport à l'environnement, mais capables d'autodirection et d'autorégulation et susceptibles de développer des langages — cadres de prospection et un affect qui peuvent démultiplier le volume et l'intensité de l'activité entrepreneuriale. [4]

Si l'on tient compte autant de la dimension « action posée » et « geste acceptable » on arrivera à la conclusion que les trois hypothèses forment l'hypothèse de la réconciliation entre le geste que je désire poser et l'acceptabilité de ce geste à une époque donnée, c'est-à-dire les membres d'une collectivité manifestent les comportements entrepreneuriaux qui s'harmonisent avec ceux que la collectivité juge acceptables à une époque donnée.

L'ENTREPRENEUR : UN RÉALISATEUR DE PROJETS

Pour avancer le raisonnement, il faut revenir à la définition de l'entrepreneur comme agent économique. Nous ne voulons pas ici nous engager dans un débat autour des définitions qui ont été proposées depuis la fin du XIIIᵉ siècle. Plus le débat avance, moins nous semblons faire des progrès au plan de la définition. C'est peut-être parce que le débat est engagé sur des voies stériles ou que le phénomène est trop varié pour se prêter à une seule définition.

Mes recherches sur l'entrepreneurship depuis 1972 m'amènent de plus en plus à définir l'entrepreneur comme un réalisateur de projets. En fait, un entrepreneur dans une société c'est une personne qui perçoit un besoin (que certains ont appelé une opportunité) et imagine une façon de répondre à ce besoin avant que d'autres ne le fassent ; c'est une personne qui, face à une situation problématique, développe un projet, une vision qui transforme un problème en opportunité d'affaires. Dans son sens premier, le concept de projet inclut un aspect imaginaire, une dimension fantaisiste, une perspective, une vision de ce que l'on peut faire, une vision de comment il faut le faire et des conséquences, récompenses associées à la réalisation du projet. Le projet de l'entrepreneur inclut toujours une dimension d'action qui réfère à la capacité de l'entrepreneur de trouver une réponse à une situation, donc d'exploiter l'opportunité ou de répondre au besoin. C'est dans cette vision de ce qu'il peut faire que se retrouve la réponse de l'entrepreneur à ce qu'on pourrait appeler « le possible dans la situation ». Ce possible comprend deux aspects : d'une part, il y a une évaluation de la capacité d'agir, c'est-à-dire l'action à faire dans cette situation est à ma portée, donc le risque est raisonnable selon l'entrepreneur ; d'autre part, l'action envisagée apparaît comme une réponse réelle, une contribution significative, importante au problème, au besoin auquel il s'adresse. Comme si dans l'esprit ou dans la vision de l'entrepreneur son projet en est un qui résout de façon réelle la situation qu'il a perçue comme ayant besoin d'action.

Le projet de l'entrepreneur réfère aussi au « comment » : c'est-à-dire la façon de rassembler les ressources, l'identification des ressources à rassembler, ce que l'on pourrait appeler l'identification des ingrédients qui composent le projet et des modalités relatives à l'assemblage de ces ingrédients.

Le troisième aspect du projet de l'entrepreneur a trait à l'effet imaginé de l'action qu'il posera sur les récompenses individuelles ou collectives, c'est-à-dire une anticipation des conséquences et des récompenses justes considérant les efforts investis. Pour l'entrepreneur, les effets ont toujours deux niveaux. D'une part, la logique du projet entraîne telle ou telle récompense personnelle et, d'autre part, l'effet social du projet. Les recherches montrent en effet qu'il faut lier ces deux niveaux car si le projet de l'entrepreneur lui apporte des bénéfices, le projet introduit également dans la société des changements et des mutations très profondes. Ainsi, on sait très clairement que les produits créés ou imaginés par des entrepreneurs deviennent source et moteur de changements importants dans les sociétés dans lesquelles ces produits ont été introduits. Non seulement le produit répond à un besoin mais il devient lui-même source, racine de changement dans la société. Que l'on songe en particulier aux inventions technologiques dans le domaine de la santé ou à la mise en marché du four à micro-ondes, on réalisera la dimension sociale des gestes posés par les entrepreneurs.

PROJETS POSSIBLES, PROJETS ACCEPTABLES SELON LES ÉPOQUES

Comment les entrepreneurs rendent-ils possible des projets à une époque donnée ? La réponse que nous proposons est à trouver au niveau de « l'acceptable ». Dans une société, les projets des entrepreneurs sont en symbiose parfaite avec les projets de la collectivité dans laquelle vivent ces entrepreneurs. Nous postulons qu'il y a un parallèle entre les projets entrepreneuriaux individuels et les projets collectifs de la société dans laquelle vivent les entrepreneurs que nous analysons. Selon cette conception, il y aurait donc un mouvement d'aller-retour continuel entre le projet que poursuit la collectivité et les projets que poursuivent les différents entrepreneurs dans cette collectivité. En d'autres mots, la nature du projet de l'entrepreneur et le nombre de projets sont dépendants de la position de ces projets dans l'échiquier du projet collectif de la société dans laquelle ils vivent. Si l'on accepte cette interpénétration d'un va-et-vient entre les projets entrepreneuriaux individuels et les projets collectifs, on arrive à réaliser que l'entrepreneurship québécois est une nouveauté et une continuité à la fois. Ainsi, à une époque qui poursuivait un projet collectif de survie ou de défense, les projets entrepreneuriaux individuels qui renforcent ce projet collectif tournent autour du fait d'avoir une terre et de bâtir un milieu de vie à soi. Par ailleurs, les projets entrepreneuriaux qui encourageaient à transiger avec le conquérant étaient vus avec beaucoup de méfiance car ils représentaient une atteinte potentielle à la survie et à la défense de la collectivité. Dès lors, tous les entrepreneurs qui choisissent le commerce, la finance apparaissent comme des vendus. En vertu de cette hypothèse, c'est dans le milieu agricole qu'il faut chercher les exemples de bons entrepreneurs de l'époque qui a suivi immédiatement la conquête. Un tel examen identifiera une grande activité entrepreneuriale. Par ailleurs, l'examen de l'activité d'affaires identifiera des individus marginaux dont certaines activités se situent au niveau des besoins primaires (manger, se loger, etc.) alors que d'autres sont des échanges avec le colonisateur, d'où on observera une distance entre le projet collectif et cette forme d'entrepreneurship, ce qui se traduira par une activité entrepreneuriale réduite.

Si l'on examine l'époque où le projet collectif était de protéger la langue et la religion, on en arrivera à la même conclusion. C'est à cette époque que l'on voit apparaître plusieurs institutions dont le rôle est de protéger la langue, la foi ou la religion, de maintenir les individus dans des milieux qui offrent ce type de garantie. C'est à cette époque que l'on voit naître plusieurs communautés religieuses, plusieurs églises, écoles, hôpitaux ou maisons d'enseignement. Nous croyons que ceux qui créent « ces entreprises » ressemblent beaucoup au portrait que l'on donne de l'entrepreneur. La seule différence provient de ce que la forme de l'activité entrepreneuriale qui était acceptable à l'époque n'était pas la même que celle qui est acceptable aujourd'hui. Il y avait continuité dans l'entrepreneurship qui s'exprimait dans des activités culturo-sociales, mais l'entrepreneurship dans les affaires était comme marginalisé, voire rejeté car « à quoi servait à l'homme de gagner l'univers s'il perdait son âme ».

Cette même hypothèse permet aussi d'étudier un autre projet collectif : la participation à l'industrialisation et la réaction à la concentration des entreprises qui se manifestait par l'apparition de très grandes entreprises multinationales. Examinant le type d'entreprises créées au début de la concentration des entreprises, Bélanger et Fournier montrent que l'action des entrepreneurs québécois traduit une ambivalence : d'une part, certains s'approcheront du grand capital étranger, alors que d'autres développent des réponses purement locales. C'est ainsi que l'apparition de certaines coopératives peut se révéler comme une forme d'entrepreneurship local en réponse au phénomène de la concentration des capitaux. Dans le même sens, plusieurs PME locales sont des modes de réponse à l'industrialisation et à la concentration du capital. Donc, d'une part, les entrepreneurs québécois créent des projets nouveaux qui industrialisent le Québec, mais la taille de ces projets en est rarement une d'envergure nationale, multinationale. Au fait, on peut dire que les projets entrepreneuriaux « acceptables » sont ceux qui apprivoisent l'industrialisation sans briser le tissu social. Donc, au plan individuel, ils proposent des projets cohérents par rapport à la réalité socio-économique, mais d'autre part, ils n'arrivent pas à proposer des projets adaptés aux exigences de l'industrialisation et à la concentration du capital dont les effets se faisaient de plus en plus sentir au Québec, au Canada et aux États-Unis.

Depuis dix ans, le nombre d'entreprises créées par les Québécois a encore augmenté et cette augmentation ressemble en tous points à celle observée aux États-Unis et en Ontario. La différence entre le Québec, l'Ontario et les États-Unis ne provient pas de l'augmentation de projets mais plutôt du fait que dans la société québécoise, les projets des entrepreneurs sont devenus beaucoup plus acceptables et désirables. Le mouvement d'aller-retour entre les projets individuels et collectifs permet de comprendre que si les projets sont devenus plus acceptables, c'est qu'il nous faut identifier le projet collectif dans lequel nous vivons. À mon avis, le projet collectif qui anime actuellement la société québécoise tourne autour de la construction d'une société moderne dans laquelle les Québécois occupent une place centrale des rouages économiques. En fait, le chantier collectif sur lequel se retrouvent les Québécois me semble être l'économique, les affaires. Dans un contexte ou le chantier collectif est l'économique, c'est évident que la création d'entreprises occupera le centre des préoccupations puisque la création d'entreprises et l'entrepreneurship sont les symboles mêmes du projet collectif québécois. D'où certains disent que l'entrepreneurship c'est nouveau pour le Québec. La nouveauté provient de la symbiose entre les projets d'affaires et le projet collectif ; la continuité provient du fait qu'à d'autres époques il y a eu d'autres symbioses.

CONCLUSION

L'état de mes recherches actuelles m'amène à penser que les Québécois ont toujours été entrepreneurs : ce n'est pas récemment que les Québécois ont commencé à créer des entreprises, ils en ont toujours créées mais ils ont créé les entreprises qui étaient appropriées à chaque époque. Ce qui a changé au cours des années c'est la forme de l'activité entrepreneuriale. À mon avis, ce qui a permis ce changement c'est une évolution dans la dynamique du rapport « projet individuel » présenté par l'entrepreneur et « projet collectif » vécu au niveau de la collectivité globale. Pour que l'entrepreneurship change de forme et devienne plus acceptable, plus présent dans la société, il faut que cela corresponde à un projet collectif de la société. Je crois que la période contemporaine est une période dans laquelle l'entrepreneurship est plus acceptable parce que le projet collectif des Québécois est de maîtriser l'économique, les affaires.

NOTES

1.	Proceedings and Translation of the Royal Society of Canada, vol. 3, section 1, 1938, p. 59.
2.	P. Bélanger et Y. Fournier, *L'entreprise québécoise*, HMH, 1987, p. 2.
3.	Esdras Minville, *Les étapes d'une carrière*, vol. 9, Fides, 1988, p. 2.
4.	*Gestion*, vol. 12, n° 4, novembre 1987, p. 10-16.

Des défis à relever pour les mouvements sociaux et plus particulièrement pour le mouvement syndical

Lorraine Pagé

Il y a trente ans, au début de la Révolution tranquille, la situation sociale du Québec était relativement claire. Après des années de lutte entre, d'une part, l'État duplessiste et, d'autre part, les mouvements sociaux québécois, nous avons assisté à une grande simplification. Les partis politiques et l'action partisane ont occupé l'ensemble de l'espace social et politique québécois. Les mouvements sociaux étaient forcés de s'inscrire dans les grands courants tracés par les partis.

La décennie suivante, celle des années 1970, a permis un certain rééquilibrage. La question nationale et les luttes linguistiques occupaient l'avant-scène, mais cette fois, les mouvements sociaux, et singulièrement le mouvement syndical, faisaient leur marque sur le terrain des luttes sociales. Des forces politiques non partisanes nouvelles faisaient leur apparition et renforçaient le mouvement de changement. La fin des années 1970 a sans doute été l'une des périodes les plus fécondes de l'histoire contemporaine du Québec.

Les années 1980 ont marqué un recul qui commence à peine à prendre fin, à la fois pour les mouvements sociaux et pour l'ensemble des regroupements organisés. Après l'échec du referendum, c'est un peu comme si le Québec avait mis ses forces vives en veilleuse pour faire face à l'une des pires crises économiques des récentes années. La remontée des valeurs conservatrices et individualistes, l'apologie des solutions individuelles, le néo-conservatisme ont fait reculer le terrain d'intervention et réduit la zone d'influence de l'ensemble des mouvements sociaux, quel qu'ait été leur degré d'organisation.

C'est ainsi que je dégagerai, d'un survol rapide du passé, les cinq grandes tendances qui caractérisent, à mon avis, la situation sociale du Québec contemporain et qui constituent autant de défis à relever par les mouvements sociaux, et particulièrement le mouvement syndical et la CEQ. J'ébaucherai ensuite des perspectives d'avenir qui m'apparaissent se dégager à l'horizon, pour peu que nous réussissions à nous déterminer un projet collectif et que nous retenions les leçons de l'histoire.

Le premier constat qui s'impose, c'est la dominance d'un néo-conservatisme qui place les revendications syndicales à contre-courant du mouvement majoritaire.

Depuis le début des années 1960, une certaine unanimité se dessinait autour de la nécessité de l'extension de l'intervention étatique tant dans le secteur économique que dans ceux de l'éducation, de la santé et des services sociaux. On mettra en place des systèmes de planification et de prévision qui viendront interférer avec l'économie de marché. L'État investira également les champs économiques laissés pour compte par l'entreprise privée ainsi que certains secteurs de pointe lui assurant le contrôle du développement économique. Il interviendra massivement dans ce qu'il est convenu d'appeler les « politiques sociales ».

Le développement d'un secteur public et gratuit d'éducation assurera la formation d'une main-d'œuvre qualifiée, alors qu'un secteur de santé également public et gratuit pourvoira au développement de la santé physique et mentale de la population. Enfin, le déploiement de l'État dans l'économie facilitera l'entrée de plain-pied du Québec dans le rang des nations industrialisées.

Bien sûr, les luttes syndicales et sociales, dont celles menées par la CEQ ou dans lesquelles elle s'est inscrite, sont à la base de plusieurs de ces gains. Cependant, plusieurs des objectifs visés sont également portés par le courant progressiste qu'elles alimentent et auquel elles s'abreuvent. Il est toujours plus facile de voguer à allure portante qu'à vent debout ! Le courant progressiste qui portait le Québec depuis le début des années 1960 a grandement favorisé plusieurs victoires sociales, même par grosse mer.

Aujourd'hui, nous nous retrouvons dans une situation totalement différente. Avec la montée du néo-libéralisme qui prône la réorientation du rôle de l'État et la réduction de sa participation, tant dans le secteur économique que dans le secteur social, les actions et interventions syndicales se situent nettement à contre-courant du mouvement dominant.

Cet élément majeur et nouveau de la conjoncture augmente les difficultés du mouvement syndical à faire partager ses objectifs par les gouvernements bien sûr, par la population en général ensuite, mais aussi par plusieurs de ses membres qui sont nécessairement influencés par l'idéologie conservatrice dominante. La CEQ a un défi supplémentaire à relever : la presque totalité de ses membres œuvrent dans le secteur public ; ce secteur a subi avec rigueur le contrecoup de la crise économique et celles et ceux qui y œuvrent ont vu leurs conditions salariales se rétrécir alors même que leurs conditions de travail se détérioraient et que leur charge s'élargissait.

Lors de la reprise économique, qui a pu bénéficier à d'autres secteurs d'activités, le secteur public a encore été la cible privilégiée d'autres restrictions liées cette fois au néo-conservatisme montant et au présumé « dégraissage de l'État ». Les travailleuses et travailleurs de ce secteur auront donc tendance à se replier sur la défense de leurs revendications propres, endiguer la baisse de leur pouvoir d'achat et la détérioration de leurs conditions générales de travail. Les causes à portée sociale plus large seront donc souvent délaissées en faveur de luttes plus directement liées à leurs intérêts immédiats. Peu de gens ont le réflexe de sauver de la noyade l'enfant du voisin lorsque le feu est à leur maison.

Le second constat qui s'impose, c'est l'appauvrissement d'un pourcentage croissant de la population et l'enrichissement d'une minorité.

Nous connaissons toutes et tous les chiffres dévastateurs qui ont même fait l'objet, quoique timidement, de débats électoraux. Il faut cependant mettre en évidence le fait qu'une partie croissante de la population vient rejoindre les rangs des statuts précaires, des gens au salaire minimum, des chômeurs, des assistés sociaux, en un mot, des gens qui ne jouissent d'aucun statut de travail stable et qui n'ont pas d'organisme syndical pour défendre leurs intérêts.

Outre le fait que les mesures d'assistance étatique sont de plus en plus réduites (assurance-chômage, salaire minimum, etc.), des phénomènes tels l'éclatement des familles, la prolifération des familles monoparentales jointe au retrait de l'assistance de l'État (désinstitutionnalisation, réduction des foyers d'accueil et des autres services susceptibles de prendre la relève lorsque nécessaire) accentuent la situation précaire d'une partie croissante de la population.

Par ailleurs, l'augmentation de l'immigration plus diversifiée sur le plan culturel et ethnique viendra souvent grossir la masse des travailleuses et travailleurs sous-payés et surexploités.

Enfin, on ne peut s'empêcher de souligner la détérioration du climat social liée à ces différents éléments, et particulièrement la prolifération de la violence et de la détresse physique et morale à un moment où, par ailleurs, la concurrence internationale devrait nous obliger à investir dans des secteurs assurant l'excellence de la formation, de la santé et du climat social général.

Mais les gouvernants ont choisi d'investir dans une lutte concurrentielle à court terme qui s'établit sur la misère d'une proportion de plus en plus grande de la population.

Cela pose un défi supplémentaire au mouvement syndical dont les membres, malgré les importants reculs subis, sont de plus en plus perçus comme des privilégiés par la population. Les avantages détenus par une minorité ont vite fait d'être considérés comme des privilèges ; surtout lorsque le discours gouvernemental est orchestré en ce sens.

Cela pose au mouvement syndical le défi de reconstruire chaque jour une solidarité de plus en plus fragile, mais de plus en plus nécessaire. Cela pose, entre autres, la nécessité d'ancrer nos revendications dans un plus vaste mouvement de solidarité sociale. Cela pose également la nécessité d'une véritable politique d'éducation interculturelle et de compréhension internationale.

Le troisième constat, c'est l'évolution de la courbe démographique et la dichotomie entre les jeunes à statut socio-économique précaire et leurs aînés mieux nantis (pouvoir gris).

Il est évident au Québec, mais aussi dans beaucoup de pays industrialisés, qu'un fossé de plus en plus large se creuse entre ce que certains appellent le pouvoir gris et les jeunes. Il y a vingt ans à peine,

Renée Claude chantait « C'est le début d'un temps nouveau... la moitié des gens n'ont pas trente ans ». Ces personnes représentent maintenant beaucoup plus de la moitié de la population ; les berceaux se sont vidés et n'assurent même plus le remplacement de la population. Dans une entrevue récente, l'écrivaine française Françoise Chandemajor, constatant le manque d'horizon, d'espoir et d'alternative socio-politique, liait ce phénomène à l'absence de jeunes. Et elle avait raison. Les nouveaux combats, les rêves, les illusions et les réserves inépuisables de forces, c'est à vingt et à trente ans qu'on les a ! Une société sans jeunes est une société sans rêves, sans illusions et sans projets.

Qui plus est, notre minorité de jeunes est confinée dans l'anti-chambre économique, politique et sociale. Liée par la précarité, elle peut difficilement amorcer un combat social, elle épuise ses forces à pester contre ses aînés, et hésite à s'engager.

C'est Laurent Laplante qui disait, il n'y a pas longtemps, que ce qui le désolait le plus, c'était de voir qu'il y avait si peu de radicaux, voire de gauchistes dans notre jeunesse. La vie, disait-il, se charge bien vite de ramener les gens à droite, même quand, plus jeunes, ils sont très à gauche. Aujourd'hui, il y en a tant qui commencent tellement à droite que je n'ose imaginer où ils vont finir...

Le défi du mouvement syndical est donc de concilier la défense des intérêts de ses membres avec celle des revendications de cette jeunesse montante. C'est également de mettre de l'avant des revendications qui agiront sur l'accroissement de la population tout en partageant et développant le droit des femmes au travail social, à la vie sociale et politique et au libre choix.

Car les changements atteignent aussi le mouvement féministe — c'est mon quatrième constat — qui a été une des forces sociales importantes des dernières décennies. Il a profité lui aussi, pour le développement de ses revendications, de la montée générale du courant de libéralisation qu'a connu la société québécoise jusqu'au début des années 1980. Il sera l'un des premiers à subir les contrecoups du néo-conservatisme actuel, puisque la majorité des mesures restrictives atteindront d'abord et davantage les femmes. En effet, les femmes seront plus nombreuses que les hommes à subir le poids de la crise et des restrictions gouvernementales, puisqu'elles sont davantage confinées au travail précaire et sous-payé. Le gel du salaire minimum, la réforme de l'assurance-chômage, les mises à pied dans plusieurs secteurs les atteindront donc en premier lieu.

Comme elles vivent plus longtemps, elles ont davantage recours aux soins de santé. Les coupures et restrictions dans ce secteur, la désinstitutionnalisation les atteindront aussi davantage qu'elles n'atteindront les hommes.

Elles subiront également plus dramatiquement le manque de garderies, la faible indexation des allocations familiales, la hausse des coûts d'éducation, puisqu'elles sont plus nombreuses que les hommes à occuper des emplois sous-payés et qu'elles sont plus nombreuses à assumer la direction de familles monoparentales. C'est aussi elles qui devront assumer la relève du retrait de l'État de plusieurs secteurs (soins des personnes handicapées physiquement ou mentalement, des personnes âgées, des loisirs, etc.).

La baisse du taux de natalité exerce également une pression supplémentaire sur les femmes pour restreindre leurs engagements extérieurs au foyer et revenir aux anciennes valeurs et ce, dans une conjoncture sociale où il devient de plus en plus évident qu'elles ne peuvent plus compter sur le modèle familial traditionnel pour assurer leur subsistance.

Le mouvement syndical a largement favorisé le développement du mouvement féministe.

Le cinquième constat, c'est l'évolution en dents de scie de la sensibilité du Québec français et des grandes luttes nationales et linguistiques. J'avais presque le goût de dire qu'en la matière, l'assurance et la confiance sont bien mauvaises conseillères, car on a l'impression qu'à chaque gain correspond un recul et qu'à chaque recul a succédé un éveil tel qu'il se traduit par des gains et des progrès non négligeables.

Certes, la lutte linguistique du mouvement national — je dis « national » car elle déborde largement le mouvement nationaliste — semble être liée à la vie du Québec. Du Saint-Léonard des années 1960 à la Loi 101 des années 1970, à la Loi 178 des années 1980, le Québec français n'a jamais tout à fait abandonné la partie. On le croyait mort, il était simplement endormi, et il s'est éveillé vigoureusement pour se replonger dans une semi-tranquillité, pour resurgir sans doute à nouveau au moment où l'on ne s'y attendait pas vraiment, ou alors lorsqu'il sentira la prochaine menace.

Pour l'heure, deux tendances se dessinent : d'une part, on semble s'accommoder du fait d'avoir limité les dégâts et de n'avoir pas subi le pire ; de l'autre, on constate et on s'inquiète à juste titre des reculs constants subis par le français depuis le jour de l'adoption de la Loi 101, il y a douze ans. Ces reculs, nous les devons aux tribunaux qui se sont appuyés sur l'ancienne constitution, l'Acte de l'Amérique du Nord britannique, puis sur la nouvelle constitution rapatriée. Nous les devons aussi aux décisions gouvernementales, péquistes comme libérales, qui ont, par action ou par omission, laissé les choses se dégrader ou ont carrément consacré les reculs.

Il m'apparaît important de signaler ici que le seul lieu où tous les mouvements progressistes québécois se sont toujours retrouvés, quelles qu'aient été les dissensions qu'ils ont vécues et les rivalités qui les divisaient, c'est le terrain du combat linguistique. Le grand défi du mouvement syndical — et singulièrement de la CEQ — c'est de faire revivre le vaste front national, syndical et populaire, sur une base progressiste et ouverte — que j'oppose au nationalisme frileux et replié — qui rejoigne les communautés culturelles et qui les rejoigne en français et qui les associe, les intègre à l'évolution du Québec français.

LES PERSPECTIVES D'AVENIR

Beaucoup de pain sur la planche en perspective, et toute une côte à remonter. Le contexte est loin d'être facile. On sent pourtant une certaine reprise qui est loin d'être inconditionnelle, mais qui se profile à l'horizon. C'est que le travail en profondeur fait dans le passé a continué à faire son chemin, même s'il a été freiné. On commence à en revenir de cette présumée reprise économique qui fait autant de chômeurs et davantage de pauvres que la crise.

Le mouvement féministe s'est découvert plus vivant et plus influent qu'il ne l'avait été, le mouvement écologique ne cesse de progresser, le mouvement syndical reprend de la vigueur, le mouvement nationaliste surprend par sa vivacité.

Le Québec de la fin des années 1980 s'éveille à des sensibilités nouvelles dont on sentait les signes avant-coureurs depuis un certain temps. Les mouvements sociaux sont aujourd'hui à la croisée des chemins. Ils ont à relever le défi de la modernité, et beaucoup d'entre eux ont commencé à le faire. La recherche est cependant difficile dans une société québécoise en pleine évolution et qui, il faut bien le dire, se cherche aussi elle-même.

Dans cette recherche, les mouvements sociaux devront se souvenir de certaines réalités et y puiser, particulièrement le mouvement syndical, une inspiration et un élan qui sont bien nécessaires.

En premier lieu, ne pas trop craindre, sans la négliger, l'impopularité temporaire et le fait d'être à contre-courant. Dans l'histoire du Québec, celle des trente dernières années comme celle des trente autres qui les ont précédées, aucune lutte sociale n'a jamais été très populaire au moment même où elle s'est menée. La grève de l'amiante n'est devenue un grand mouvement populaire et sa légitimité une évidence que très longtemps après qu'elle ait pris fin. Duplessis n'est devenu synonyme de « grande noirceur » que longtemps après sa mort ; de son vivant, il a battu tous les records de réélection. Les grandes conquêtes sociales ne se font pas dans l'allégresse et dans l'harmonie. Le chemin qui y mène est semé d'embûches et d'incompréhension.

Il faut cependant se rassurer en se disant que l'histoire n'est pas toujours injuste. Ce sont les progrès sociaux, et non les reculs et les coupures, qui font entrer les gens dans l'histoire. On se souviendra du fondateur de l'assurance-maladie, du père de la Loi 101, du parrain du zonage agricole, et l'on attend encore le ministre de l'égalité ou la bâtisseuse du réseau de garderies. Mais on n'a vraiment pas retenu les noms des auteurs des coupures budgétaires, des restrictions de mesures sociales et des pourfendeurs d'assistés sociaux. Je ne prévois pas non plus que c'est demain la veille du jour où un président du Conseil du Trésor entrera dans l'histoire.

C'est un fait indiscutable, ce sont les mouvements sociaux qui font progresser les sociétés et ces dernières, même si elles l'oublient parfois, finissent toujours par s'en souvenir.

En second lieu, la pérennité du mouvement syndical. Je ne dis pas cela parce que je suis une syndicaliste ou une présidente de centrale. Je le dis parce que sur l'échiquier social québécois, au début des années 1990, il y a certes un mouvement féministe, un mouvement écologique, des mouvements de jeunes, des mouvements populaires, des mouvements nationalistes. Ils ont tous des affinités et se rapprochent plus ou moins les uns des autres. Ils connaissent des remontées et des succès, ils connaissent aussi des reculs. Mais ils se consacrent à une seule cause.

Le mouvement syndical, pour sa part, en plus d'être un acteur majeur dans la détermination des conditions de travail et de vie de ses membres, exerce également une influence considérable sur l'évolution de la société. Sa capacité d'intégrer l'ensemble des luttes sociales, dans la mesure où il a la volonté de le faire, lui donne certes des responsabilités accrues, mais aussi une pérennité qui élargit sa zone d'influence bien au-delà des négociations des conventions collectives. Et tant les employeurs que les gouvernements, pour peu qu'ils soient le moindrement honnêtes et lucides, savent pertinemment qu'un mouvement syndical dynamique et vigoureux est un atout indiscutable pour une société. Les gouvernements peuvent ne pas l'admettre bien fort — sauf quand le parti est dans l'opposition —, aucun patron ne veut peut-être l'admettre en public, mais est-ce vraiment nécessaire ?

En troisième lieu, la capacité d'évolution et de compréhension qui finit par traverser toutes les sociétés. Partout dans le monde, les sociétés s'éveillent. Elles tendent, malgré des revers plus ou moins longs, malgré toutes les oppressions les plus antisociales, vers une plus grande égalité et une plus grande liberté. Pour autant que l'on puisse en juger à long terme, les sociétés progressent et nous ne faisons pas exception.

En trente ans, le Québec a progressé, mais de manière non constante. Il a aussi reculé au cours des dernières années. À l'orée des années 1990, alors que les Québécoises et les Québécois semblent d'une certaine manière s'éloigner de l'action politique partisane, le défi qui se pose à travers les différents mouvements sociaux qui progressent, chacun dans son secteur, est de nous donner tous ensemble un projet collectif englobant, une vision et des perspectives d'avenir qui puissent être rassemblantes et mobilisantes.

Emploi, langue, qualité de vie, éducation, santé, culture, loisirs, égalité, autant de projets à faire converger pour des lendemains meilleurs.

Y a-t-il une voie québécoise vers le plein emploi?
Les transformations majeures de l'économie québécoise et leur incidence sur la société

Pierre Fortin

Par comparaison au reste de l'Amérique du Nord, l'économie du Québec a manifesté depuis vingt-cinq ans une capacité impressionnante de s'adapter et de combler le retard de productivité qu'elle accusait au milieu des années 1960. En proportion du nombre de personnes que nous employons, notre revenu national a crû à un rythme plus rapide que dans le reste du continent. Par exemple, en 1966, le revenu intérieur brut québécois par personne employée, mesure de notre productivité globale, s'établissait à 32 050 $, ce qui équivalait à 85 % du niveau observé en Ontario. Or, en 1988, la même mesure de productivité atteignait 48 040 $, soit 50 % de plus, et 94 % du niveau ontarien [1]. Compte tenu que l'économie voisine est l'une des économies régionales les plus performantes de toute l'Amérique du Nord, le critère de comparaison est l'un des plus rigoureux qu'on puisse employer à cet égard. Le rendement de l'économie québécoise sous l'angle de la productivité paraît d'autant plus remarquable.

Que notre économie réalise peu à peu le dessein de modernisation des artisans de la Révolution tranquille, et ce dans un contexte national et international passablement agité, constitue une excellente preuve de la vitalité de notre société et de la capacité d'adaptation de ses institutions. Nous étions, il y a trente ans, un peuple pauvre et illettré. Économiquement et culturellement, nous nous sommes instruits et nous nous sommes enrichis. Nos bricoleurs sont devenus des professionnels hautement qualifiés, nos coureurs de bois des chefs d'entreprises sans frontières. Notre progrès futur exige maintenant que nous accordions une attention soutenue à la *qualité* du développement. Celle de l'éducation et de la formation, celle de l'instrumentation technologique, celle de l'environnement physique et humain. Mais, globalement, si on s'attache plus aux tendances qu'aux inévitables difficultés à court terme, tout cela est bien parti.

LE DÉFI DE L'EMPLOI RESTE À RELEVER

Il nous reste cependant un grand défi à relever : celui de l'emploi. Notre économie enrichit ceux qu'elle emploie, mais elle est loin d'employer tous ceux qui pourraient travailler. Si notre productivité a rattrapé peu à peu celle de l'Amérique du Nord, notre position relative sur le plan de l'emploi, quant à elle, s'est grandement détériorée depuis vingt-cinq ans.

En 1966, il y avait au Québec un peu plus de 2 millions d'emplois, soit 537 par 1 000 personnes en âge de travailler (15 ans ou plus). En 1989, un peu plus de 3 millions de postes étaient disponibles, ou 581 par 1 000 personnes en âge de travailler. En elle-même, l'augmentation de 537 à 581 n'a rien de surprenant. Elle a été observée dans toutes les sociétés industrielles et découle principalement de la poussée universelle du travail féminin à l'extérieur du foyer. Il est donc plus révélateur de comparer, encore une fois, l'évolution québécoise à l'évolution ontarienne [2]. Or, pendant que notre taux d'emploi passait ainsi de 537 à 581 par 1 000 personnes en âge de travailler, le taux ontarien correspondant grimpait, lui, de 582 à 663. Loin de se combler, le fossé s'est considérablement élargi. Même en corrigeant les chiffres pour l'écart de population entre les deux provinces, il appert que l'économie québécoise n'engendrait pas plus d'emplois en 1989 que l'économie ontarienne en 1966.

La figure 1 permet de constater que le retard d'emploi du Québec par rapport à l'Ontario s'est surtout accentué entre 1967 et 1981 : de 45 emplois en 1967, il est passé à 66 emplois en 1976 et à 81 en 1981. Il s'est stabilisé à ce dernier niveau après avoir touché passagèrement les

FIGURE 1

**Écart Ontario-Québec dans le nombre d'emplois
par 1 000 personnes de 15 ans ou plus, 1966-1989**

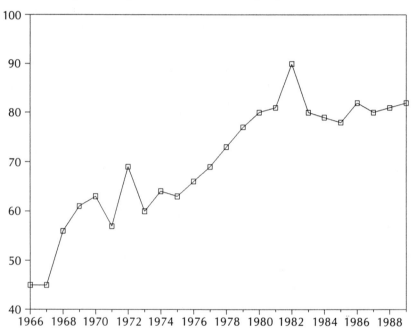

Source : Statistique Canada, publication 71-201.

90 emplois lors du creux conjoncturel de 1982. La seule bonne nouvelle est donc qu'au cours de la dernière décennie la situation a cessé d'empirer.

Il importe de bien mesurer la dimension du problème québécois. Pour qu'en 1989 la situation ait été la même au Québec qu'en Ontario, il aurait fallu 428 000 emplois supplémentaires, soit 14 % de plus. Ce chiffre équivaut à la somme de tous les emplois créés au Québec pendant la décennie 1980. Pour rattraper l'Ontario d'ici l'an 2000, il faudrait précisément que nous doublions d'ici là notre rythme annuel moyen de création d'emploi (à supposer que celui de l'Ontario demeure inchangé). Il s'agit évidemment d'une énorme commande.

On peut décomposer l'écart d'emploi de 14 % par rapport à l'Ontario en deux parties complémentaires. D'une part, en 1989, 9 % plus d'Ontariens que de Québécois étaient attirés par le marché de l'emploi et faisaient ainsi partie de la population « active ». En d'autres mots, le taux d'activité était sensiblement plus faible au Québec (64 %) qu'en Ontario (70 %). D'autre part, parmi les Ontariens qui voulaient travailler, 4,5 % de plus qu'au Québec occupaient effectivement un emploi. Le taux de chômage était donc plus élevé au Québec (9,3 %) qu'en Ontario (5,1 %) [3].

Il s'ensuit que l'écart d'emploi entre les deux provinces n'est pas, comme on le croit généralement, seulement dû au chômage plus élevé au Québec. Cela ne constitue en fait que 40 % du problème. Il provient surtout (à 60 %) de l'extraordinaire sous-utilisation des ressources humaines que représente, par comparaison au reste de l'Amérique du Nord, un taux d'activité aussi bas que celui qui est observé chez nous. C'est principalement parce que le marché du travail québécois est très anémique qu'il ne réussit à attirer qu'un aussi faible pourcentage de sa population adulte, et notamment que les Québécoises entrent dans la population active avec un retard aussi important sur les Ontariennes [4].

Le retard de 82 emplois par 1 000 personnes en âge de travailler (14 %) observé en 1989 pour la comparaison globale Québec-Ontario masque en effet une incidence fort inégale du sous-emploi d'un groupe démographique à l'autre. Si pour les hommes québécois de vingt-cinq ans ou plus le retard par rapport à l'Ontario n'était « que » de 54 emplois par 1 000 personnes (écart de 8 %), pour les femmes québécoises de cette catégorie d'âge et pour les jeunes de 15 à 24 ans il atteignait respectivement 92 et 94 emplois (écart de 20 %).

La montée du sous-emploi au Québec depuis vingt-cinq ans présente aujourd'hui une facture astronomique pour notre société sur le plan financier et, peut-être surtout, sur le plan humain. Près de 25 milliards de dollars de production et de revenu national sont perdus chaque année en salaires qui ne sont pas versés, en profits qui ne sont pas réalisés, en impôts sociaux dont le seul objet est de répartir le fardeau de la dépendance [5]. Notre taux de pauvreté est maintenant le plus élevé des cinq régions du Canada [6]. Des pathologies physiques, mentales et sociales de toutes sortes se sont propagées dans les couches de la population qui sont réduites à l'inactivité [7]. Des régions rurales et des quartiers urbains en dépérissement accéléré perdent leur population jeune au profit des régions et des quartiers en croissance [8]. Au moment même où notre démographie est en chute libre, notre capacité globale d'attraction et de rétention des immigrants et des jeunes Québécois eux-mêmes est l'une des plus faibles d'Amérique du Nord.

POURQUOI L'EMPLOI S'EST-IL DÉTÉRIORÉ DEPUIS 1966?

La médiocrité de notre rendement absolu et relatif sur le plan de l'emploi soulève naturellement deux questions : (1) qu'est-ce qui explique la détérioration observée depuis 1966, et (2) comment le Québec peut-il retrouver la voie du plein emploi? Bien évidemment, la réponse à la seconde question dépend de la réponse à la première.

Toute explication de la hausse tendancielle du chômage au Québec doit être confrontée au paradoxe suivant qu'illustre le graphique de la figure 2. On s'attend généralement à ce que le nombre de chômeurs à la recherche d'emploi varie dans la direction opposée au nombre de postes d'emploi vacants et offerts. Car, lorsque la conjoncture économique s'améliore, il y a moins de chômeurs et plus d'emplois disponibles ; et, lorsqu'elle se détériore, plus de chômeurs et moins d'emplois disponibles. Cette relation à pente négative entre le taux de chômage et le taux d'offre d'emploi s'observe aisément sur le graphique, par exemple pour les années 1979 à 1989. Force est cependant de constater qu'entre la fin des années 1960 et la fin des années 1970 la relation en question a connu une dérive très prononcée vers des combinaisons de moins en moins favorables de chômage et d'offre d'emploi.

L'importance quantitative de la détérioration est facile à visualiser sur le graphique. Grosso modo, depuis 1979, un taux donné d'offre d'emploi est associé à un taux de chômage qui est plus élevé de 6,5 unités de pourcentage qu'en 1966. La dérive fut de 1,5 unité de 1966-1968 à 1969-1971, de 1,7 unité supplémentaire de 1969-1971 à 1972-1974 et encore de 3,3 autres unités de 1972-1974 à 1975-1978. La situation a heureusement cessé de se détériorer par la suite. On peut maintenant se retrouver, comme en 1988 et en 1989, dans une situation

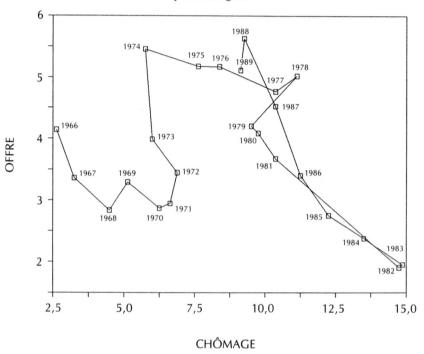

FIGURE 2

**Relation chômage-offre d'emploi au Québec, 1966-1989
(pourcentages)**

CHÔMAGE

Source : Statistique Canada, publications 71-201 et 71-204.

où, paradoxalement, le nombre de chômeurs et le nombre d'emplois offerts sont en proportion tous les deux beaucoup plus élevés qu'en 1966. Cela permet à d'aucuns d'affirmer que la conjoncture de l'emploi au Québec est fort préoccupante, et à d'autres de prétendre, au contraire, qu'elle n'a jamais été aussi bonne.

L'arrimage entre les emplois offerts et les travailleurs disponibles s'effectue donc beaucoup plus difficilement aujourd'hui qu'au milieu des années 1960. Pourquoi ? Quatre conjectures principales ont été avancées pour expliquer la hausse du chômage « structurel » au Québec de 1966 à 1979 et sa persistance dans les années 1980.

Des salaires excessifs ?

La première repose sur le comportement des salaires, qui seraient trop élevés à la fois dans l'absolu et par comparaison aux salaires ontariens. Pendant la période qui s'étend de l'année préparatoire à Expo 67 aux années suivant les Jeux olympiques de Montréal, nous nous serions offert un pique-nique salarial « non stop ». Le réalisme des années 1980 aurait empêché la situation de se détériorer encore plus, mais n'aurait pas réussi à corriger le mal déjà fait. Nous souffririons encore aujourd'hui des salaires et des conditions de travail « olympiques » que nous nous serions accordés entre 1966 et 1979, notamment dans le secteur public et dans l'industrie de la construction, où les gouvernements ont permis l'établissement d'une très forte concentration de pouvoir syndical.

L'effet de « locomotive » aurait bénéficié aux travailleurs qualifiés ou protégés de ces deux secteurs et à ceux d'autres secteurs, forcés, concurrence oblige, de les imiter. On les a appelés les « vrais », ou les « nouvelles classes ». Mais l'engin aurait perdu en route des wagons entiers de travailleurs peu qualifiés ou mal protégés, pour qui les standards négociés étaient complètement irréalistes. Ces travailleurs seraient alors devenus chômeurs chroniques ou intermittents. Grandmaison les a appelés les « tiers » ; le Conseil des affaires sociales, lui, a parlé de « deux Québec dans un ».

Selon cette optique, le haut rendement de l'économie québécoise sur le plan de la productivité ne serait pas une évolution dont il faudrait se réjouir, mais plutôt un effet pervers. Il découlerait du niveau exorbitant des salaires, qui entraînerait l'exclusion des travailleurs à faible productivité du circuit économique normal. En somme, ce ne serait pas un niveau intrinsèquement élevé de productivité qui nous permettrait de nous payer des salaires élevés ; ce serait plutôt, à l'inverse, le niveau artificiellement élevé de nos salaires qui inciterait les entreprises et les gouvernements à exclure de l'embauche tous ceux dont la productivité ne justifierait pas le salaire correspondant, ou qui ne bénéficieraient pas déjà de protection institutionnelle.

Qu'en est-il dans les faits ? De 1966 à 1979, les salaires dans le secteur public et dans l'industrie de la construction ont effectivement progressé beaucoup plus rapidement que dans les autres secteurs au Québec et dans les secteurs correspondants en Ontario. Dans le public, la parité avec l'Ontario (ou mieux) fut atteinte en 1979, comblant, depuis 1966, un retard de 12 %. Dans la construction, le salaire québécois moyen finit par dépasser de 7 % le salaire ontarien moyen, après lui avoir été inférieur de 4 % quinze ans auparavant. Les années 1980 ont simplement maintenu le niveau comparatif des salaires dans les deux secteurs [9].

Quantifier précisément l'impact de ce phénomène sur l'emploi global n'est pas facile. Mais, pour exagérer délibérément les choses, supposons que le changement du rapport de force patronal-syndical dans les deux secteurs mentionnés (25 % de tous les travailleurs québécois) y ait relevé le salaire moyen de 5 %. Faisons encore l'hypothèse, également « tirée par les cheveux », que l'effet de « locomotive » favorable aux salaires des autres secteurs (75 % de la main-d'œuvre) ait été de 2 %. Il s'ensuit alors que le salaire moyen dans l'ensemble de l'économie en serait aujourd'hui plus élevé de 3 %. La réaction négative normale de l'emploi à une telle augmentation de salaire serait alors d'environ 1,5 %. Comme notre écart d'emploi global par rapport à l'Ontario est de 14 %, le salaire excessif causerait, dans les hypothèses prescrites, tout au plus 10 % du problème. Il ne faut pas négliger ce phénomène, mais il faut aussi comprendre que notre déficit d'emploi appelle d'autres explications.

Une démographie et des programmes sociaux débridés ?

La deuxième conjecture sur la hausse du chômage et sa persistance au Québec attribue la difficulté à des facteurs « structurels » comme l'entrée des enfants du baby-boom dans la population active, la féminisation du monde du travail, la hausse du salaire minimum et l'accès plus facile aux prestations d'assurance-chômage. Il faut cependant immédiatement observer à cet égard que, si tous ces phénomènes ont pu faire augmenter le chômage dans les années 1960 et 1970, ils ont dû le faire diminuer dans les années 1980, puisqu'ils ont tous agi en sens inverse depuis une décennie.

Les enfants du baby-boom ont depuis fort longtemps laissé la place à ceux du baby bust. Le groupe des 15-24 ans au Québec fond à un rythme supérieur à 3 % par année. Le taux d'activité féminin continue d'augmenter, mais à un rythme plus modeste qu'il y a quinze ou vingt ans. Le taux de chômage des femmes n'est d'ailleurs pas très différent de celui des hommes. Le salaire minimum, en proportion du salaire moyen, a beaucoup diminué après 1978. Il est revenu près du niveau de 1966. Enfin, depuis le milieu des années 1970, on n'a pas cessé d'accumuler les règlements restreignant l'accès aux prestations d'assurance-chômage. La loi de 1989 ramène cet accès tout près de la norme américaine. Il faut en conclure que l'hypothèse du chômage gonflé par la démographie et les programmes sociaux ne permet pas d'expliquer la persistance du problème jusque dans les années 1990 [10].

La transition vers la modernité et la francité

La troisième conjecture souligne la difficile transition de l'économie québécoise vers la modernité et la francité. Notre économie est depuis vingt-cinq ans en transition des secteurs traditionnels des mines (fer, cuivre, amiante, etc.), de la fabrication (cuir, textile, habillement, etc.) et du transport maritime (suite à l'ouverture de la Voie maritime du Saint-Laurent) vers les secteurs modernes des biens durables (transformation des métaux, matériel de transport, machinerie, produits électriques, etc.) et des services (génie-conseil, informatique, transports, communications, finance, etc.). Par exemple, les secteurs « mous » du cuir, du textile, de la bonnetterie et du vêtement, qui entretenaient 156 000 emplois ou 8 % du total québécois en 1966, n'en soutenaient plus que 95 000 ou 3 % en 1989 [11]. Dans ce cas, la chute de l'emploi a été de 40 % dans l'absolu et de 60 % en proportion du total québécois.

Le chambardement a eu l'effet d'une bombe atomique dans les secteurs et les régions concernés, notamment pour les travailleurs plutôt âgés et faiblement éduqués qui occupaient une grande partie des emplois détruits. Pour eux, le recyclage dans de nouveaux emplois n'a pas toujours été possible ou facile. Au mieux, un chômage transitionnel très important a été engendré. Le phénomène est maintenant familier : d'importants surplus de main-d'œuvre déclassée dans les secteurs traditionnels et les régions périphériques côtoient des pénuries souvent aiguës de main-d'œuvre qualifiée dans les secteurs en expansion et les agglomérations urbaines.

On peut tracer ici un parallèle intéressant avec la situation analogue vécue par les secteurs « mous » de la Nouvelle-Angleterre dans les années 1950 et 1960. On a ainsi vu le taux de chômage du Massachusetts augmenter jusqu'à 2 unités de pourcentage *de plus* que le taux de chômage de l'ensemble des États-Unis entre 1953 et 1973. Cet état américain a eu par la suite la fortune de voir un grand secteur moderne (microélectronique, services informatiques, recherche et développement, etc.) employer les enfants nouvellement éduqués des travailleurs de la génération précédente qui avaient perdu leur emploi traditionnel quelques années plus tôt. En conséquence, le taux de chômage de l'état en 1988 était 2 unités *sous* la moyenne américaine. Le Québec attend encore, pour l'instant, son équivalent de la Route 128.

Par ailleurs, l'exode de l'élite économique anglophone de Montréal a frappé vite et fort entre 1966 et 1980. Le cœur du Québec économique a été soudain vidé de ses ressources humaines les plus dynamiques d'autrefois et a rapidement perdu au profit de Toronto son statut de métropole canadienne. Plusieurs hypothèses ont été avancées pour expliquer ce départ en masse, dont le déplacement général de l'activité économique vers l'ouest du pays et la vitalité « naturelle » de l'Ontario. Mais le malaise culturel ressenti par les anglophones face aux transformations socio-linguistiques vécues par le Québec, dans un contexte où les nouvelles activités dynamiques reposaient sur la communication, les réseaux d'information et le contact personnel (finance, services juridiques, services comptables, génie-conseil, informatique, etc.), m'apparaît une appréciation plus juste du phénomène de l'exode [12].

L'émergence d'un pouvoir économique francophone fort dans le sillage de la révolution de l'éducation et de l'engouement général du Québec français pour les affaires arrive heureusement à point nommé pour remplacer l'élite anglophone disparue. Mais on n'accède à la maturité économique que par un processus évolutif dont la vitesse est beaucoup plus lente que celle de l'exode qu'il faut compenser. Dans l'intervalle, Montréal passe par une douloureuse et difficile phase de restructuration économique et sociale. Elle est loin d'être terminée. Parmi les quinze grandes villes canadiennes de plus de 150 000 habitants, la métropole du Québec est soumise au taux de chômage le plus élevé (9,2 % en 1989) ; elle conservera sans doute cette palme pour quelque temps encore.

Lutter contre l'inflation en créant du chômage

La quatrième et dernière conjecture proposée pour expliquer la malheureuse évolution du chômage au Québec depuis 1966 stigmatise le désengagement collectif de la poursuite du plein emploi comme objectif central de la politique macroéconomique canadienne. Le glissement découlerait de la gestion monétaire très restrictive de l'économie qui a été appliquée à répétition pour combattre la suite de perturbations inflationnistes qui s'est abattue sur le pays depuis vingt ans. Cette orientation de la politique canadienne aurait ainsi engendré une dégradation progressive et quasi permanente de « l'employabilité » de larges couches de la population.

FIGURE 3

Taux annuel d'inflation (IPC) au Canada, 1966-1989
(pourcentages)

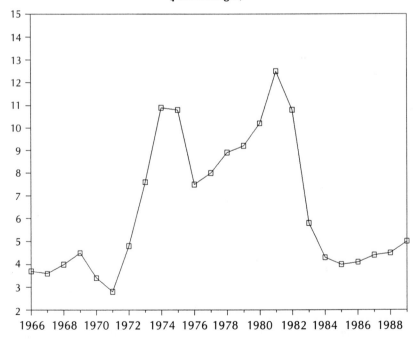

Source : Statistique Canada, publication 62-001.

Nous avons passé le plus clair de notre temps depuis vingt ans à combattre, surtout par des taux d'intérêt élevés, l'inflation issue de la guerre du Vietnam (1966-1972), des multiples hausses des prix des aliments, du pétrole et des autres produits de base (1972-1974 et 1978-1981), ou simplement de la surchauffe économique du moment (1966-1969, 1972-1973 et 1987-1989). La figure 3 résume l'histoire en montagnes russes de l'inflation au Canada depuis 1966.

Comment les taux d'intérêt élevés réussissent-ils à contenir ou à faire diminuer l'inflation ? Dans la mesure où ils gonflent le coût des prêts à la consommation et à l'investissement, ils incitent consommateurs et entreprises à reporter leurs dépenses à plus tard. Les ventes au détail, les achats d'équipement et la construction baissent, la production ralentit, l'emploi diminue et le chômage augmente. Si la médecine est appliquée avec assez de rigueur, elle finit par convaincre entreprises et travailleurs de faire preuve de modération dans les hausses qu'ils appliquent aux prix et aux salaires. C'est la vieille discipline classique : on vainc l'inflation en créant des récessions, des crises financières, des faillites en cascade et du chômage.

La figure 4 présente la trajectoire du chômage au Québec depuis 1966. On y discerne clairement trois phases de détérioration : de 1966 à 1972, de 1974 à 1978 et de 1979 à 1982. Elles correspondent respectivement aux trois périodes de restriction monétaire, contre l'inflation vietnamienne et contre chacun des deux chocs pétroliers. Il est important de noter que les deux reprises intercalées, celle de 1972 à 1974 et de 1978 à 1979, furent brèves et anémiques. Il s'ensuivit que, d'un ralentissement économique au suivant, le taux de chômage maximum atteignit des niveaux successifs de plus en plus élevés : 7,5 % en 1972, 10,9 % en 1978, 13,9 % en 1983.

Les années postérieures à 1983 ont été plus heureuses que celles qui ont suivi 1972 ou 1978 en ce sens que, pendant plusieurs années consécutives, aucune perturbation inflationniste extérieure n'est venue troubler la reprise de l'emploi. Le taux de chômage a donc pu redescendre peu à peu, pour atteindre enfin 9,3 % en 1989. La question qui se pose alors naturellement est la suivante : comment se fait-il qu'on retrouve aujourd'hui la menace d'inflation à ce niveau de chômage, alors que dans les années 1960 la menace ne s'était pas manifestée avant que le taux de chômage n'ait atteint le plancher des 4 % ? En d'autres termes : pourquoi 9 % de chômage faisait-il baisser le taux d'inflation il y a trente ans (en 1961, par exemple) et le fait-il monter aujourd'hui ?

La réponse à cette question est incertaine, mais l'hypothèse la plus plausible semble être que le taux de chômage *structurel*, c'est-à-dire le noyau « dur » de chômage en-dessous duquel l'inflation se met à augmenter, n'est pas indépendant de l'évolution du chômage effectivement observé. Une période prolongée de chômage en hausse comme celle

FIGURE 4

**Taux annuel de chômage au Québec, 1966-1989
(pourcentages)**

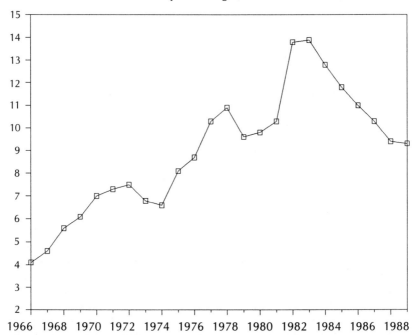

Source : Statistique Canada, publication 71-201.

qui a vu le taux de chômage passer de 4 % en 1966 à 14 % en 1983 engendrerait immanquablement une augmentation du taux de chômage structurel, en piégeant une proportion croissante des travailleurs les plus vulnérables dans un cercle vicieux de chômage chronique, d'emploi instable et de dépendance sociale.

La pénurie d'emplois allonge la fréquence et la durée de leurs périodes de chômage, affecte leur santé physique et mentale, accroît leurs problèmes familiaux et sociaux, attaque leur confiance en eux-mêmes et les pousse au découragement. Ils finissent par s'accommoder de leur dépendance à l'assurance-chômage et à l'aide sociale. Ils deviennent de moins en moins réemployables dans le courant principal du marché de l'emploi. De façon bien compréhensible, en constatant l'état de chômeurs permanents ou intermittents de ces travailleurs, les employeurs se mettent à douter de leurs capacités et deviennent de plus en plus réticents à les embaucher dans des postes d'emploi stables. De plus, pour des raisons historiques, le contingent des travailleurs les plus exposés au cercle vicieux du chômage et de la dépendance est plus élevé au Québec qu'en Ontario. Le Québec a donc été beaucoup plus fortement marqué que l'Ontario par la hausse persistante du chômage dans les dernières décennies.

La signification économique du phénomène est la suivante. À mesure que le taux de chômage augmente et demeure élevé pour quelque raison externe, le système économique transforme une proportion croissante des nouveaux chômeurs, dont l'arrivée exerce une pression naturelle à la baisse sur les salaires et les prix, en chômeurs chroniques ou intermittents qui n'exercent plus de telle pression parce qu'ils ne font à toute fin pratique plus partie du circuit normal de la population active. Cela prend donc un chômage global plus prononcé qu'au départ pour exercer la même pression contre l'inflation.

Le lien entre l'évolution réelle du taux de chômage et celle du noyau structurel de chômage est un phénomène d'hystérésis économique et social. Pour la politique économique, il apporte deux nouvelles, une bonne et une mauvaise. La mauvaise nouvelle est que le coût de la lutte contre l'inflation par la création de récessions et de chômage est beaucoup plus élevé et persistant qu'on le pense encore généralement. Ceux qui croient qu'une hausse temporaire de chômage suffit pour éliminer l'inflation de façon permanente se trompent amèrement. À travers les expériences successives de restriction macroéconomique vécues depuis 1966, c'est le plus souvent la hausse du chômage qui a été permanente et la baisse de l'inflation qui a été temporaire.

La bonne nouvelle est que le phénomène d'hystérésis est symétrique : rien de tel qu'une période prolongée de faible chômage pour faire fondre le noyau dur de l'inactivité, de l'instabilité d'emploi et de la pauvreté. Les États-Unis paraissent d'ailleurs engagés dans ce cercle « vertueux », avec un taux de chômage qu'ils maintiennent aujourd'hui fermement sous la barre des 6 %.

LE PLEIN EMPLOI SANS INFLATION EST-IL À NOTRE PORTÉE ?

Pouvons-nous les imiter ? Oui, mais à la condition expresse de mettre au point une méthode moins bête, plus civilisée et efficace de contenir les pressions inflationnistes qui nous assaillent et qui paraissent plus prononcées ici qu'aux États-Unis [13]. Car si nous adoptons une politique monétaire qui établit et maintient le chômage à un niveau beaucoup plus faible qu'aujourd'hui au Canada, nous nous privons par le fait même du seul instrument flexible dont nous disposons présentement pour nous protéger contre l'accélération de l'inflation. Ce n'est pas que la réduction du taux de chômage, disons de 9 à 6 %, ferait augmenter exagérément le taux d'inflation : elle y ajouterait peut-être 2 unités de pourcentage. Mais nous resterions vulnérables à des perturbations inflationnistes en provenance de l'intérieur (taxes indirectes, prix réglementés, etc.) comme de l'extérieur (prix des produits de base, inflation mondiale, etc.) que notre société ne tolérerait pas longtemps. Il faut donc remplacer la restriction monétaire par un autre instrument de contrôle de l'inflation qui soit socialement acceptable et économiquement efficace.

Quel serait cet instrument ? L'inflation est un jeu décentralisé de saute-mouton des salaires qui courent après les autres salaires et les prix, et des prix qui suivent les autres prix et les salaires. Une fois que les salaires et les prix augmentent annuellement, disons, au rythme généralisé de 10 % par année (sauf là où des changements dans les rapports de salaires et de prix sont requis pour répondre efficacement aux raretés sociales), il est extrêmement difficile de les ramener rapidement à une hausse généralisée de 5 % en protégeant tous les rapports de prix, les pouvoirs d'achat et les perceptions d'équité. Car qui sera prêt à accepter 5 % le premier si 10 % est la norme et que personne ne peut être assuré que sa bonne foi sera imitée par son voisin ? Le contrôle de l'inflation pose, pour cette raison, un problème de coordination extrêmement difficile à résoudre dans une économie comme la nôtre. La désescalade harmonieuse des salaires et des prix est un défi impossible à rencontrer pour une économie de marché libre et décentralisée, laissée à son fonctionnement propre.

Trois solutions s'offrent à nous : la création de chômage, le contrôle direct des salaires et des prix et la concertation entre partenaires sociaux — les trois « c ». La création de chômage, comme on l'a vu, est une méthode qui « marche », mais qui est très coûteuse sur le plan économique et social. Elle ne permet pas la désescalade désirée, synchronisée et sans heurts des salaires et des prix, mais agit plutôt en punissant à qui mieux mieux tous les groupes, et particulièrement les moins puissants. Nous voulons la remplacer. Le contrôle direct des salaires et des prix, comme celui que le Canada a appliqué de 1975 à 1978, « marche » lui aussi [14] et peut s'avérer utile en situation de crise, mais il est douteux que nos concitoyens acceptent son approche plutôt militaire au problème comme moyen *permanent* de lutte contre l'inflation. L'usage prolongé ou récurrent de cette méthode comporte également de graves risques pour le fonctionnement efficient de l'économie de marché à plus long terme.

Ne fût-ce que par élimination, il faut se tourner vers la seule voie qui reste : la concertation entre partenaires sociaux. En échange d'un engagement ferme de l'État à assurer la stabilité de l'économie, à promouvoir la croissance, à établir et à maintenir le plus bas taux de chômage possible et à redresser les inégalités de richesse les plus criantes, les principaux partenaires sociaux (patronat, centrales syndicales, producteurs agricoles, mouvement coopératif et municipalités) s'accorderaient sur une politique de gestion participative de l'économie et s'entendraient chaque année sur une *norme sociale* d'inflation qui serait généralement applicable aux prix et aux salaires, tout en étant assortie d'une indispensable flexibilité au niveau microéconomique. Il n'y a pas de recette magique pour développer et renforcer la confiance mutuelle entre le travail, le capital et le reste de la société qui est absolument essentielle au succès d'une telle entreprise. J'observe cependant que l'esprit communautaire et coopératif a de profondes racines au Québec et que la conjoncture sociale pourrait y être particulièrement favorable au succès de l'expérience, un peu comme au Japon, en Suède, en Autriche et dans d'autres pays qui sont, comme nous, fortement exposés aux échanges internationaux et qui ont emprunté cette voie avec bonheur.

La poursuite de l'excellence internationale en matière de productivité et de compétitivité ne nuirait pas du tout à la concertation et à la détermination de la norme d'inflation, ou vice versa. Au contraire, ces objectifs devraient être parfaitement compatibles et se renforcer mutuellement. Ce serait en effet l'objectif de compétitivité internationale qui définirait lui-même la norme sociale d'inflation. Il suffirait pour cela de retourner à un régime de parité fixe entre le dollar canadien et le dollar américain. La valeur de notre monnaie pourrait s'établir, par exemple, à 75 ou à 80 cents EU. Un tel régime aurait plusieurs avantages, dont celui de rendre claires et stables les comparaisons de coûts entre le Canada et les États-Unis dans le nouveau contexte du libre-échange. C'est l'inflation américaine qui deviendrait alors la norme d'inflation au Canada. Celle-ci s'appliquerait non seulement aux secteurs directement exposés à la concurrence étrangère, mais, sur entente entre les partenaires, à tous les autres secteurs également. La cible poursuivie serait non pas la stabilité complète des prix, comme c'est aujourd'hui le vœu un peu utopique de la Banque du Canada, mais un taux d'inflation inférieur ou, tout au plus, égal au taux d'inflation américain.

Les solutions de rechange à la création de chômage et au contrôle direct des salaires et des prix comme moyens de contenir l'inflation ne courent pas les rues. Le seul autre instrument à notre disposition est une concertation où les partenaires sociaux s'entendraient annuellement sur une norme d'inflation. Dans un régime de parité fixe entre le dollar canadien et le dollar américain, la concurrence internationale imposerait le taux d'inflation américain comme norme naturelle. Si la bonne volonté et la confiance mutuelle sont telles que la norme est suivie dans l'ensemble de l'économie, il deviendra possible pour la politique économique de s'attaquer au chômage excessif que vingt ans de lutte contre l'inflation ont rendu quasi permanent. Toute proposition comporte des risques, mais celle-ci possède deux avantages importants. Premièrement, elle est simple et facile à comprendre. Deuxièmement, si elle réussissait, le taux de chômage québécois pourrait diminuer de plusieurs unités. L'enjeu est tellement important que nous ne pouvons rationnellement nous permettre de ne pas mettre la proposition à l'essai.

RÉSUMÉ

L'économie du Québec est en quelque sorte frappée de schizophrénie. La production par personne employée, ou la productivité, y a crû rapidement depuis vingt-cinq ans. Elle atteint aujourd'hui 94 % de celle de l'Ontario, par comparaison à 85 % en 1966. Mais notre économie est loin d'employer tous ceux qui pourraient travailler. Notre écart d'emploi avec l'Ontario est aujourd'hui de 14 %, alors qu'il n'était que de 8 % en 1966. Notre retard est d'environ 430 000 emplois, soit autant de postes que nous avons créés pendant toutes les années 1980. Le principal défi que doit affronter l'économie québécoise des années 1990 est donc incontestablement celui du relèvement de l'emploi.

Pourquoi la situation de l'emploi s'est-elle tellement détériorée depuis le milieu des années 1960 ? Essentiellement pour trois raisons : une petite, une moyenne et une grosse. La « petite » raison est le niveau excessif des salaires et des conditions de travail que nous nous sommes accordés depuis 1966, surtout dans le secteur public et dans l'industrie de la construction, où l'on a permis l'établissement d'une importante concentration de pouvoir syndical. Un calcul simple me porte à estimer la perte d'emplois qui en découlerait à 45 000 tout au plus. Sans minimiser ce chiffre, il faut admettre qu'il ne représente que 10 % du déficit d'emploi actuel du Québec par rapport à la province voisine.

La « moyenne » raison est la difficile transition de l'économie québécoise vers la modernité et la francité qui est engagée depuis vingt-cinq ans. De grands pans de nos secteurs économiques traditionnels sont disparus, dans les mines, la fabrication et les services. Les secteurs « mous » de la fabrication, par exemple, ont essuyé une baisse d'emploi de 40 % depuis 1966. Les vieux employés des industries et des régions frappées en subissent un chômage transitionnel de longue durée, pendant que les secteurs modernes de la fabrication de bien durables et des services aux entreprises sont aux prises avec des pénuries souvent aiguës de main-d'œuvre qualifiée. Le Québec paraît reproduire, avec quinze ans de retard, l'expérience antérieurement vécue par la Nouvelle-Angleterre.

En même temps, le Québec subit depuis 1966 le contrecoup de l'exode massif de l'élite économique anglophone de Montréal, qui a sans doute ressenti un malaise culturel important face aux transformations socio-linguistiques que nous avons vécues depuis le milieu des années

1950. Montréal a ainsi perdu son statut de métropole du Canada au profit de Toronto. L'émergence du pouvoir économique francophone est réelle et durable, mais sa vitesse d'occurrence ne peut empêcher Montréal de présenter, pour l'instant, la plus grande concentration de chômage et de pauvreté parmi les grandes villes du Canada.

La « grande » raison de la détérioration absolue et relative de l'emploi au Québec depuis vingt-cinq ans repose sur la gestion monétaire très restrictive qui a été appliquée depuis vingt ans pour combattre ou prévenir l'inflation et qui a engendré un chômage croissant. Un nombre fort important de travailleurs particulièrement vulnérables, beaucoup plus au Québec qu'en Ontario, ont ainsi été piégés dans le cercle vicieux du chômage chronique, de l'emploi instable et de la dépendance sociale. La dégradation de leur « employabilité » a fait sensiblement augmenter le chômage structurel, de sorte que les pressions inflationnistes se font aujourd'hui sentir à un niveau de chômage bien plus élevé (9 %) qu'autrefois (4 %).

Y a-t-il des solutions au problème de l'emploi qui pourraient être appliquées à brève échéance ? La manière logique d'aborder le problème consiste à s'attaquer résolument aux trois sources de chômage élevé qui viennent d'être énumérées. Il faut, en premier lieu, limiter l'exercice du pouvoir économique excessif que détiennent certains groupes de producteurs et de salariés dans la détermination des prix et des salaires. Il faut, en deuxième lieu, continuer d'encourager la modernisation et la compétitivité de l'économie et accélérer sa prise en charge par les nouvelles générations d'entrepreneurs québécois. Et il faut, en troisième lieu, remplacer la création de récessions, de crises financières, de faillites en cascade et de chômage comme outil privilégié de contrôle de l'inflation par une méthode moins bête, plus civilisée et efficace pour atteindre le même objectif.

Sur ce dernier point, observons qu'il est techniquement possible de faire fondre peu à peu le « noyau dur » du chômage en maintenant de manière persistante le taux de chômage sous son niveau structurel courant (peut-être 9 %) au moyen d'un relâchement de la contraction monétaire actuelle. Le taux de chômage structurel finira en effet par se conformer au taux de chômage effectivement réalisé. Mais si on ne laisse plus le chômage augmenter pour servir de harpon contre l'inflation, qui donc remplacera le gouverneur de la Banque du Canada comme chien de garde de la stabilité des prix quand de nouvelles secousses inflationnistes frapperont ?

Si on exclut le contrôle « militaire » direct des salaires et des prix, qui ne serait socialement et économiquement acceptable qu'en situation d'urgence, le seul instrument qui pourrait mettre l'inflation en échec de manière efficace et permanente est une espèce de norme sociale d'inflation qui serait fondée sur une entente annuelle entre les grands partenaires économiques du Québec. Si on ramenait le taux de change du dollar canadien à une parité fixe de 75 ou 80 cents EU, la norme naturelle à adopter serait la tendance de l'inflation aux États-Unis. Ce serait simple et facile à comprendre pour tous les agents de l'économie et, si l'expérience réussissait, le plein emploi sans inflation serait à notre portée.

NOTES

1. Les deux chiffres sont rapportés en dollars constants de 1988 afin d'éliminer l'effet de l'inflation. Source : Statistique Canada, publications 13-213 et 71-201.

2. Une comparaison avec l'évolution américaine donnerait les mêmes résultats.

3. De 1966 à 1989, les deux facteurs ont contribué à la détérioration de la situation relative du Québec : les écarts entre les taux d'activité et entre les taux de chômage québécois et ontariens ont tous les deux augmenté.

4. En 1988, le taux d'activité des Québécoises était de 53 % ; celui des Ontariennes, de 61 %. Il est facile d'observer que, d'une province canadienne à l'autre et d'un état américain à l'autre, le taux d'activité féminin varie en raison directe du niveau du chômage.

5. En 1990, notre produit intérieur brut sera d'environ 165 milliards de dollars. S'il était plus élevé de 14 %, il toucherait les 188 milliards de dollars, soit 23 milliards de dollars de plus.

6. En 1988, 13,5 % des familles québécoises avaient un revenu inférieur au seuil de faible revenu calculé par Statistique Canada (publication 13-207). La proportion correspondante était de 12,5 % dans les provinces de l'Atlantique, 7,5 % en Ontario, 11,5 % dans les provinces des Prairies et 10,1 % en Colombie-Britannique. Il est vrai que le sous-emploi est encore plus prononcé dans l'Atlantique qu'au Québec. À la fin de 1989, on ne trouvait là-bas que 516 emplois par 1 000 personnes en âge de travailler, par comparaison à 580 au Québec. Mais la pauvreté québécoise est plus concentrée dans les villes, où le coût de la vie et, partant, les seuils de faible revenu sont sensiblement plus élevés que dans les régions rurales.

7. Pour une introduction à l'étroite relation entre le milieu socio-économique et la santé, on consultera Ginette Paquet, *Santé et inégalités sociales*, Institut québécois de recherche sur la culture, Québec, 1989, chapitre 1. Une étude particulièrement révélatrice des conséquences du chômage sur la santé physique et mentale des travailleurs montréalais est celle de Francine Mayer et Paul-Martel Roy, « La relation chômage-santé : une étude longitudinale », Cahier de recherche 8802, Laboratoire de recherche sur l'emploi, la répartition et la sécurité du revenu, Université du Québec à Montréal, 1988.

8. Cette dimension géo-démographique du problème a été récemment soulignée par le Conseil des affaires sociales dans son étude intitulée *Deux Québec dans un*, Gaëtan Morin éditeur, Boucherville, 1989.

9. Les sources des données sont les publications 72-002, 72-005 et 72-008 de Statistique Canada.

10. J'ai tenté de quantifier l'inversion des causes mentionnées dans l'article « How 'natural' is Canada's high unemployment rate ? » *European Economic Review* 33, janvier 1989, pp. 89-110.

11. Source : Statistique Canada, publication 72-002.

12. Mario Polèse, « La thèse du déclin économique de Montréal, revue et corrigée », *L'Actualité économique* 66, juin 1990. (À paraître).

13. Le taux d'inflation au Canada depuis 1973 a été en moyenne supérieur de 1 % par année au taux d'inflation américain correspondant, et ce malgré un taux de chômage moyen plus élevé de ce côté-ci de la frontière. C'est d'ailleurs, en longue période, la raison principale de l'importante dépréciation qu'a subie le dollar canadien par rapport à l'américain depuis lors, soit de 1,00 dollar EU à 85 cents EU.

14. La dizaine d'études quantitatives de l'effet désinflationniste du contrôle de 1975-1978 confirment que celui-ci aurait fait diminuer le taux d'inflation de 4 à 6 unités de pourcentage à l'époque. Dans leur livre intitulé *Controlling Inflation* (Canadian Institute for Economic Policy, Toronto, 1982, p. 14-27), Clarence Barber et John McCallum expliquent les raisons du succès canadien, après l'échec retentissant du contrôle nixonien de 1971-1974 aux États-Unis. Ces auteurs font justement remarquer que c'est surtout la garantie d'équité des normes imposées qui a rendu l'expérience acceptable et efficace au Canada.

Sous-développement
et développement régional?

Clermont Dugas

INTRODUCTION

Depuis maintenant près de trente ans le Québec, comme le Canada et de nombreux pays industrialisés, investit argent et énergies dans le développement régional. Bien que des améliorations sensibles aient été apportées à de nombreux aspects de l'organisation de l'espace et de la vie socio-économique, il reste encore beaucoup à faire et de profondes disparités continuent à démarquer l'espace habité du Québec. La situation est telle qu'on est légitimé de se demander si on a emprunté les bonnes voies de développement. La question apparaît d'autant plus pertinente quand on considère que les principaux changements dans les régions à problèmes résultent apparemment davantage de l'application des politiques générales du gouvernement et des retombées de la croissance globale que des interventions particulières de développement.

Le concept de développement régional a toujours eu un contenu imprécis, changeant, lié aux principales idéologies à la mode et laissant place à de nombreuses interprétations. Il a aussi entraîné une multiplicité de stratégies d'intervention. Il s'applique en outre à des régions qui peuvent prendre toutes sortes de dimensions allant du quartier urbain au regroupement de provinces. Pour leur part les stratégies et programmations peuvent aussi bien être orientées vers la lutte à la pauvreté et aux disparités que vers une croissance économique porteuse d'inégalités.

S'il est facile d'identifier des disparités, il est souvent plus difficile d'en mesurer la dimension et la portée. Il peut être également difficile de les interpréter comme des formes de sous-développement. Tout est question d'indicateurs, de seuils, d'échelles d'analyse, de méthodologie, de contextes d'intervention, de classification, de pondération, de perception et d'interprétations.

À partir des variables de revenu et de population qui synthétisent de nombreux aspects de la réalité socio-économique, je vais tenter de donner un aperçu de la configuration actuelle des principales disparités et de certaines de leurs interrelations avec le milieu physique et la structure de peuplement. Étant donné que la lecture des disparités territoriales varie en fonction de la dimension de la base d'analyse, je procéderai en considérant diverses échelles de mesure de façon à mieux mettre en évidence certaines interrelations et divers éléments de localisation. J'utiliserai donc successivement ici la région administrative, la municipalité régionale de comté et la municipalité et je ferai également référence à la division de recensement. Mais auparavant, comme on ne peut faire abstraction des divers moyens mis en œuvre pour combattre les inégalités et le sous-développement, je vais faire un bref rappel des principales étapes du processus de développement qui a cours au Québec depuis 1960.

LES PRINCIPALES ÉTAPES DU PROCESSUS DE DÉVELOPPEMENT PLANIFIÉ

L'approche qui prévaut maintenant en matière de développement régional découle d'un long cheminement marqué de constantes réorientations coiffées d'une grande diversité de thématiques au pouvoir plus ou moins mobilisateur. Il est possible de découper le processus en quatre grandes étapes. Les années de transition sont approximatives puisque les changements se sont opérés graduellement dans le prolongement des étapes antérieures. Elles correspondent à peu près à des changements de gouvernement provincial. Chaque étape amène de nouveaux processus d'intervention et marque aussi une modification de l'attitude de l'État vis-à-vis les secteurs les plus démunis.

La première étape va de 1960 à 1970 et est surtout celle de la planification technocratique et de la participation structurée. C'est à l'intérieur de cette période que s'inscrivent l'expérience du BAEQ, la formation des premiers CRD et la création de l'OPDQ et du MEER. On attribue alors à la planification des vertus extraordinaires et le développement régional est vu surtout comme une affaire de spécialistes. L'animation populaire est aussi à la mode. Le secteur rural est un milieu privilégié d'intervention et, la restructuration du tissu de peuplement, un objet de préoccupation.

La deuxième étape, qui va de 1970 à 1976, est celle du développement des secteurs les plus productifs, du développement communautaire et de la prise en main. L'idéologie marxiste inspire plusieurs intervenants et la revendication régionaliste est à l'honneur. Au niveau gouvernemental, la préoccupation de lutte aux disparités régionales est remplacée par le souci de stimuler la croissance économique de la province et de renforcer la position concurrentielle de Montréal par rapport à Toronto. De nombreux groupes d'individus, particulièrement en milieu rural, s'impliquent dans des organismes de gestion en commun et de revendication populaire. Dans l'Est-du-Québec les Opérations-Dignité sont fort actives.

La troisième période s'étend de 1976 à 1985 et peut être identifiée comme celle des dynamismes régionaux et de la concertation. Sentiment d'appartenance, territorialité et autogestion articulent, aussi, bien des discours. La responsabilité du développement régional est en quelque sorte remise aux résidents des régions qui sont particulièrement invités à développer la petite et moyenne entreprise. C'est une période de forts tiraillements entre Québec et Ottawa qui contribue à accroître l'incohérence au niveau des interventions. La création de la loi sur l'aménagement et l'urbanisme, en 1978, aide à mieux situer le rôle de l'aménagement physique de l'espace en regard du développement économique et entraîne la formation des MRC qui constituent un nouveau cadrage fort prometteur non seulement pour l'aménagement mais aussi pour le développement.

La quatrième phase en cours et qui s'est amorcée vers 1985 pourrait être considérée comme celle de la libre entreprise et du développement technologique. La création d'emplois et la rentabilité économique subordonnent pratiquement toutes les interventions en matière de développement. Les représentants du monde des affaires et des principaux centres de services occupent en force les organismes de participation et de concertation. Une bonne partie de leur énergie est canalisée vers l'organisation et le suivi de sommets économiques où la notion de développement régional a pris un sens très extensif. Les tensions entre les gouvernements fédéral et provincial se sont atténuées mais sans qu'il y ait d'harmonisation réelle au plan des interventions. Le monde rural est plus marginalisé que jamais au niveau des préoccupations de développement, les nouvelles programmations étant plutôt axées sur la croissance économique que sur la résorption des inégalités.

LES DISPARITÉS DE REVENUS

Vu sous l'angle des 16 régions administratives, l'écart de revenu familial moyen en 1986 se situe entre 78 % de la moyenne québécoise pour la région Gaspésie—Îles-de-la-Madeleine et 115,1 % pour celle de Laval. Cet écart de 37 points entre la région la plus riche et la plus pauvre témoigne d'une réduction de 6 points par rapport à 1971, mais d'une augmentation de 7 points par rapport à 1981. L'essentiel du changement provient des fluctuations du revenu dans la région de la Gaspésie—Îles-de-la-Madeleine. Tout en demeurant constamment la plus défavorisée, elle encaisse aussi les plus fortes variations, ce qui illustre sa grande dépendance de l'évolution de la conjoncture. Ce sont d'ailleurs les régions disposant de structures spatiales et économiques apparentées qui connaissent les autres variations les plus importantes. C'est particulièrement le cas de la Côte-Nord, du Nouveau-Québec et de l'Abitibi—Témiscamingue.

Les cinq régions à se maintenir au-dessus de la moyenne québécoise en 1986 sont les plus urbanisées de la province. Exception faite de la région de Québec, ce sont aussi celles qui ont vu leur écart positif à la moyenne augmenter de façon constante depuis 1971 étant vraisemblablement les plus importantes bénéficiaires de la croissance économique du Québec. Elles forment un bloc contigu englobant et même débordant la grande région métropolitaine de Montréal. Les deux régions les plus pauvres demeurent, depuis des décennies, la Gaspésie—Îles-de-la-Madeleine et le Bas-Saint-Laurent, et ce, en dépit des travaux du BAEQ et des divers programmes de développement régional qu'elles ont connus. Les disparités régionales de revenus ont beaucoup évolué en quinze ans, mais dans une accentuation des déséquilibres entre régions centrales et régions périphériques.

Pour mieux voir la pénétration des disparités dans l'ensemble du tissu de peuplement québécois et pour mieux en mesurer l'ampleur, il convient de rétrécir quelque peu l'échelle d'analyse de façon à éliminer l'effet masquant des villes sur les espaces qu'elles ne dynamisent pas. Les territoires des municipalités régionales de comté (MRC), correspondant pour la plupart à autant de petites régions fonctionnelles gravitant autour du ou des principaux centres de service, conviennent bien pour une telle approche.

On dénombre, en 1986, 28 MRC contenant un peu plus d'un demi-million de personnes dont le revenu moyen est inférieur à 80 % de la moyenne québécoise. Un tel revenu traduit de sérieux problèmes économiques et sociaux. Ces MRC se localisent en majeure partie sur les terres ondulées des Appalaches et du Bouclier laurentien. Outre 9 des 14 MRC de l'Est-du-Québec, il s'agit de 3 MRC de l'Outaouais, de 4 de l'Estrie, de 3 de la région Chaudière-Appalaches, de Maskinongé et Mékinac en Mauricie—Bois-Francs, de Charlevoix, de Témiscamingue, de la Haute-Côte-Nord, et d'Acton, Antoine-Labelle et Matawinie dans les trois grandes régions limitrophes à l'agglomération montréalaise. Dans tous les cas le taux d'urbanisation est excessivement faible et la population se répartit en de nombreuses localités de très petite taille démographique. Il est à noter que la majeure partie de ces MRC se situe à l'extérieur des grandes régions périphériques témoignant justement de l'existence de ces zones plus ou moins marginales occultées par l'effet urbain. En fait, il y a, en 1986, des MRC à bas revenus dans 12 des 16 régions administratives du Québec. Les régions qui n'en ont pas sont le Saguenay—Lac-Saint-Jean, le Nord du Québec, Montréal et Laval, soit deux régions centrales et deux régions périphériques.

Les disparités spatiales évoluent dans le temps comme dans l'espace. Durant la période 1981-1986, la situation a empiré pour la majorité des MRC puisque 50 d'entre elles ont vu leur écart négatif à la moyenne s'agrandir et le nombre de MRC à bas revenus a augmenté de sept. Alors qu'il n'y en avait que trois avec revenu inférieur à 75 % de cette moyenne en 1981, il y en a onze en 1986. Dans plusieurs cas, dont Denis-Riverin en Gaspésie, la chute fut considérable, le revenu passant de 74 % à 63 %

de la moyenne québécoise. Là comme à plusieurs autres endroits, il ne s'agit pas seulement d'un appauvrissement relatif mais bien d'un appauvrissement réel. Denis-Riverin a ainsi enlevé à Témiscouata le titre de la MRC la plus pauvre du Québec. Son revenu correspond à seulement 48 % de celui de Lajemmerais, la MRC la plus riche qui atteint 129 % de la moyenne québécoise. Cette dernière MRC appartient à la zone périurbaine de Montréal où se trouvent ses homologues qui ont accru le plus leur écart positif à la moyenne.

Pour les MRC à problèmes, les bas revenus traduisent de faibles taux d'activité, une forte saisonnalité et instabilité de l'emploi et une activité économique qui s'appuie surtout sur l'exploitation et une première transformation des ressources naturelles. Le pourcentage de main-d'œuvre dans le secteur primaire se situe à 14 % alors qu'il n'est que de 4 % pour le Québec. La proportion de travailleurs dans le secteur secondaire est du même ordre de grandeur que dans l'ensemble de la province, toutefois les emplois y sont plus fragiles, plus saisonniers et moins bien rémunérés. Le secteur tertiaire se limite à une partie des services de première nécessité et offre surtout des emplois précaires, peu spécialisés et à faible niveau de revenu. L'ensemble de la structure économique réagit difficilement aux adaptations et aux reconversions commandées de l'extérieur, particulièrement lorsqu'il faut passer par une importante transition occupationnelle.

Sur la base de ces MRC, on observe à la fois un élargissement considérable des inégalités et une forte différenciation régionale marquée particulièrement par la dichotomie urbain-rural. Il s'agit d'ailleurs d'un rural multifonctionnel où l'activité agricole n'occupe plus qu'une place très limitée. Cette vision du Québec à travers ses MRC contribue donc à mettre en relief le rôle de la structure de peuplement, qui est aussi en quelque sorte un reflet de l'économie. Aux espaces les plus urbanisés correspondent une plus grande diversité d'occupations, une activité économique plus intense et de plus hauts niveaux de revenus.

Bien que recouvrant déjà un très vaste territoire, les 28 MRC à bas revenus n'englobent pas toutes les entités spatiales à économie marginale puisque nombre d'entre elles sont enclavées à l'intérieur de territoires où la situation économique d'ensemble est généralement bonne. Pour les repérer, il faut effectuer l'analyse à l'échelon de la municipalité. C'est d'ailleurs sur cette base que se mesurent certaines des disparités les plus fortes. Ainsi, alors que l'écart maximal de revenu moyen s'établit selon un multiple de deux pour les MRC, il atteint un multiple de douze pour les municipalités. La petite municipalité de La Romaine sur la Basse-Côte-Nord avec 8 068 $ dispose du revenu moyen le plus faible alors qu'Hampstead sur l'île de Montréal avec 99 097 $ bénéficie du plus élevé. Quelle que soit la valeur que l'on accorde au revenu comme indicateur de disparité, un tel écart ne peut faire autrement que représenter des différences très significatives en termes de qualité de vie.

La relation entre le niveau de revenu local et la marginalité socio-économique n'est pas facile à établir puisque cette dernière dépend de tout un environnement dont le revenu n'est qu'une composante. Toutefois, en deçà d'un certain seuil, il devient évident qu'un très bas niveau de revenu local apporte des limitations importantes et des problèmes de diverses natures aux collectivités en cause et à la plupart des individus qui s'y trouvent. En référence à plusieurs analyses antérieures, il semble bien qu'un revenu moyen inférieur à 70 % de la moyenne québécoise constitue un seuil acceptable pour identifier des localités marginales. Un tel revenu implique habituellement un taux d'activité très faible, une proportion de transferts gouvernementaux doublant ou même triplant la moyenne québécoise et habituellement 30 % et plus de familles pauvres.

Comme pour les autres catégories d'entités spatiales, le nombre de localités à bas revenus s'est accru de 1981 à 1986 passant de 314 à 357. Pour sa part, le volume de population concerné a augmenté dans la même période de 195 670 à 282 908. L'aire de dispersion de ces localités est très grande puisqu'elles se répartissent dans 56 des 76 divisions de recensement du Québec. La plus forte concentration se retrouve dans l'Est-du-Québec où on en dénombre 99 soit approximativement le tiers de toutes les municipalités de la région. Avec un total de 19 municipalités marginales, la Matapédia bat le record québécois. Elle est suivie de près par les divisions de Bonaventure avec 17, d'Abitibi et de Saguenay avec chacune 16 et de Rimouski et Labelle avec respectivement 14.

Ces localités illustrent l'existence de très fortes disparités à l'intérieur de la plupart des grandes régions du Québec tout en confirmant d'une façon plus nette le clivage déjà observé entre les secteurs urbanisés et ruraux et tout particulièrement le secteur rural forestier et agro-forestier. Elles forment une zone presque continue à la marge de l'œkoumène. En ce sens leur marginalité économique se double d'une marginalité géographique, car elles sont non seulement à une bonne distance des villes, mais elles sont aussi généralement à l'écart des routes principales. L'éloignement n'est pas la cause directe de leur situation économique, toutefois il contribue vraisemblablement à renforcer les autres facteurs préexistants parmi lesquels se trouvent la petite taille démographique et la faiblesse de l'armature de services. Ces localités ont, en effet, dans la grande majorité des cas, une taille inférieure à 800 habitants.

Cette lecture des disparités en fonction de diverses catégories de bases territoriales n'épuise pas le sujet, puisqu'il existe également d'importantes disparités interpersonnelles, considérées aussi à l'occasion comme disparités sociales, dans toutes les municipalités du Québec y compris les plus riches. D'après Statistique Canada, la seule ville de Montréal contient 21,6 % de toutes les familles à bas revenus du Québec. Cependant, la fréquence des bas niveaux de revenus est beaucoup plus forte sur les territoires identifiés comme marginaux et, de ce fait, affecte davantage l'ensemble des collectivités concernées et même le milieu environnant, se répercutant sur la nature et la qualité des services disponibles, sur la structure occupationnelle, la démographie et l'entrepreneurship.

Si pour un certain nombre de localités la marginalité économique peut être surtout conjoncturelle, pour d'autres, elle est un mal chronique qui semble destiné à durer longtemps. On a pu, en effet, dénombrer une centaine de localités dont le revenu est demeuré inférieur à 70 % de la moyenne québécoise depuis au moins vingt-cinq ans. La persistance à long terme des mêmes problèmes a eu le temps d'exercer une influence profonde sur tous les aspects de la vie socio-économique rendant de ce fait les chances de reprise plus difficiles. Les perspectives d'amélioration sont d'ailleurs d'autant plus sombres qu'il s'agit de milieux de vie de petite taille démographique, isolés, partiellement déstructurés et aux profils d'âge déséquilibrés par le départ des jeunes.

LA DÉMOGRAPHIE

La marginalité économique a habituellement comme corollaire certains problèmes démographiques tels que le vieillissement plus rapide, l'exode des jeunes, la décroissance globale, des taux de masculinité élevés, etc. Toutefois, une observation attentive de la situation qui prévaut depuis quelques décennies dans les milieux à problèmes indique que la question démographique doit être traitée avec beaucoup de circonspection puisque les bas niveaux de revenus ne sont pas partout synonyme de décroissance. Leur relation avec les courants migratoires doit être interprétée avec plusieurs autres variables dont la localisation géographique et le degré de mobilité de la population.

De 1971 à 1986, la population du Québec a augmenté de 8,5 %. Ce pourcentage d'évolution cache de profondes distorsions, calquées sur la structure de peuplement et sur la configuration des disparités territoriales de revenus, contribuant ainsi à renforcer les facteurs de marginalisation des secteurs les plus défavorisés. La différenciation s'est faite tant au plan des régions administratives, des MRC qu'à l'intérieur des MRC.

Les régions administratives limitrophes à Montréal qui bénéficient des plus hauts revenus ont connu une croissance démographique très forte avec des taux de 57 % dans Lanaudière et de 32 % dans les Laurentides et en Montérégie. Pendant ce temps, les cinq régions périphériques ainsi que la Mauricie—Bois-Francs et l'Estrie avaient un taux de croissance inférieur à la moyenne québécoise avec une perte de 3 % en Gaspésie—Îles-de-la-Madeleine et de 0,5 % sur la Côte-Nord. La situation des régions périphériques s'est nettement dégradée durant la période 1981-1986 alors qu'elles ont toutes subi une diminution de population.

L'évolution démographique fut aussi fortement différenciée à l'intérieur de chaque région en fonction surtout de l'armature urbaine et de services. Dans les régions métropolitaines de Québec et de Montréal, les taux d'augmentation des quinze dernières années ont dépassé 40 % dans onze MRC avec des sommets de 154 % dans Les Moulins et 133 % dans Les Chûtes-de-la-Chaudière. En même temps, parmi les 28 MRC à bas revenus, 20 enregistraient une diminution moyenne de 7,9 % de leurs effectifs pour une perte nette de près de 33 000 personnes. Les MRC les plus affectées furent L'Or-Blanc avec une diminution de 19 % et les Basques avec 16 %.

Ces données ne traduisent cependant qu'une partie de la réalité puisque à l'intérieur de chaque MRC, même celles à niveau de revenu relativement élevé, d'importants changements se sont aussi produits en regard de la dichotomie urbain-rural. Par exemple dans la MRC Rimouski-Neigette qui a connu une augmentation globale de 17 %, les sept municipalités de l'arrière-pays ont perdu 18,5 % de leur population pendant que les huit de la zone péri-urbaine bénéficiaient d'une crois-sance de 23,6 %.

Au total plus de la moitié des 1 230 localités de 3 000 habitants et moins ont connu une perte de population entre 1981 et 1986. Le phénomène fut particulièrement accentué, dans les plus petites, les plus éloignées des villes et les plus marginales au plan économique. Parmi les 357 dont le revenu est inférieur à 70 % de la moyenne québécoise, 229 ont vu leurs effectifs diminuer. Le nombre de ces petites localités en croissance ou décroissance fluctue d'ailleurs d'un recensement à l'autre témoignant de leur forte sensiblité aux changements économiques et sociaux.

Le phénomène de dévitalisation associé à la marginalité existe bien, mais dans une certaine mesure seulement. Tout se passe comme si après avoir atteint un seuil minimum suite à une décroissance plus ou moins rapide, la population se stabilisait à un niveau tout juste suffisant pour maintenir l'existence de la communauté. L'enracinement, certains facteurs culturels, les problèmes de déménagement, les coûts de réinstallation, des perspectives peu intéressantes à l'extérieur figurent parmi les princi-paux facteurs de rétention. Toutefois, cette population restante est privée de services de base et doit, de ce fait, supporter des coûts économiques et sociaux de plus en plus élevés pour aller les chercher à l'extérieur. Elle est, de plus, anémiée par le départ de beaucoup de ses éléments dynamiques, particulièrement ses jeunes les plus instruits. La dévitalisation ne conduit donc pas inéluctablement à la fermeture mais, peut-être, à ce qui est pire, à une longue léthargie démobilisatrice et à une atmosphère de morosité et d'incertitude.

Bien que sérieux, dans les localités marginales, l'exode des jeunes ne se limite pas à ces dernières et il affecte des MRC, des régions entières et, en fait, la plus grande partie de l'espace rural québécois. Par exemple, la cohorte des 15 à 19 ans de 1981 a diminué durant les cinq années suivantes selon des pourcentages allant de 22 à 29 % dans les régions périphériques alors qu'elle ne diminuait que de 5,5 % pour l'ensemble de la province et augmentait dans certaines régions urbaines. Dans la MRC de Caniapiscau la diminution a atteint 58 % et elle a dépassé 30 % dans celles de Bonaventure, Denis-Riverin et Témiscamingue.

Dans une période de forte tertiarisation de l'économie et de déve-loppement technologique avancé, les perspectives d'emploi et d'avenir des zones rurales éloignées des villes sont plutôt limitées et ce, même lorsqu'il y a sous-utilisation des ressources naturelles locales ou régionales. De plus, le seul amour de la nature et du pays ne peut compenser pour tout le monde les multiples inconvénients de la distance et de la dispersion. À cela s'ajoute la constante et puissante force d'attraction urbaine. Il s'ensuit donc une forte évolution du tissu de peuplement rural qui se traduit par un affaiblissement généralisé dans les espaces à population dispersée les plus éloignés des villes et un effet de densification dans leur proche périphérie. Toutefois ce dernier mouvement s'est fortement atténué à l'extérieur des grandes régions métropolitaines durant les cinq dernières années, ce qui laisse supposer un ralentissement de la croissance dans les zones urbaines et péri-urbaines.

CONCLUSION

La relation entre la structure de peuplement et les divers problèmes évoqués est partout évidente. Il existe une véritable coupure en termes de niveau et de qualité de vie, d'activités économiques, d'évolution démographique et d'équipements socio-culturels entre le monde urbain et péri-urbain et les vastes espaces à population dispersée situés en marge du champ de polarisation urbain. Or, les stratégies de développement en cours négligent complètement cet aspect important de notre réalité socio-économique. Au contraire, les politiques et les programmes en vigueur concourent plutôt à accentuer les écarts existants en renforçant le potentiel de développement des espaces les mieux structurés et en suscitant la compétition entre espaces dotés d'avantages comparatifs très inégaux. S'il y a maintien ou agrandissement des disparités, ce n'est donc pas qu'il s'agit d'un mal irréductible mais plutôt la résultante d'un manque d'intervention appropriée.

La politique cohérente et intégrée d'aménagement du territoire que l'on avait envisagée dans les années 1960 dans le but de réduire les disparités ne se résume plus maintenant qu'à de l'aménagement de type urbanistique dans le cadre étroit des municipalités et des MRC. Au lieu de se servir de l'aménagement pour favoriser un développement plus équilibré de l'ensemble de la structure de peuplement, on réduit la politique d'aménagement à un contrôle très relatif de certaines interventions de développement. Les velléités de développement à l'intérieur de plusieurs conseils de MRC ont peu de points d'appui susceptibles d'en permettre la concrétisation et, de toutes façons, s'insèrent dans des cadres territoriaux trop étroits pour être vraiment efficaces.

Tout n'est évidemment pas négatif dans le long processus d'aménagement du territoire et de développement régional qui s'est poursuivi jusqu'à maintenant. Outre des réalisations notoires effectuées au plan des infrastructures et l'expérience acquise, on a abouti à un nouveau cadrage territorial permettant une plus grande souplesse aux plans de l'inventaire, de l'analyse, de la programmation et de l'intervention.

Le Québec a besoin de son monde rural et de ses espaces à population dispersée et ces derniers, dans la majeure partie de leur dimension actuelle, vont continuer à exister avec leurs différences et leur spécificité. Toutefois pour des raisons économiques, d'équité sociale et d'écologie il y aurait intérêt à éviter leur marginalisation et leur déstructuration. Ces dernières entraînent une sous-utilisation des ressources et se révèlent avec le temps fort coûteuses pour l'ensemble de la collectivité. Livrées à elles-mêmes, et quel que soit leur dynamisme, les forces endogènes sont impuissantes à contrer les facteurs externes et les problèmes structurels qui limitent leurs actions. Une véritable politique intégrée d'aménagement du territoire et de développement rural s'impose donc où l'accent serait mis sur une répartition plus équilibrée de foyers structurants, la consolidation du tissu actuel de peuplement et l'atténuation des disparités. À défaut de cela la situation socio-économique de vastes parties du territoire québécois risque d'aller en se dégradant avec beaucoup de nouveaux problèmes en perspective.

BIBLIOGRAPHIE

Dugas, Clermont, *Disparités socio-économiques au Canada*, Sillery, Presses de l'Université du Québec, 1988, 263 p.

Dugas, Clermont, *Les régions périphériques*, Sillery, Presses de l'Université du Québec, 1983, 253 p.

Gagnon, Gabriel et Luc Martin, *Québec 1960-1980. La crise du développement*, Montréal, Hurtubise, HMH, 1973, 500 p.

Office de planification et de développement du Québec, *Québec à l'heure de l'entreprise régionale, plan d'action en matière de développement régional*, Québec, 1988, 90 p.

Statistique Canada, *Recensement Canada 1986, population Québec*, cat. 92-113, Ottawa, 1987.

Statistique Canada, *Recensement Canada 1986, Profils, Québec, partie II*, cat. 94-110, Ottawa, 1988.

Statistique Canada, *Recensement du Canada de 1981, Québec, certaines caractéristiques sociales et économiques*, cat. CS93X941, partie II, Ottawa, 1983.

Le Québec dans le monde
1. L'émergence internationale du Québec

Claude Morin

Mon but est d'analyser brièvement quelques aspects caractéristiques de ce cheminement politique toujours cahoteux, mais passablement original qui, du début de ce qu'on a appelé la Révolution tranquille à aujourd'hui, a permis au Québec d'émerger sur la scène internationale et de s'y tailler une certaine place. Je ne vise donc pas à présenter ici un historique de la diplomatie québécoise, encore moins de démontrer pourquoi le Québec a besoin de s'ouvrir vers l'extérieur.

Les éléments retenus et mes commentaires à leur sujet découlent de ma vision personnelle des choses, comme témoin et participant. Cela entraîne, bien sûr, une appréciation subjective de la réalité, mais qui n'est pas nécessairement fausse pour autant. De toute façon, d'autres observateurs sont toujours susceptibles de la nuancer et de l'enrichir.

Une précision au départ : l'expression *relations internationales* utilisée ici signifie ces échanges, programmes, missions, institutions, organismes, etc., qui sont conçus, mis sur pied ou développés par suite de décisions de l'autorité gouvernementale et, au besoin, d'accords formels à cette fin. L'expression a donc une connotation politique. Bref, je veux dire que l'on ne fait pas automatiquement des relations internationales lorsqu'on rencontre des étrangers, mais que c'est le cas lorsqu'on négocie avec des représentants d'autres pays à la suite d'instructions reçues de son gouvernement.

Cela dit, les éléments suivants me paraissent caractériser l'évolution qui s'est produite au cours des vingt-cinq dernières années (et même un peu plus) de relations internationales du Québec. Je grouperai ces éléments en trois catégories selon qu'on les trouve dans les origines, dans le développement ou dans la situation actuelle de ces relations.

LES ORIGINES

L'«ouverture du Québec au monde» s'est produite non pas à la suite de pressions populaires ou d'un besoin exprimé par la majorité des citoyens, mais *à cause d'une orientation en ce sens du gouvernement du Québec*. On peut donc dire, sans signification péjorative, que celle-ci émane du haut et non de la base.

Cette orientation a résulté des préoccupations et de l'action d'un très petit nombre de ministres et de hauts fonctionnaires, en tout, pas plus d'une dizaine pour commencer. Il serait faux de penser que, du fait qu'on vivait alors la «Révolution tranquille», l'ensemble des responsables gouvernementaux partageaient les mêmes préoccupations internationales et visaient les mêmes objectifs. On peut même légitimement se demander ce qu'il serait advenu du «Québec dans le monde» dont on parle aujourd'hui n'eût été ce petit groupe d'animateurs... D'«agitateurs», penseront bientôt les fédéraux.

Le choix de cette orientation par le gouvernement a été plus pragmatique qu'idéologique : il visait davantage à répondre à des besoins qu'à affirmer des objectifs constitutionnels.

Ces besoins étaient de trois types :

a) Ceux du gouvernement : dans l'optique de la Révolution tranquille et par opposition au régime antérieur, certains membres du gouvernement tenaient pour acquis que la modernisation du Québec passait en partie par la connaissance d'expériences étrangères.

b) Ceux de divers ministères : ils avaient besoin de se tourner vers l'extérieur (exemple : la France) pour y trouver des moyens et du personnel afin de mettre rapidement en œuvre leurs réformes importantes (éducation, par exemple, en tout premier lieu).

c) Ceux d'un segment restreint de la population, c'est-à-dire les milieux académiques et culturels : chez eux, depuis assez longtemps déjà, les contacts systématiques avec l'extérieur avaient pris figure de nécessité (AUPELF, par exemple) et il importait dorénavant de les accroître.

Plus encore, vu l'accroissement prévisible des rapports entre pays dans des domaines qui relèvent, au Canada, de la compétence interne des provinces, *on s'est aperçu que si le Québec ne s'occupait pas lui-même de ses relations internationales dans ces domaines dits « provinciaux », c'est Ottawa qui le ferait à sa place* et qui, ensuite, invoquerait ses responsabilités internationales en ces matières pour y réclamer un droit quelconque de regard ou de consultation. En fait, depuis plus de vingt-cinq ans, le Québec pratique la politique énoncée par Paul Gérin-Lajoie en 1965, celle du « prolongement externe des compétences internes », alors qu'Ottawa aurait plutôt opté pour celle du « prolongement interne des compétences externes ».

LE DÉVELOPPEMENT

Le champ des relations internationales s'est élargi parce qu'on a tenu, précisément, à continuer de répondre aux besoins internes. C'est cela qui a permis de donner à ce volet de l'action québécoise une certaine permanence, grâce à :

a) une assise plus solide (programmes nouveaux dans des domaines autres que l'éducation et la culture) ;

b) la participation à cette action de groupes non rejoints jusque-là (jeunes via l'OFQJ, par exemple) ;

c) la mise en place de structures originales (un ministère des Affaires intergouvernementales et des services de coopération dans plusieurs autres).

Le pragmatisme qui s'était manifesté au début a également caractérisé le choix des pays dont le Québec voulait se rapprocher en y établissant des délégations : d'abord, la France, pour des raisons évidentes d'affinité historique, linguistique et culturelle ; puis un bloc formé des États-Unis, de la Grande-Bretagne, de l'Italie, de l'Allemagne et de la Belgique ; puis un autre bloc constitué du Japon, du Mexique, du Venezuela, etc.

Force est cependant de rappeler que le choix des pays, la forme de la présence québécoise sur leur territoire et la nature des rapports ultérieurs avec eux, a dépendu et dépend encore de leur réceptivité à l'endroit d'un État non souverain et des réactions fédérales, réelles ou appréhendées. Bref, à cette époque comme encore maintenant, le Québec, dans la plupart des cas, ne pouvait ni ne peut établir de relations directes avec un autre pays sans permission expresse du gouvernement canadien.

Voilà qui réduit singulièrement la latitude d'un État potentiel comme le Québec, soumis, aux yeux des autres pays, aux règles déterminées par son autorité centrale, c'est-à-dire, en l'occurrence, le gouvernement fédéral. Voilà qui explique aussi pourquoi, malgré ses souhaits, notamment de 1977 à 1981, le Québec n'a jamais pu avoir un accès direct avec les représentants politiques d'un pays pourtant aussi important pour lui que les USA.

À ce pragmatisme s'est rapidement ajoutée la préoccupation politique proprement dite ou, si l'on veut, constitutionnelle. S'il était nécessaire, d'une part, de répondre aux besoins tant culturels, qu'économiques ou financiers du Québec, on s'est cependant vite rendu compte, d'autre part, que la réalisation de cet objectif mettait fatalement en cause la prédominance qu'Ottawa s'attribuait traditionnellement en matière de relations internationales. De ce fait, l'action internationale du Québec contribuait à la redéfinition de ses pouvoirs et, corollairement, de son statut. Ce que refusait d'admettre Ottawa.

De tous les dossiers du contentieux Québec-Ottawa, c'est celui des relations internationales qui a été à la fois le plus délicat, le plus difficile et le plus spectaculaire. À Ottawa comme à Québec, il a mobilisé plus d'énergie, a sollicité davantage les imaginations et a suscité plus de crises que tout autre. Ce dossier revêtait une priorité capitale pour l'ex-premier ministre Trudeau qui s'en occupait personnellement. Par contraste, il a pris figure de symbole de réconciliation « nationale » pour le premier ministre Mulroney, lorsqu'il déclara, peu après son élection, ne voir aucun obstacle aux rapports directs France-Québec et lorsque vint le moment, en 1985, de résoudre enfin le problème de la participation du Québec au Sommet francophone. En l'espace de quelques semaines, un conflit qui, d'après le premier ministre Trudeau, menaçait carrément l'avenir du Canada, surgit soudainement comme lieu privilégié d'une « réconciliation ». Ce qui était impossible et impensable hier, se révélait normal et logique le lendemain. Comme quoi il n'y a, en politique, rien d'absolu.

À aucun moment (et cela, même sous le gouvernement du Parti québécois), les relations du Québec avec l'étranger n'ont été utilisées pour concrétiser une souveraineté externe qui n'aurait pas été accompagnée par une souveraineté interne. Autrement dit, jamais le gouvernement n'a eu comme politique d'agir comme si le Québec aurait pu, grâce à ses rapports avec des gouvernements étrangers, se faire reconnaître par eux comme État indépendant, même sans l'être au plan interne. Ou même, en évitant de le devenir.

Sur les relations internationales du Québec, tous les gouvernements depuis 1960 ont manifesté une grande continuité. Aucun ne l'a remis en question, bien que les uns aient été plus dynamiques et inventifs (ceux de Lesage — bien sûr, puisque c'est lui qui a tout commencé —, Johnson et Lévesque) que les autres (ceux de Bertrand et Bourassa I et surtout II).

Le rôle qu'ont joué la France et particulièrement de Gaulle dans l'émergence internationale du Québec a été tout à fait déterminant, essentiel même. Cet apport, ou mieux, cette complicité s'est manifestée dès le début, au moment de la mise sur pied de la Délégation générale du Québec à Paris. On la retrouve à chacun des grands moments de la jeune diplomatie québécoise : conférences internationales sur l'éducation. Agence de coopération culturelle et technique et, plus récemment, même si de Gaulle n'était plus là, dans le cas du Sommet francophone. Comme il y en a eu une du côté québécois, on a aussi noté une continuité politique du côté français.

Par son action, le Québec a considérablement influencé la politique étrangère du Canada longtemps orientée vers les pays anglo-saxons. C'est notamment le cas en matière de francophonie et de participation à des organismes francophones. Inutile de se cacher que, pour une bonne part, il s'agit là *d'un effort de récupération*, mais tout cela n'est pas nécessairement mauvais pour la francophonie comme telle, tant et aussi longtemps que le Québec y conserve et y élargit sa place.

Le Québec a modifié le fonctionnement du régime fédéral canadien en ce qui concerne la gestion des relations internationales. Ottawa ne peut plus agir maintenant sans tenir compte de l'existence de l'importance de la présence internationale du Québec (coopération, participation à des conférences, Agence de coopération culturelle et technique, Sommet francophone, etc.) et des contacts et, à un moindre degré, de celle de certaines autres provinces qui ont partiellement suivi la voie originale tracée par le Québec ou qui ont été encouragées par les fédéraux eux-mêmes à emprunter cette voie de peur que le Québec n'y fût seul.

Les gouvernements (y compris celui du Parti québécois) n'ont jamais suffisamment informé la population sur les enjeux et la portée de l'action et de la présence internationales du Québec. Ou, lorsqu'ils en ont parlé, ils les ont expliquées par des arguments que je qualifierais de « sectoriels ». Ainsi : le Québec doit avoir des relations avec l'étranger parce qu'il est francophone, ou bien parce qu'il a besoin d'investissements, ou bien parce que les autres le font, etc.

LA SITUATION ACTUELLE

Non seulement a-t-il innové au Canada plus que n'importe quelle autre province, mais *le Québec a réussi à exercer, au cours des années, une action et une présence internationales plus intenses et plus variées que celles de tout autre État fédéré au monde.* À cet égard, il est dans une situation unique. On peut même dire qu'il a vécu une expérience dont d'autres fédérations s'inspireront peut-être, aussi bien pour l'imiter en tout ou en partie, que (peut-être) pour la rejeter.

Cependant, *malgré ses succès jusqu'ici, la présence internationale du Québec demeure fragile*, et ce pour les trois raisons suivantes :

a) Même s'il est actuellement devenu plus civilisé que pendant l'ère Trudeau, la tendance naturelle du pouvoir fédéral est de reprendre, en matière internationale, ce qu'il considère être un terrain temporairement perdu et qu'il aimerait voir le Québec abandonner graduellement.

b) Les autres pays ne montrent plus ces temps-ci, envers le Québec, le même intérêt ni la même attention que c'était encore le cas il y a seulement sept ou huit ans. D'abord, ils ne sentent pas, dans le présent gouvernement du Québec, une volonté d'accroître ses relations politiques avec d'autres pays ; cela tient au fait que ce gouvernement ne s'intéresse pas à cette dimension. Ensuite, pour *éviter des débats* avec Ottawa, ce gouvernement est disposé à laisser le pouvoir fédéral traiter avec les autres pays, et à sa place, de questions dont les gouvernements québécois précédents se seraient occupés eux-mêmes, et ce même en France et malgré la relation privilégiée que de Gaulle et ses successeurs avaient instaurée avec le Québec.

d) Le présent gouvernement évalue et oriente ses relations avec l'étranger à partir, pratiquement, des seules considérations *de commerce extérieur*, oubliant ainsi les autres aspects vitaux des rapports internationaux. Cela paraît dans les budgets, dans les réorganisations administratives et dans les choix du personnel politique et administratif responsable des relations internationales.

Le Québec dans le monde
2. «Nous et le monde, le monde et nous»

Raymond Giroux

Je voudrais, au départ, encadrer le sens de mon intervention. Je ne suis pas un chercheur, je ne suis pas un scientifique. Je pratique le métier d'éditorialiste, un métier qui peut se définir sans trop caricaturer comme le travail d'un expert en généralités absolues. L'éditorialiste ne décrit pas une situation. Il dresse plutôt des bilans en tentant de raccrocher les divers tenants et aboutissants d'une situation les uns avec les autres. Il utilise, il pille parfois, les recherches des experts; il travaille sur dossier; il propose des hypothèses et surtout, en toute modestie, il a une réponse à tout. Celui qui termine trop souvent ses textes par des points d'interrogation risque de recevoir rapidement une invitation à réorienter sa carrière.

Ce soir, pourtant, je n'ai pas de réponse. Ce qui m'inscrit parfaitement dans le cadre de ce colloque qui se veut une réflexion sur la société québécoise. Mes collègues et moi avons le mandat de débattre de la présence québécoise dans le monde. Je vais élargir mon intervention pour toucher aux interrelations entre cette présence québécoise à l'extérieur et la présence extérieure chez nous, d'où le titre de mon texte: «Nous et le monde, le monde et nous».

Fernand Dumont lançait, dans son message inaugural, un appel à la réinterprétation de la société québécoise, trente ans après la Révolution tranquille. Les participants à la table ronde de ce soir partagent une conviction fondamentale : cette réinterprétation ne peut se faire dans le plus total isolement. Le Québec des années 1960 souffrait peut-être d'un certain nombrilisme. Sauf certaines exceptions remarquables, la majorité donnait priorité à ce que l'on appelait alors le rattrapage dans le monde de l'éducation et à la création d'un État québécois fort. Les indépendances africaines et asiatiques, le phénomène de la décolonisation, tout cela était connu chez nous. Parfois, des Québécois donnaient valeur d'exemple aux écrits d'un Frantz Fanon, comparant notre situation avec celle des damnés de la terre du Tiers monde.

La nécessaire révision intellectuelle des années 1990 doit briser les murs de la politique au sens restrictif du mot. D'autres conférenciers ont évoqué les débats nouveaux et cruciaux sur la démographie, sur la participation sociale, sur les nouvelles technologies. Nos débats tourneront pourtant à vide si nous limitons notre réflexion à notre coin de planète. La mise entre parenthèses du débat national après le referendum de mai 1980 a forcé les Québécois, du moins ceux qui refusaient le confort et l'indifférence, à trouver d'autres idéaux. Les réalités économiques internationales ont accentué ce besoin vital de chercher un souffle nouveau.

Les Québécois francophones agissent depuis dix ans comme s'ils avaient décidé, d'un commun accord, de faire éclater leurs frontières. Il se révèle de plus en plus répétitif d'évoquer le succès des artistes d'ici dans la mère patrie, le coup d'éclat occasionnel d'un cinéaste ou d'un écrivain, ou encore la construction de nouveaux ensembles industriels et financiers à l'échelle planétaire. Poursuivre l'énumération de nos « gloires » internationales tomberait vite dans le cliché et le lieu commun.

Les Lemaire, Lamarre et autres entrepreneurs ont trop à faire entre Singapour et la province française pour participer à nos exercices d'introspection, le sport favori des nations, des peuples ou des sociétés qui se veulent distincts de leurs voisins. Leurs choix ne signifient pas que l'exercice qui se termine ce soir ait quelque relent d'irréalisme.

Au contraire, il apparaît fondamental d'assurer une réflexion permanente sur l'évolution des habitants francophones de ce coin de pays, eux qui valsent entre l'arrogance que leur prêtent trop facilement leurs cohabitants de langue anglaise et le sentiment d'insécurité qui éclate au moment des discussions sur le statut du français au Québec.

Je reconnais peu de légitimité à une certaine thèse voulant que la culture québécoise soit la seule création d'une élite et serve uniquement à assurer son pouvoir. Cette coupure entre décideurs et penseurs, d'une part, et une grande majorité que l'on dit silencieuse et passive, se retrouve dans toutes les sociétés. Un universitaire américain spécialisé en communication, Robert Entman, de l'Université Duke, a calculé qu'au grand maximum les journées de beau temps, 15 % de ses compatriotes pouvaient se dire informés, au sens le plus noble de l'expression.

Peu de pays au monde, par exemple, ont accès à une aussi grande diversité de chaînes télévisées que le Québec. Montréal et Québec ressemblent plus à Genève et à Bruxelles, au cœur de pays et d'un continent multilingues, qu'à n'importe quelle autre ville canadienne ou américaine. La culture et l'information, si l'on peut dire, nous viennent de partout. Le petit écran permet à qui veut sortir de la chapelle québécoise de voir ce qui se passe en Amérique comme en Europe. Pourtant, les cotes d'écoute des réseaux étrangers reflètent un impact limité, malgré tous les cris d'alarme que lancent nos artisans.

Il faut s'étonner non pas que près d'un Québécois sur cinq écoute la télévision en anglais, mais, au contraire, avec joie et surprise, que quatre québécois sur cinq soient branchés sur leurs propres réseaux, et que les vainqueurs de la course aux cotes d'écoute soient des produits d'ici. Les émissions locales, par contre, se vendent mal à l'extérieur. Les Américains s'autosuffisent, et les Français nous sous-titrent à l'occasion. Les familiers et les observateurs des débats sur l'Europe 1992 savent que notre mère patrie préfère, pour des raisons bien compréhensibles, s'inscrire dans un certain protectionnisme télévisuel européen fort semblable, par ailleurs, à nos normes de contenu canadien que nous trouvons toujours insuffisantes. La France privilégie cette orientation continentale malgré toutes les francophonies que nous pourrions imaginer.

Il est facile de s'autocongratuler en regardant Yves Beauchemin ou Denise Bombardier briller chez Bernard Pivot. Mais l'on revient vite sur le plancher des vaches en constatant que le Français moyen, lui, rêve toujours à sa « cabane au Canada » et que son plus grand souhait, à son arrivée à Québec, est de rencontrer M. Gros-Louis. J'aime bien Max Gros-Louis, mais on ne va pas le voir pour les bonnes raisons. Nos cousins européens gardent en effet de nous une image trop souvent folklorique qui les rend méchants et vindicatifs le jour où nos entreprises d'ingénierie commencent à leur piquer des contrats de construction de métros dans les métropoles du Tiers monde.

Le nationalisme revient dans le paysage politique, valorisé cette fois par un réalignement certain des fédéralistes québécois secoués par le rejet attendu de l'accord constitutionnel minimal du Lac Meech. Le traité sur le libre-échange entre le Canada et les États-Unis, rendu possible uniquement par l'appui de l'ensemble de la classe politique et économique québécoise à ce projet du gouvernement conservateur de Brian Mulroney, tend à faire éclater le concept géopolitique canadien. Les milieux d'affaires vous le diront, il est plus facile de transiger avec les Américains qu'avec les Torontois ou les Albertains. L'argent n'a peut-être pas d'odeur, mais les préjugés et les ressacs francophones transpirent de manière évidente dans certaines réactions de nos compatriotes de langue anglaise.

Notre société tout entière doit se questionner sur son avenir, mais dans un contexte différent de celui de la première Révolution tranquille. Je dis bien «première», car l'heure est mûre pour une seconde, aussi profonde mais tout à fait différente. L'avenir des Québécois, tel que je peux le percevoir en ce vendredi 13 octobre 1989, passe par une interaction permanente entre l'importation et l'exportation de produits culturels, entre l'accueil aux étrangers et l'essaimage sur les autres continents, entre la promotion de nos valeurs traditionnelles et l'ouverture aux idées venues d'ailleurs. Composante essentielle de notre culture politique, le nationalisme a plusieurs visages : impérialisme à la russe ou à l'américaine, oppresseur à la sauce boer ou israélienne, réactionnaire à la Tatcher dans le débat sur l'unité européenne.

Pour appréhender le nationalisme de demain, il faut projeter devant soi le portrait du Québec de la prochaine génération. Il devra apprendre à intégrer les immigrants ; il devra trouver un modus vivendi avec la minorité anglophone, qui a le droit d'y vivre après une présence de plus de deux cents ans ; il devra combattre la crise démographique par sa seule reprise en main. Ceux qu'on appelle les bébés de Gérard D., ces enfants de 3e rang qui naissent avec déjà 4 500 $ dans leur besace, fruit des politiques gouvernementales du Québec, ne suffiront pas à redresser une courbe décroissante.

N'oublions pas que l'incertitude sur l'avenir alimente des nationalismes de mauvais aloi et que le racisme surgit de la crainte de l'inconnu. Le Québec dans le monde doit se percevoir dans les deux directions : les Québécois ouvrent leurs horizons, selon toute apparence, et le « monde » maintenant vient chez nous pour s'y installer à demeure. Les Québécois devront trouver une nouvelle niche dans une planète où les indépendances politiques au sens traditionnel ont perdu une partie de leur sens. Trop de nations théoriquement souveraines n'ont fait qu'assister à l'évolution de leur dépendance coloniale vers une relation économique et culturelle tout aussi avilissante, pour assurer que l'indépendance règle tous les débats.

Tout comme les indépendances, les fédéralismes de toute couleur n'ont pas de valeur absolue. Mais l'ouverture croissante sur les autres sociétés, un phénomène que je considère comme éminemment positif, oblige la société francophone à se prémunir contre toute faiblesse. L'assurance nouvelle des milieux économiques québécois, par exemple, va en parallèle avec une politique linguistique dure. La Loi 101 a déjà modifié les comportements des néo-Québécois, comme le démontre leur changement d'attitude entre les débats sur la langue française de 1977 et de 1988. Les allophones ont rompu, lors des dernières élections québécoises, leur soumission aux diktats des Anglo-Québécois.

Les tergiversations récentes lancent de mauvais signaux à nos invités. Les Québécois dits de vieille souche n'ont jamais manifesté autant d'inquiétude face à l'immigration que depuis cette dernière décennie où les enfants de la Loi 101 ont envahi nos écoles. Il y a crise sociale et crise dans les familles nouvellement arrivées, déchirées entre les valeurs traditionnelles des parents et les exigences d'une jeunesse élevée à la québécoise. Plus il y aura de Québécois qui séjourneront à l'étranger, pour y étudier comme pour y travailler, plus il sera facile de trouver dans notre population des gens de terrain capables d'expliquer les différentes cultures.

Entre autres facteurs qui permettront au Québec tout entier d'assumer son nouveau visage pluriculturel, je place au premier rang la fin d'une méconnaissance trop grande encore de la réalité internationale. Si vous permettez une brève information anecdotique, un sondage du *Soleil*, l'été dernier, constatait piteusement que l'Afrique, l'Asie et le Moyen-Orient ne faisaient absolument pas partie de l'imaginaire québécois. Si l'Europe se classait au premier rang, ce qui me semble normal, elle devait le partager avec, croyez-le ou non, les îles Hawaï. Je ne veux porter aucun jugement de valeur, mais simplement exprimer un constat bien amiable.

Je tiens également à insister sur l'expression pluriculturelle : les tenants de l'assimilation intégrale des nouveaux arrivants, dans une version locale du melting-pot américain, oublient trop rapidement que le processus influencera d'une manière inéluctable l'ensemble de notre collectivité.

Finalement, au terme de ce colloque, savons-nous un peu plus de qui et de quoi dépend notre avenir ? La thèse libérale (au sens philosophique de l'expression) de la soumission totale aux droits individuels appelle la fin de la collectivité. Les manifestations les plus radicales de la thèse indépendantiste rejettent des éléments-clés extrêmement positifs de notre société et donnent trop souvent à l'État un rôle dominateur néfaste.

Le Québec francophone doit éviter la tentation du repli, de l'isolement. Si le passé peut illustrer l'avenir, les Québécois préfèrent les compromis politiques aux choix radicaux. Le thème de la « survivance », malgré le risque élevé d'ethnocentrisme qu'il comporte, s'inscrit comme une constante aux variables multiples. Il survivra longtemps encore, au-delà des modes politiques passagères. Mais il ne faut pas s'imaginer que le monde entier jette un coup d'œil attentif sur notre coin de terre, au contraire. Si des meutes de journalistes étrangers envahissaient le Québec dans les années préréférendaires, il n'y en a guère, aujourd'hui, que notre sort intéresse.

À l'échelle globale, il nous revient, à nous les Québécois, de faire les premiers pas. Il ne s'agit pas de rechercher un modèle, qu'il soit suédois, autrichien, japonais ou mouk-mouk. Ouvrons un atlas, et nous voyons que la géographie nous désigne d'office comme les occupants d'un espace distinct, exclusif. À nous d'en tirer les conclusions qui s'imposent.

Le Québec dans le monde
3. Le dessein de la « francophonie »

Jean-Marc Léger

Il est des vocables et des formules que l'on hésite ou même que l'on répugne à employer soit qu'ils aient été utilisés jusqu'à en être galvaudés, soit qu'ils aient subi une sorte de détournement de sens ou de confiscation d'espérance, soit enfin qu'ils aient été victimes de l'une et l'autre infortune. Ainsi en est-il, quant à moi du moins, des expressions de « francophone » et de « francophonie » ou encore de « Révolution tranquille », sans que cela mette en cause d'ailleurs l'importance historique ou la portée de l'événement, dans le dernier cas, ou la nécessité du projet qu'elle porte et des aspirations qu'elle traduit, dans le premier.

Il semblerait à certaines heures que l'on fasse et consomme de la francophonie et qu'on la célèbre en proportion même de l'affaiblissement de ses positions sur le plan international et, parfois, sur le plan intérieur, comme la manifestation d'un remords inavoué ou comme une tentative d'exorciser le malheur obscurément pressenti. Pour avoir été constamment en première ligne et pour avoir, par là, mieux mesuré l'ampleur et l'imminence des périls, le Québec (entendons non seulement l'État mais la société) a jadis attaché un prix particulier à l'aménagement d'un espace francophone et y a apporté une contribution considérable. Nous n'y avions en vérité guère de mérite, tant cette participation était pour nous de l'ordre de la nécessité. L'intérêt nous y pressait, nous y incitait plus encore que le sentiment nous y inclinait. Mesurant que l'époque semble interdire aux petites et même aux moyennes nations de survivre isolément, nous avons voulu avec conviction et une sorte de véhémence rejoindre la famille des pays francophones, d'autant que les premières manifestations de cette nouvelle communauté coïncidaient dans le temps avec la grande mutation généreuse et désordonnée, innovatrice et émancipatrice, mutilatrice aussi à certains égards, que le Québec vivait au début des années 1960. Il y avait alors entre le grand dessein québécois et l'idée francophone naissante une complicité chaleureuse et un même élan conquérant.

Que ce soit dans l'ordre des rapports bilatéraux ou sur le plan multilatéral, la francophonie aura constitué au cours des dernières décennies l'axe central de l'action internationale du Québec. Dans la mesure où toute politique étrangère est pour une large part le reflet des priorités, des problèmes, des impératifs de la politique intérieure, il allait de soi qu'en décidant de nouer ou de renouer le dialogue avec l'extérieur, le Québec serait conduit à privilégier ses relations avec les pays de langue française, la France au premier chef, plus tard à favoriser l'avènement d'institutions francophones, à concourir à leur développement, puis à y rechercher une place propre (on n'ose plus dire : distincte), cette dernière ambition devant préparer l'affrontement, de toute façon inéluctable, avec Ottawa.

En fait, la démarche québécoise dans ses relations multilatérales et bilatérales avec les pays francophones justifie une double lecture, culturelle et politique, deux analyses et deux argumentations dont chacune rend compte d'une vision cohérente, fut-elle incomplète, du réel. De même, il y a une évidente interdépendance, on pourrait hasarder une sorte de fécondation réciproque, du bilatéral et du multilatéral, pour ce qui concerne les rapports du Québec avec les pays et les institutions francophones. Selon les interlocuteurs et les circonstances, le Québec aura pris appui sur le bilatéral pour obtenir ou conforter sa place dans les institutions, ou aura utilisé ce dernier forum pour amorcer des contacts avec un certain nombre de pays qu'il ne pouvait rejoindre autrement. Chacun sait, par exemple, que sans la qualité, l'intimité de ses rapports avec la France, le Québec ne serait pas allé à Libreville et la notion de Gouvernement participant n'aurait pas été inventée à Niamey. Sur un autre plan, on pourrait rappeler la déclaration commune Hansenne-Lévesque de 1980, où la Communauté française de Belgique et le Québec s'engageaient à ne participer qu'ensemble à de futures instances et surtout à un éventuel «Sommet» francophone. L'exemple le plus révélateur de cette sorte de mouvement dialectique du bilatéral et du multilatéral reste le groupe de travail Harvey-de Saint-Robert sur les «enjeux de la francophonie» dont la création fut décidée par MM. Lévesque et Mauroy, fin 1983, et dont le rapport fut déposé à la veille du premier «Sommet» en février 1986.

Ce n'est certes pas en termes de bilan même sommaire qu'il convient d'évoquer, dans le cadre de ce colloque, la participation du Québec à l'entreprise francophone au cours des trois dernières décennies. L'intérêt du thème tient plutôt en l'occurrence à ceci que cette participation représente un résumé éloquent des heurs et des malheurs de notre incertaine politique étrangère, de son audace initiale et de ses premières réussites, de ses atermoiements, de ses illusions, de ses déconvenues, aussi bien que des tensions inévitables secrétées par le régime fédéral, des stratégies successives et déroutantes du Québec pour gérer les rapports avec son tuteur.

Pas plus que la «francophonie» n'a vu le jour avec les organisations intergouvernementales, et moins encore avec les Sommets, l'action du Québec dans la francophonie n'a été le fait des seuls pouvoirs publics. Dès les premières manifestations de ce que l'on serait enclin à appeler «la préhistoire de la francophonie», l'adhésion et la participation de divers milieux québécois se sont exprimées avec dynamisme et ferveur, dans des ONG que parfois ils ont contribué à créer. Sans remonter jusqu'à l'entre-deux-guerres ou même au-delà, — et surtout sans dresser je ne sais quel palmarès — on retiendra que le dessein francophone a commencé de s'incarner au début des années 1950 avec, par exemple, la naissance de l'Association internationale des journalistes de langue française en 1952, celle de l'Union culturelle française en 1954, les contacts amorcés dès 1958 entre universitaires, qui allaient déboucher sur la création de l'AUPELF en 1961. Les décennies 1960 et 1970 virent la naissance d'un grand nombre d'autres de ces ONG, dont les fortunes furent aussi diverses que le rayonnement et la longévité. Les ONG furent le nécessaire et fécond laboratoire de l'idée francophone : elles l'ont validée, illustrée, popularisée, y ont gagné de larges secteurs de l'opinion, préparant par là l'entrée en scène des États.

Il n'a pas été indifférent à la réussite, au moins relative, de l'action internationale du Québec que le grand mouvement de transformation dont elle était issue chez nous ait coïncidé avec deux phénomènes majeurs : l'arrivée quasi simultanée dans les forums mondiaux d'une vingtaine de nouveaux pays indépendants de langue française et l'autorité nouvelle de la France de la Vᵉ République. Cela n'a pas été indifférent, non plus, à l'attrait nouveau qu'a paru présenter l'idée de francophonie, conception encore vague mais généreuse d'une organisation fondée sur la communauté de langue comme porteuse d'une forme inédite de coopération.

Ainsi, le nouveau projet québécois allait se déployer dans un environnement international en profonde mutation et particulièrement propice à une ambition qui conciliait et conjuguait la volonté d'émancipation et la recherche de la coopération. La démarche rejoignait le double mouvement caractéristique de cette période, qui voyait à la fois l'accession de dizaines de nouveaux États à la souveraineté et un essor sans précédent de l'aménagement des rapports internationaux.

Sans doute était-il inévitable par ailleurs que l'entreprise francophone devînt un terrain d'affrontement supplémentaire entre Québec et Ottawa, le théâtre d'une rivalité sous-jacente et de débats, selon le cas feutrés ou virulents, qui étonnèrent d'abord et gênèrent ensuite nos amis africains, indirectement sommés de prendre parti pour l'un ou l'autre. Même hors d'un contexte de crise, Ottawa n'aurait point songé à partager avec le Québec une responsabilité qu'elle considérait comme exclusive en vertu de « l'unicité de la politique extérieure canadienne » et de la dévolution, à son sens, entière de toutes les compétences au gouvernement central, dès lors qu'elles se situaient dans l'ordre des relations internationales. A fortiori, dans la conjoncture fiévreuse des années 1960 et 1970, face à un Québec ardemment désireux de se tailler une place propre dans les affaires internationales, et au premier chef dans les organisations et institutions francophones, Ottawa se montra-t-il de plus en plus circonspect, parfois sourdement hostile. S'il avait dû se résigner au caractère particulier des relations franco-québécoises, il entendait bien interdire la réédition dans le cadre multilatéral de pareil précédent. Il parviendra plus tard à ses fins et réussira, par exemple, à affaiblir la portée du statut de « gouvernement participant » à l'Agence de coopération et à banaliser le Québec en quelque sorte, en le faisant attribuer au Nouveau-Brunswick et bientôt sans doute à d'autres « provinces ».

La volonté de participer aux organisations et associations internationales de langue française, puis de jouer un rôle de premier plan dans l'édification de la communauté francophone, aura été une constante de la politique extérieure des Québécois depuis le début des années 1960 : les divers gouvernements ont maintenu cette option pour l'essentiel. On doit déplorer toutefois qu'une certaine pusillanimité ait empêché le Québec, à divers moments, de mieux exploiter une conjoncture favorable (crainte de n'être pas suivi par l'opinion publique, volonté de ne pas « trop braquer » Ottawa, etc.) et, davantage peut-être, que, depuis une quinzaine d'années surtout, les moyens consacrés à l'action francophone (et de façon générale à la politique extérieure du Québec) n'aient été à la hauteur ni de nos prétentions, ni de nos besoins.

Pour le Québec pendant ces trois décennies, sa participation à la communauté francophone, à la création et au développement de cette communauté, a représenté quelque chose d'essentiel sur le plan politique assurément mais tout autant dans l'ordre culturel et linguistique, on peut ajouter aussi : sur le plan psychologique. Il y apportait le fruit d'une aventure historique singulière, d'une situation originale et l'image, parfois déroutante, d'un statut ambigu. Mais il en a bénéficié autant qu'il y a contribué, ne serait-ce que d'avoir découvert les vertus de la diplomatie des couloirs et les mille moyens de tromper la vigilance d'un tuteur soupçonneux.

On constate d'autre part que le ton et la vigueur de la présence québécoise dans les instances francophones ont toujours été accordés à l'évolution de la politique intérieure. Il n'est pas étonnant que la pugnacité, l'élan, la singularité, aient été progressivement atténués à partir de 1980. Les palinodies du beau risque et la mystification de la « réconciliation nationale », par leur effet anesthésiant et démobilisateur, ont progressivement conduit Québec à s'aligner sur les positions fédérales, au point qu'il arrive parfois que leurs porte-parole apparaissent interchangeables. À vouloir trop systématiquement éviter la collision, on finit par pratiquer la collusion. Prématurément assagi, paisiblement assis sur son strapontin de Gouvernement participant, derrière le dérisoire panonceau qui l'identifie en le trahissant, le Québec se résignerait-il à n'être désormais qu'un gros Nouveau-Brunswick ? Ce pourrait être là motif à méditation mélancolique si nous n'étions fondés à espérer quelque redressement. La placidité bovine ne sied guère au Québec, lors même qu'elle emprunte malhabilement les traits d'une sérénité dont elle n'est que la caricature. Dans une francophonie difficile mais nécessaire, le Québec doit renouer avec la ferveur originelle et retrouver la plénitude de sa voix singulière. Peut-être en matière de francophonie — comme pour le reste — la relance passe-t-elle par un choc salvateur.

Qui sait si, par une sorte d'ultime miracle, notre chemin de Damas n'empruntera pas les rivages désolés du Lac Meech ? Il faut bien voir, en effet, sauf à cautionner une inconsciente imposture, que l'effort pour édifier une communauté francophone mondiale est indissociable de chaque combat intérieur pour le salut de la langue commune et que l'issue de ce combat concerne toutes les langues, toutes les cultures. Tout ce qui concourt à préserver la diversité culturelle du monde est, aujourd'hui, la plus pressante obligation collective, car cette diversité est l'ultime refuge de la dignité et la chance ultime de la liberté de l'esprit. C'est en définitive la raison profonde et la haute justification de l'entreprise francophone. J'ai la faiblesse de croire que le Québec saura encore contribuer efficacement, ardemment à pareil dessein. Une part de son avenir y est inscrite et quelque chose aussi qu'on peut encore appeler un certain sens de l'honneur.

QUATRIÈME PARTIE

L'INTERPRÉTATION DU QUÉBEC

Sur les mutations de l'historiographie québécoise: les chemins de la maturité

Gérard Bouchard

L'objectif de cet essai est de proposer quelques idées directrices qui font apparaître un parcours, parmi d'autres, dans l'historiographie québécoise [1]. Nous ne tenterons donc pas ici de rendre compte de l'ensemble des courants, et encore moins de faire l'inventaire des grandes œuvres qui ont marqué cette historiographie jusqu'aux années récentes [2]. Quant au parcours suggéré, il s'alimente à deux sources: l'historiographie elle-même, bien sûr, et l'évolution de la société québécoise, du moins telle qu'on peut la percevoir à travers quelques-unes de ses mutations les plus fondamentales. Au-delà d'une recherche (en général peu propice aux surprises) des correspondances entre ces deux trames, nous nous appliquerons à déceler dans les travaux des historiens les matériaux de la culture — sinon de la société — qui se fait.

Il convient par ailleurs d'écarter une possible ambiguïté. Il pourrait y avoir en effet quelque prétention à proposer un itinéraire vers la maturité, dont le terme coïncide précisément avec la période où vit l'auteur... On aura compris que ce cheminement fait essentiellement référence à l'évolution socio-culturelle du Québec lui-même et à son accession à des formes de plus en plus accusées de développement et de responsabilité collective.

Un fait assez paradoxal nous servira de point de départ. Le Québec fait partie des sociétés nées des grandes vagues migratoires associées à la découverte du Nouveau Monde. Cette création est relativement récente. En fait, le processus de construction de l'espace québécois s'est étendu sur trois siècles, soit entre le premier tiers du XVIIe et la décennie 1930-1940. Il s'agit donc bel et bien d'une société neuve qui a réalisé sa croissance en mettant à profit de grandes étendues de terres non exploitées, à distance des métropoles, ce qui a donné lieu à de nombreuses discontinuités par rapport au modèle collectif représenté par la société-mère.

On sait en effet que l'espace était devenu une denrée très rare en France dès la fin du Moyen Âge. Ce facteur, avec d'autres, a permis à la nouvelle société de se déployer selon une dynamique originale et de développer des traits qu'on associe aujourd'hui à l'identité québécoise. En cela, le passé de notre société reproduit dans ses grandes lignes le modèle bien connu du Canada anglais, des États-Unis, de l'Australie, de plusieurs pays d'Amérique latine et de nombreuses régions de Scandinavie et d'URSS. Le paradoxe naît du fait que, jusqu'à une époque très récente, cette donnée fondamentale a été très peu et très mal intégrée à la réflexion historienne sur notre passé. Pays neuf et en expansion, le Québec a été analysé par le prisme des sociétés européennes aux prises avec des problèmes d'encombrement et de rupture d'équilibres anciens. Pourquoi ?

Dans une autre direction, qui est en fait liée à la précédente, on peut aussi se demander pour quelles raisons notre historiographie s'est montrée aussi tardivement sensible aux inégalités, aux divisions et aux contrastes qui ont toujours caractérisé la société québécoise.

LE PROJET NATIONAL : L'HISTORIEN MOBILISÉ

Plus qu'une autre peut-être, la science historique québécoise a été sollicitée par les urgences nationales. De François-Xavier Garneau à Michel Brunet et Maurice Seguin, la défense de la nation humiliée et menacée a fourni un vigoureux paradigme, c'est-à-dire à la fois un objet, une pertinence et une grille de questions qui fournissait aussi bien les réponses. Associés de près au projet de société francophone et catholique, la plupart des historiens depuis le milieu du XIXe siècle ont été solidaires des élites socio-culturelles et politiques identifiées aux diverses variantes de l'idéologie nationaliste. Dans sa version la plus orthodoxe, qui a prédominé surtout jusqu'au début du XXe siècle, cette idéologie reposait sur l'idée que la société québécoise constituait une nation dont le clergé, les professions libérales et les intellectuels en général étaient les titulaires légitimes. Or, qu'il s'agisse de conceptions politiques et sociales, de langue ou de littérature, le projet national était à peu près entièrement nourri de références européennes, surtout françaises[3], qui contrastaient avec la réalité populaire québécoise, aussi bien dans les campagnes que dans les villes. C'est que le gros de la population était surtout imprégné d'une culture locale, qui plongeait ses racines dans l'expérience du pays vécu et parcouru, dans l'espace aménagé et approprié par la colonisation, dans les solidarités familiales et autres, tissées dans la sédentarité ou à même les migrations de travail. Cette culture vigoureuse et rugueuse était en effet largement ouverte à l'environnement nord-américain et à ses influences. Comme telle, dans ses contenus et dans ses expressions (notamment parlées), elle était, à divers égards, réfractaire au projet officiel qui n'y trouvait pas son compte non plus et qu'elle semblait compromettre.

Pour cette raison sans doute, les élites furent tentées de se détourner de la réalité d'ici, soit en l'ignorant tout simplement, soit en la déguisant. À partir d'une analyse de leurs œuvres littéraires, M. Lemire (1982) a montré que, pour plusieurs auteurs du XIXe siècle, la réalité québécoise est médiocre, stérile, indigne de leur art. Ils préfèrent situer leur action et leurs personnages dans d'autres lieux, ou bien transfigurent celui-ci à leur guise pour lui donner la «consistance» qu'il n'a pas. Même la peinture, lorsqu'elle veut prendre une couleur locale et représenter des scènes campagnardes, prend soin d'anoblir son objet pour le rendre conforme à la visée du peintre.

On en vient ainsi, dans la littérature «nationale» tout au moins, à vouloir remplacer la société réelle par la société rêvée. Il faut, selon le mot de l'abbé Henri-Raymond Casgrain, décrire le peuple non pas «tel qu'il est, mais tel qu'on lui propose d'être[4]». Pour la même raison, le discours nationaliste se fait résolument anti-américain. C'est le début d'une longue tradition qui a survécu jusqu'à une époque récente : projeter des États-Unis l'image du matérialisme vulgaire et de la décadence, d'où vient le mal québécois et dont il faut se détourner. À cela s'ajoute le fait que le sentiment de la nation minoritaire et fragile pousse à un militantisme de l'identité : la nation est représentée d'une part comme un objet pur, parfaitement homogène, et d'autre part comme irréductiblement différente des sociétés qui l'entourent. Différente, et par conséquent supérieure.

En résumé, pendant un siècle environ, soit du milieu du XIXe au milieu du XXe, la société québécoise a été l'objet d'un rapport ambigu, sinon antinomique, entre deux univers socio-culturels réfractaires l'un à l'autre — on serait tenté de dire : deux contre-cultures, celle des élites et celle des classes populaires. Parmi bien d'autres facettes de ce rapport social, l'histoire des malentendus et des controverses autour de la langue des Québécois offre sans doute l'image la plus frappante des distances, des méfiances et des tensions inscrites au cœur de cette dualité. En termes plus sociologiques, on pourrait dire que cette opposition entre la culture empruntée des élites et la culture vécue (« contaminée ») des habitants et des ouvriers est une autre expression de ce que A. Touraine (1976) appelait, en se référant au contexte de l'Amérique latine, la désarticulation. Il désignait par là le fait d'une société qui ne contrôle pas son système de production tout en conservant une grande autonomie sur ses leviers culturels. À cause de la désarticulation ainsi créée, le monde des affaires participe peu à l'exercice de ces leviers, qui sont ainsi livrés aux élites locales titulaires de l'organisation sociale, de la religion et de la vie culturelle en général. Un tel modèle aide peut-être à comprendre la part si considérable prise par le clergé et les professions libérales dans la définition des idéologies et dans le contrôle social au Québec [5]. En retour, comme ces élites n'ont pas de prise directe sur l'économie, elles ne contrôlent pas l'emploi, ce qui limite leur autorité et leur influence sur les milieux populaires. En somme, on serait en présence ici d'une double désarticulation ou d'un double hiatus : d'un côté entre la sphère socio-culturelle et celle de la production économique, de l'autre entre la culture des élites et celle des classes populaires.

Comme plusieurs domaines de la pensée québécoise, l'histoire a donc été directement mobilisée par les tâches et les urgences nationales. Pour la pratique scientifique, il en a découlé au moins cinq conséquences importantes :

1.   C'est d'abord, pour ce qui touche aux objets d'analyse, la prédominance des affaires politiques en général, allant des péripéties strictement militaires et des luttes de pouvoir aux institutions et aux idées politiques. On ne saurait s'en étonner puisqu'en définitive, et à

deux reprises au moins avant 1840, les armes ont joué un rôle décisif dans le destin de cette société. De même, l'intérêt pour la politique doit être considéré à la lumière des réalités du temps : un appareil étatique très fragmentaire et fragile, encore à construire pour une large part, constituait un objet naturel de préoccupation et de réflexion pour des élites qui prétendaient incarner la responsabilité nationale et parler en son nom.

2. Le sentiment de la nation en péril et le devoir qu'on se faisait de la protéger conféraient à la science historique ce qu'on pourrait appeler une axiomatique de l'homogénéité. Dans une perspective militante ou défensive, la nationalité y apparaît comme un noyau dur, étanche, garant de l'identité, que n'arrivent pas à pénétrer les divisions et clivages introduits notamment par l'industrie, la ville et les mouvements migratoires. Il faut tenir pour symptomatique à cet égard le retard avec lequel se sont développées, chez nous, les analyses des classes sociales. On peut en dire autant à propos des études sur la société rurale qui, jusqu'en 1945-1955, sont restées en deçà d'une véritable reconnaissance empirique des structures économiques et sociales et de la diversité qu'elles accusaient. Traditionnellement, la société rurale québécoise a été représentée comme un objet lisse frappé des stéréotypes de la stabilité, de la cohésion et de l'égalité [6]. Car la nation devait être unie et uniforme.

3. Le discours de l'homogénéité avait pour contrepartie celui de la différence. Autant on était négligent à montrer nos dissemblances internes, entre nous-mêmes, autant on était attentif à marquer celles que nous accusions collectivement par rapport aux autres sociétés nord-américaines. Tel le voulait du moins le postulat, mais, comme on s'en doute, ces différences n'ont jamais fait l'objet d'un inventaire ou d'une vérification très rigoureuse. Ici, nos racines françaises faisaient foi de nos spécificités, qu'il s'agisse de la religion, des coutumes, des modes de pensée, des institutions sociales, de la mentalité paysanne, ou de tout autre trait distinctif. Sous tous ces rapports, le Québec était donné comme un prolongement de la mère-patrie, dont elle pouvait parfois se distinguer mais seulement dans la continuité.

4. Autre caractéristique, qui découle en partie de la précédente : les comparaisons avec les sociétés canadienne-anglaise et américaine

étaient rares et rapides, sauf s'il s'agissait de montrer les écarts et l'infériorité que celles-ci accusaient à l'égard du Québec. Ici, l'insistance sur nos racines françaises et sur la continuité historique faisait obstacle à une vision transversale qui aurait mis sur un même pied ces nouvelles sociétés, y compris la nôtre, et qui aurait cherché leur originalité non pas dans les particularités de leurs filiations avec les vieilles sociétés européennes, mais dans le fait même de leur nouveauté, dans cette expérience commune qu'elles vivaient sur le territoire nord-américain. Ces perceptions, qui ont survécu jusqu'aux années récentes, ne sont toutefois pas exclusives aux historiens [7].

5.   En même temps que la matrice culturelle, la France a aussi fourni au Québec le langage de la science et même une partie de son contenu. On pourrait montrer que pendant un siècle, notre passé a été interprété par le biais de problématiques, de modèles et de concepts empruntés à la science française et définis en référence à des réalités très différentes des nôtres. Ces transferts ont ainsi donné lieu à des distorsions et à des impasses spectaculaires, notamment en ce qui concerne l'étude du système seigneurial, de l'histoire régionale, de la reproduction familiale, des pratiques coutumières, etc. [8]

LES NOUVEAUX PARADIGMES

Avec bien d'autres traits de notre société, le paradigme nationaliste a connu des mutations importantes avec la Crise de 1929-1935 et la Seconde Guerre mondiale. La première a montré — non pas dans ses causes mais dans ses conséquences et dans l'inefficacité des formules mises de l'avant pour les contrer — les déficiences du système social que les élites traditionnelles préconisaient pour les Québécois. À l'opposé, la deuxième a répandu ici la prospérité et a un peu réconcilié les agriculteurs avec le marché, les ouvriers avec l'usine. Les aspirations qui sont nées de ces deux bouleversements ont pris forme dans un contexte de changements qui ont conduit, comme on sait, à la Révolution tranquille. Pour l'essentiel, ces mutations rapides ont consisté dans une ouverture généralisée au monde nord-américain, à une amélioration des niveaux de vie, à une transformation des habitudes de consommation, à une aspiration vers des emplois mieux rémunérés, tout cela se traduisant dans un véritable assaut sur l'instruction « utile » et rentable. Dans ce contexte, les élites qui jusque-là avaient représenté le nationalisme québécois perdirent alors rapidement du terrain au profit d'une jeune génération de leaders plus sensibles aux nouveaux enjeux de l'économie et de l'administration publique, souvent formés dans des universités anglophones et porteurs d'un programme de « modernisation [9] ».

Ce dernier glissement et toutes les réformes qu'il a rendu possibles ont modifié le rapport social antinomique évoqué plus haut, en opérant un rapprochement entre la nouvelle culture des élites et la culture des classes populaires, elle aussi amendée par une scolarisation à la fois plus universelle et plus poussée. En simplifiant un peu, on peut dire que les élites et le peuple ont alors amorcé une sorte de réconciliation dans un mouvement à sens inverse : pendant que les unes faisaient la paix avec les valeurs et les réalités nord-américaines, l'autre accédait à des éléments plus formalisés d'une culture nationale appuyée sur l'État, et, par là, à une conscience historique proprement québécoise.

Le paradigme de la modernisation

En pratique, le terrain sur lequel ils se sont rencontrés est celui de la modernisation. C'est là un concept vague qui a pris chez nous un sens précis, à savoir le rattrapage de nos voisins canadiens-anglais et américains sur le plan du développement économique et social. Sans rompre avec ses engagements nationalistes qui y ont au contraire trouvé de nouvelles voies d'expression, la science historique québécoise a puisé là les éléments d'un nouveau paradigme. La nationalité se traduisait désormais en termes de développement et de modernisation sur le mode nord-américain. Dans la foulée de Fernand Ouellet et de Jean Hamelin qui, avec quelques autres, ont introduit ici l'histoire sociale, toute une génération d'historiens entreprit alors une nouvelle lecture du passé québécois en fonction de cet éclairage.

Qu'il s'agisse d'économie, de culture, de structures sociales, le programme était le même : montrer que le devenir de la société québécoise a fait l'objet d'une interprétation très sélective, déformée par le prisme des idéologies traditionnelles, et qu'en fait, cette société a suivi un cours très analogue à celui de toutes les sociétés occidentales, sur lesquelles elle n'était somme toute pas aussi en retard qu'avaient pu le dire de nombreux observateurs peu complaisants. On nous dispensera encore une fois de renvoyer aux dizaines d'études qu'il conviendrait normalement de passer ici en revue ; comme convenu au début de cet essai, nous nous limiterons à désigner quelques tendances et contributions parmi les plus significatives :

— D'abord, dès la fin du XVIIe siècle, il existait une véritable société paysanne, bien implantée et déployée, qui s'est approprié un espace qu'elle a modelé de ses pratiques économiques, de ses structures sociales et de sa mentalité (par exemple : L. Dechêne, 1974). Cette représentation vient remplacer celle d'une occupation un peu anarchique et fragile, dominée par les coureurs de bois, les aventuriers, les trafiquants et autres agents d'une métropole mercantiliste.

— L'influence des Lumières s'est beaucoup répandue au Bas-Canada dès la fin du XVIIIe siècle, et tout particulièrement dans le premier tiers du XIXe (M. Trudel, 1945 ; C. Galarneau, M. Lemire, 1988). Elle a été prolongée pendant plusieurs décennies après 1837-1838 par l'action des Rouges (J.-P. Bernard, 1971).

— Même dans les campagnes, le peuple n'était ni très dévot, ni très soumis au clergé, avec lequel il entrait fréquemment en conflit et à l'égard duquel il témoignait d'une grande indépendance d'esprit (J.-P. Wallot, 1973 ; R.-L. Séguin, 1972).

— Sur le rythme du développement agricole dans la première moitié du XIXe siècle et sur la mentalité prétendument anticapitaliste des habitants, on a simplement vu — à tort — de l'irrationalité et une incapacité d'adaptation dans ce qui était en fait un processus de restructuration et de transition vers une nouvelle économie de marché (G. Paquet, J.-P. Wallot, 1972, 1988).

— L'insurrection manquée de 1837-1838 contenait des éléments importants d'une révolution d'inspiration bourgeoise et capitaliste, sur le modèle des révolutions nationales européennes (G. Bourque, 1970).

— À l'encontre d'une vieille tradition historiographique trop imprégnée des idéologies conservatrices, on montre que le libéralisme était très implanté dans les milieux d'affaires francophones de Montréal, dès le tournant du XXe siècle (F. Roy, 1988).

— À partir de la fin du XIXe siècle, le Québec francophone a vécu l'émergence d'une véritable bourgeoisie d'affaires et une accumulation de capital, sur le modèle de ce qu'on observait au Canada anglais. Mais au Québec, ces processus ont été largement appuyés sur la richesse foncière au lieu du capital industriel (P.-A. Linteau, J.-C. Robert, 1974 ; P.-A. Linteau, 1981).

— Même l'entrepreneurship industriel québécois, si visible depuis une vingtaine d'années, daterait en fait de la fin du XIXe siècle et, là encore, le Québec aurait épousé les tendances de son temps (J.-M. Toulouse, 1979 ; P. Fournier, Y. Bélanger, 1987).

— Si l'on tient compte des spécificités reliées à son mode de développement, on ne peut pas affirmer que la société québécoise a accusé des retards d'alphabétisation (M. Verrette, 1989).

— L'historiographie traditionnelle a surreprésenté le poids du monde rural dans le passé du Québec, masquant ainsi le rôle déterminant joué par les villes dès la deuxième moitié du XIXe siècle (P.-A. Linteau et al., 1979).

— Dans une large mesure, le syndicalisme catholique n'a été qu'une sorte de façade : la majorité des syndicats québécois se sont en effet comportés comme n'importe quel syndicat « neutre » anglophone, concevant eux aussi leur action en termes de rapports de forces, accumulant autant de journées de grève par travailleur, etc. (J. Rouillard, 1983, 1989).

— On démontre que dans la musique, dans l'architecture, dans la peinture et dans la littérature, l'influence des « modernistes » était bien vivante au Québec dès l'entre-deux-guerres (Y. Lamonde, E. Trépanier, 1986).

On pourrait allonger la liste des terrains où s'est exercé ce travail de révision de la pensée historienne, toujours dans le sens d'une réhabilitation de la société québécoise, afin d'établir que, mutatis mutandis, celle-ci a suivi un modèle d'évolution tout à fait analogue à celui des autres sociétés d'Amérique et d'Occident (parmi d'autres : J.-P. Wallot, 1983) [10].

On notera qu'en tout ceci, il s'agit pour une large part d'atténuer ou de nier carrément des supposées différences que le Québec aurait accusées par rapport au Canada anglais ou aux États-Unis. Cette insistance marquerait-elle une rupture radicale par rapport au paradigme nationaliste ? Nous croyons plutôt qu'elle traduit une nouvelle manière de servir la nation, que les visées identitaires se sont simplement redéfinies : on a renoncé à défendre des territoires devenus inutiles ou définitivement hors de portée ; le lieu de l'engagement national s'est déplacé, en s'ajustant cette fois soigneusement sur l'heure américaine et occidentale. Le Québec est donc une société industrielle, capitaliste et libérale, aussi développée, aussi moderne que les autres, mais il entend l'être à sa manière car au fond, il est demeuré différent. Ce constat ou cet a priori de la spécificité est indirectement révélé par les orientations des recherches historiques au cours du dernier quart de siècle : elles ont été si massivement centrées sur le Québec dans leurs problématiques, dans le découpage de leur objet et dans leurs références empiriques qu'elles ont fait tomber en défaveur, sinon en désuétude, la recherche sur des périodes plus anciennes ou sur d'autres espaces.

Toutefois, le paradigme modernisateur menace désormais de s'essouffler du fait même que, à l'image de la Révolution tranquille, il a à peu près accompli son programme. On ne voit pas en effet qu'il puisse fournir les éléments d'un nouvel élan scientifique, lequel ne peut naître que d'une nouvelle visée du présent et du passé québécois. Ainsi, tout en refusant de récuser le postulat de la différence ou de la spécificité québécoise, il est impuissant à définir explicitement un contenu à ces notions. On ne s'en surprend pas : l'objectif qu'il poursuivait au départ menait dans une direction opposée.

La connaissance du Québec

Le courant scientifique associé à ce que nous avons appelé le paradigme modernisateur a joué un rôle extrêmement important au Québec en effectuant un double travail : d'un côté, il a fourni à la pensée historienne de nouvelles orientations, en accord avec les problèmes de l'heure ; et du même coup, il a fait porter les enjeux de la discussion sur l'enquête empirique, rigoureusement conduite. Il allait s'ensuivre d'abord une sorte d'éclatement de la science historique, qui devenait elle aussi segmentée, spécialisée, et en même temps appuyée sur des méthodologies plus fines, plus solides (elle avait peut-être besoin elle aussi d'un rattrapage). Par ailleurs, les enquêtes effectuées suivant les nouvelles orientations ont renouvelé et étendu d'une façon spectaculaire notre connaissance des réalités québécoises. C'est dans ce contexte que l'histoire sociale a commençé à élaborer des modèles et des problématiques qui se situaient dans le prolongement direct de l'expérience collective propre aux Québécois — tendance qui s'est affirmée tout particulièrement en histoire rurale et à laquelle contribua beaucoup un géographe comme S. Courville (par exemple : 1980a, 1980b, 1984).

C'est dans ce contexte aussi (et avec le concours cette fois d'un sociologue : G. Fortin, 1962) qu'on découvrit littéralement la diversité du Québec : diversité spatiale d'abord, exprimée dans la stratification des régions et des macro-régions [11] ; diversité culturelle, marquée dans les parlers, les coutumes, les genres de vie, les ethnies ; diversité économique et sociale reflétée dans les divisions, les conflits, les inégalités entre sexes, entre groupes d'âge, entre classes ; diversité biologique et génétique aussi, révélée par les enquêtes de biologie moléculaire et d'épidémiologie génétique (G. Bouchard, M. De Braekeleer, 1990).

Ainsi contrastée, divisée, partiellement désunie à l'intérieur, la société québécoise s'est révélée aussi — par une sorte de corollaire — très ressemblante à ses voisines sur de très nombreux points. En effet, contrairement à ce que notre historiographie a longtemps professé au moins implicitement, plusieurs traits dont se nourrissaient les représentations identitaires ne nous sont pas spécifiques : la fécondité était très élevée également sur les fronts pionniers canadiens et américains ; la religion et souvent la famille y tenaient une place prépondérante ; la reproduction familiale y montrait, en plusieurs endroits, le même empirisme, les mêmes stratégies et la même association avec la mobilité géographique ; à la campagne, la petite propriété familiale a longtemps prédominé ; on y observait aussi le même mélange d'individualisme et de solidarité communautaire, les mêmes formes de co-intégration, le même éclectisme culturel, etc. [12]

Dans une sorte de rétroaction, on peut s'attendre à ce que toutes ces données empiriques, tirées d'enquêtes qui sont loin d'être au bout de leur course, inspirent de nouvelles remises en question et contribuent ainsi à une réflexion originale à la fois sur l'identité et sur le devenir québécois dans l'environnement nord-américain et occidental : pour la première fois à cette échelle, nous sommes invités à réfléchir non pas sur ce qui nous distingue des autres mais sur ce en quoi nous leur ressemblons.

Deux paradigmes de rechange

En ce qui concerne la recherche de nouveaux paradigmes pour la science historique québécoise, il convient d'en mentionner deux qui se sont déjà institués, pour une part en parallèle avec le courant modernisateur et pour l'autre dans son prolongement. Le premier, rattaché à une tradition scientifique universelle et bien connue, se définit par rapport à la dynamique des divisions et des conflits dans notre société. Une attention privilégiée y est accordée aux inégalités, aux classes et aux rapports sociaux. On peut en assigner l'origine à l'école de parti pris, au début des années 1960. L'histoire ouvrière, l'histoire de la condition féminine et, de façon générale, toute l'historiographie marxiste relèvent évidemment de ce courant.

Le deuxième consiste dans la démarche esquissée au CELAT [13]. Son objectif est d'établir sur de nouvelles bases scientifiques le paradigme identitaire. Telle qu'élaborée en particulier par J. Mathieu (1985), cette démarche préconise une observation pluridisciplinaire des objets culturels au sens très large, incluant la langue, les comportements démographiques, la vie quotidienne, la culture matérielle, les expressions esthétiques, les pratiques coutumières (p. 6). Attentive aux interactions et au « rapport à l'autre », cette analyse poursuit dans une perspective comparative une recherche des spécificités et des différences. Il s'agit ici, on le voit, de restaurer des éléments importants du paradigme nationaliste en les intégrant à une nouvelle méthodologie et en les dépouillant de leur dimension ouvertement combative ou militante (voir aussi S. Courville, 1985).

Ainsi, le déclin du vieux paradigme nationaliste a donné lieu à une fragmentation des courants qui a simplement fait écho à une diversification de la structure sociale québécoise. Parallèlement, on observait aussi un émiettement, une spécialisation des démarches, des méthodes et des directions d'enquête. Plus qu'une tendance scientifique et culturelle, cet éclatement correspondait sans doute aux nouvelles tâches assignées à la science historique, désormais vouée à des reconstitutions minutieuses, à petite échelle.

Par ailleurs, il est utile de noter au passage que chacun des trois paradigmes présentés plus haut met en veilleuse la querelle de la Conquête. Le dossier y est pratiquement évacué du champ d'enquête, comme si l'histoire devenue science sociale craignait de perturber son objet en y introduisant une variable externe jugée trop aléatoire. Chacun sait à quel point cette soudaine éclipse aurait paru improbable dans les années 1950. En même temps que l'ampleur des mutations intervenues, on peut y lire un autre signe de la place quasi exclusive désormais reconnue par l'historien à la « territorialité » québécoise, c'est-à-dire à tout ce qui relève de la dynamique sociale, économique et culturelle associée à cet espace.

Enfin, en se tournant cette fois vers l'avenir, on peut se demander s'il est possible à l'historien a) de percevoir dans l'actualité de la société qu'il étudie les éléments d'un nouveau paradigme en état d'émergence, et b) de contribuer directement à son développement et à sa diffusion non seulement dans sa pratique scientifique mais aussi dans la culture et dans la société.

L'HISTOIRE COMME ANTHROPOLOGIE

Revenons à nouveau sur le sous-titre du présent essai : les chemins de la maturité. L'expression peut sembler désobligeante pour les prédécesseurs, ainsi rejetés dans une sorte de préhistoire. Comme discours, la science est un matériau culturel, une forme ou une expression particulière de la culture. Que ce discours se constitue par ailleurs comme un commentaire de la culture ne change évidemment rien à sa nature ou à son origine. Il s'ensuit qu'en tout temps, la science historique se définit par cette double référence à a) l'état de la culture à même laquelle elle se constitue et b) aux tâches qui lui sont assignées dans une conjoncture socio-culturelle donnée. S'agissant par exemple de l'histoire nationaliste traditionnelle, sur le premier plan elle a manifestement reproduit les tendances et les blocages culturels de son temps (les modèles empruntés, l'approche « verticale » de la société québécoise, le postulat de l'homogénéité). Sur le deuxième plan, elle a milité à découvert à la défense d'une nation dominée et fragile, menacée dans le court terme, et elle a défini en conséquence sa pratique scientifique. En ce sens, elle a sans aucun doute exercé une fonction sociale très importante ; mais sur le plan de la connaissance elle-même, le paradigme laissait dans l'ombre une grande partie de l'objet social. C'est précisément sous ce rapport de la qualité du savoir, de sa richesse et de sa portée, qu'on peut parler d'enrichissement et de progrès vers la maturité ; et plus précisément d'une capacité accrue à convertir dans le langage universel de l'humanisme — et sans les trahir — des expériences collectives nécessairement particulières dans leur état brut. Sous ce rapport en effet, l'évolution de l'historiographie québécoise, comme celle de la société dont elle a été complice, illustre un parcours vers la maturité entendue en termes d'assurance, d'ouverture et d'expertise.

Le langage universel de l'humanisme : au-delà des tâches à court terme dictées par les urgences et les circonstances du présent, c'est bien en cela précisément que devrait consister la vocation première de l'historien : traduire *pour soi-même et pour les autres* cet échantillon concret de condition humaine incarnée dans cette collectivité, en tel lieu et à tel moment ; avec l'espoir que, tant en eux-mêmes, isolément, que rassemblés, ils finissent par constituer un matériau de réflexion de plus en plus riche aussi bien pour la philosophie que pour la politique. Loin de renier l'histoire nationale, c'est-à-dire une histoire sensible aux réalités et aux visées de la nation, un tel objectif les met au point de départ, au cœur de l'entreprise historienne à laquelle elle fournit ses éléments constitutifs, comme une sorte de matrice. Mais au lieu de les refermer sur eux-mêmes, l'historien se faisant anthropologue doit s'employer à leur donner des références, des tonalités qui, sans les dénaturer, les rendent accessibles aux autres cultures. Spécialiste du singulier, l'historien n'en est pas un fabricant ; si sa tâche paraît consister à l'amplifier, c'est en réalité pour en trouver les racines dans des trames plus fondamentales.

On pourrait tirer de cet énoncé les éléments d'un éventuel paradigme pour la science historique québécoise, où il prendrait place parmi d'autres. Pareil exercice serait stérile s'il ne trouvait aucune correspondance dans la réalité présente de notre société. Mais ce n'est pas tout à fait le cas. Grâce à vingt-cinq années de Révolution tranquille, le Québec a à peu près intégré le peloton des sociétés occidentales sur le plan du développement collectif. Après une longue période de rattrapage, il se trouve en quelque sorte placé sur une ligne de départ. Confronté aux mêmes problèmes que les autres sociétés et armé de moyens semblables pour les résoudre, il est désormais en position de concevoir des solutions à sa manière et d'apporter ainsi des contributions originales au monde qui se fait. De ce point de vue, le rapprochement culturel amorcé entre les élites et les classes populaires depuis la Seconde Guerre mondiale pourrait s'avérer un facteur-clé, porteur d'une nouvelle période de développement intense. Mais cette éventualité repose sur une double exigence : d'un côté, mettre à profit nos talents, nos ressources, solliciter les traits, les attitudes, les valeurs que nous devons à nos traditions et dont certaines nous sont propres sans doute ; de l'autre, cultiver un esprit d'ouverture et d'échange qui assure à notre réflexion et à nos actions une portée de plus en plus étendue. On retrouve ici les deux faces du paradigme qui vient d'être évoqué, lequel vise précisément à conjuguer la richesse irremplaçable de l'expérience vécue et l'arbitrage universel de l'autre.

Certes, nous sommes ici à la croisée de l'histoire, de la politique et de la prospective. Mais pour tous les historiens qui ne se trouvent pas à l'aise dans la position où les ont installés les théoriciens du relativisme historique [14] et qui voudraient faire de leur discipline autre chose qu'un écho passif du présent, n'est-ce pas une occasion rêvée de viser à la fois l'objectivité pour leur science, un développement original pour leur société et une contribution au domaine universel de l'anthropologie. Ici l'histoire cesserait d'être uniquement mémoire pour devenir également conscience puis action.

NOTES

1. Entendue ici simplement comme l'évolution des manières d'appréhender notre société et d'en interpréter « scientifiquement » le passé ou le devenir.

2. Dans cette perspective, se reporter aux études réalisées notamment par F. Ouellet (1985), S. Gagnon (1978, 1985), F. Harvey, P.-A. Linteau (1972).

3. Parmi plusieurs autres, F. Dumont (1971) le rappelait en ces termes, en faisant référence aux idéologies et à la littérature du XIXᵉ siècle : « Nous sommes effarés par l'absence totale d'originalité aussi bien dans les journaux de gauche que dans ceux de droite. Rien que des vêtements empruntés en France ou ailleurs, prélevés dans une autre histoire que celle des consciences d'ici. Il est à peine besoin de rappeler qu'il en fut longtemps ainsi de notre roman et de notre poésie » (p. 26-27).

4. Cité par M. Lemire (1982), p. 185.

5. Sur tout ce qui précède, voir un commentaire plus détaillé dans G. Bouchard (1985-1986). Le rapport contradictoire entre une culture des élites résolument orientée vers l'Europe et une culture populaire intégrée au continent a été évoqué aussi par Y. Lamonde (1984, 1985).

6. Ceci vaut également pour les travaux pionniers de sociologues et d'anthropologues comme C.-H.-P. Gauldree-Boilleau (1968), L. Gérin (1968), H. Miner (1938), E. C. Hughes (1938 et 1972, première partie).

7. Une table ronde soulignait encore récemment le peu d'intérêt porté par les universitaires québécois pour les études américaines (voir C. Savary, 1984, p. 327-337).

8. Voir à ce propos G. Bouchard (1990c).

9. Ce phénomène a été décrit par G. Rocher (1968). Aussi : H. Guindon (1988).

10. Autres exemples de thèmes en cours de réinterprétation : la xénophobie des Canadiens français, l'attitude soumise, « victimisée » de la mère, le caractère instable et imprévoyant des cultivateurs, le clergé comme moteur de la colonisation... L'ouvrage-synthèse qui représente le mieux toute cette tendance historiographique est sans aucun doute celui de P.-A. Linteau *et al.* (1979, 1986).

11. Par exemple les contrastes entre les régions du nord-est et celles du sud-ouest (G. Bouchard, 1990a).

12. Sur ce sujet, voir G. Bouchard (1990b, 1990c).

13. Centre d'études de la langue et des traditions populaires, Université Laval.

14. Par exemple : R. Aron, 1938 ; P. Ricoeur, 1955.

BIBLIOGRAPHIE

Aron, Raymond, *Introduction à la philosophie de l'histoire. Essai sur les limites de l'objectivité historique*. Paris, Gallimard, 1938, 353 pages.

Bélanger, Yves et Pierre Fournier, *L'entreprise québécoise : développement historique et dynamique contemporaine*. Québec, Hurtubise HMH, 1987, 187 pages.

Bernard, Jean-Paul, *Les Rouges. Libéralisme, nationalisme et anticléricalisme au milieu du XIXe siècle*. Montréal, PUQ, 1971, 395 pages.

Bouchard, Gérard, « Une ambiguïté québécoise : les bonnes élites et le méchant peuple », *Présentation* (Société royale du Canada), 1985-1986, p. 29-43.

————, « Représentations de la population et de la société québécoise : l'apprentissage de la diversité ». À paraître dans les *Cahiers de démographie du Québec*, 1990a.

————, « Mobile populations, Stable Communities : Social and Demographic Processees in the Rural Parishes of the Saguenay (1840-1911) », 1990b. À paraître.

————, « L'histoire du Québec rural et la problématique nord-américaine : étude d'un refus ». Texte soumis pour publication, 1990c.

Bouchard, Gérard et Marc De Braekeleer, « Des gènes dans l'engrenage... L'histoire de la population québécoise à travers les « archives » de l'ADN », 1990. À paraître.

Bourque, Gilles, *Classes sociales et question nationale au Québec, 1760-1840*. Montréal, Parti Pris, 1970, 350 pages.

Courville, Serge, « La crise agricole du Bas-Canada : éléments d'une réflexion géographique (Première partie) », *Cahiers de géographie du Québec*, Vol. 24, n° 62, 1980a, p. 193-223.

————, « La crise agricole du Bas-Canada : éléments d'une réflexion géographique (Deuxième partie) », *Cahiers de géographie du Québec*, Vol. 24, n° 63, 1980b, p. 385-428.

————, « Esquisse du développement villageois au Québec : le cas de l'aire seigneuriale entre 1760 et 1854 », *Cahiers de géographie du Québec*, Vol. 28, n° 73-74, 1984, p. 9-46.

————, « L'identité culturelle : l'approche du géographe », in Jacques Mathieu et al., *Approches de l'identité québécoise*, Québec, Cahiers du CELAT, 1985, p. 33-45.

Dechêne, Louise, *Habitants et marchands de Montréal au XVIIe siècle*. Collection « Civilisations et mentalités » (dirigée par P. Ariès et R. Mandrou), Paris, Plon, 1974, 588 pages.

Dumont, Fernand, *La vigile du Québec. Octobre 1970 : l'impasse ?* Montréal, Hurtubise HMH, 1971, 181 pages.

Fortin, Gérald, « L'étude du milieu rural », in F. Dumont et Y. Martin (sous la direction de), *Situation de la recherche sur le Canada français*, Québec, Les Presses de l'Université Laval, 1962, p. 105-116.

Gagnon, Serge, *Le Québec et ses historiens de 1840 à 1920*. Québec, Les Presses de l'Université Laval, 1978, 474 pages.

————, *Quebec and its Historians*. Montréal, Harvest House, 1985, 205 pages.

Galarneau, Claude et Maurice Lemire, (dir.), *Livre et lecture au Québec (1800-1850)*. Québec, Institut québécois de recherche sur la culture, 1988, 261 pages.

Gauldree-Boilleau, C.-H.-P., « Paysan de Saint-Irénée-de-Charlevoix en 1861 et 1862 », in P. Savard (dir.), *Paysans et ouvriers québécois d'autrefois*, Québec, 1968, p. 19-76.

Gérin, Léon, « L'habitant de Saint-Justin », in J.-C. Falardeau, P. Garigue, *Léon Gérin et l'habitant de Saint-Justin*, Montréal, Les Presses de l'Université de Montréal, 1968, p. 49-128.

Guindon, Hubert, *Quebec Society : Tradition, Modernity and Nationhood*. Toronto/Buffalo/London, University of Toronto Press, 1988, 180 pages.

Harvey, F. et P.-A. Linteau, « L'évolution de l'historiographie dans la Revue d'histoire de l'Amérique française, 1947-1972 », *Revue d'histoire de l'Amérique française*, vol. XXVI, 1972, p. 163-183.

Hughes, Everett C., « Industry and the Rural System in Quebec », *The Canadian Journal of Economics and Political Science/Revue canadienne d'Économique et de Science politique*, Vol./Tome IV, 1938, p. 341-349.

————, *Rencontre de deux mondes*, Montréal, Boréal Express, 1972, 390 pages.

Lamonde, Yvan, « American Cultural Influence in Quebec : A One-Way Mirror », in A.O. Hero et M. Daneau, *Problems and Opportunities in U.S.- Quebec Relations*. Boulder and London, Westview Press, 1984, p. 106-126.

————, « Le cheval de trois », *Possibles*, Vol. 9, n° 4, 1985, p. 15-19.

Lamonde, Yvan et Esther Trépanier, *L'avènement de la modernité culturelle au Québec*. Québec, Institut québécois de recherche sur la culture, 1986, 319 pages.

Lemire, Maurice, « En quête d'un imaginaire québécois », *Recherches sociographiques*, Vol. XXIII, n°s 1-2, 1982, p. 175-186.

Linteau, Paul-André, *Maisonneuve. Comment des promoteurs fabriquent une ville*. Montréal, Boréal Express, 1981, 280 pages.

Linteau, Paul-André et Jean-Claude Robert, « Propriété foncière et société à Montréal : une hypothèse », *Revue d'histoire de l'Amérique française*, Vol. 28, n° 1, 1974, p. 45-65.

Linteau, Paul-André, René Durocher et Jean-Claude Robert, *Histoire du Québec contemporain. De la Confédération à la crise*. Montréal, Boréal, 1979, 660 pages.

Linteau, Paul-André, René Durocher, Jean-Claude Robert et François Ricard, *Histoire du Québec contemporain. Le Québec depuis 1930*. Montréal, Boréal, 1986, 739 pages.

Mathieu, Jacques, « L'identité québécoise : l'approche de l'historien », in Jacques Mathieu *et al.*, *Approches de l'identité québécoise*, Québec, Cahiers du CELAT, 1985, p. 1-31.

Miner, Horace, « The French Canadian Family Cycle », *American Sociological Review*, Vol. III, oct. 1938, p. 700-708.

Ouellet, Fernand, « La modernisation de l'historiographie et l'émergence de l'histoire sociale », *Recherches sociographiques*, Vol. XXVI, n° 1-2, 1985, p. 11-83.

Paquet, Gilles et Jean-Pierre Wallot, « Crise agricole et tensions socio-ethniques dans le Bas-Canada, 1802-1812 : éléments pour une réinterprétation », *Revue d'histoire de l'Amérique française*, Vol. 26, n° 2, 1972, p. 185-237.

————, « Le Bas-Canada au tournant du 19e siècle : restructuration et modernisation », *La société historique du Canada*, (Brochure historique n° 45), 1988, 24 pages.

Ricoeur, Paul, *Histoire et vérité*. Paris, Seuil, 1955, 333 pages.

Rocher, Guy, « Multiplication des élites et changement social au Canada français », *Revue de l'Université de Bruxelles*, Vol. V, n° 1, 1968, p. 79-94.

Rouillard, Jacques, « Le militantisme des travailleurs au Québec et en Ontario, niveau de syndicalisation et mouvement de grèves (1900-1980) », *Revue d'histoire de l'Amérique française*, Vol. 37, n° 2, 1983, p. 201-225.

————, *Histoire du syndicalisme québécois*. Montréal, Boréal, 1989, 535 pages.

Roy, Fernande, *Progrès, harmonie, liberté. Le libéralisme des milieux d'affaires francophones à Montréal au tournant du siècle*. Montréal, Boréal, 1988, 301 pages.

Savary, Claude (sous la direction de), *Les rapports culturels entre le Québec et les États-Unis*. Québec, Institut québécois de recherche sur la culture, 1984, 353 pages.

Séguin, Robert-Lionel, *La vie libertine en Nouvelle-France au XVIIe siècle*. Montréal, Leméac, 2 volumes, 1972.

Toulouse, Jean-Marie, *L'entrepreneurship au Québec*. Montréal, Fides, 1979, 139 pages.

Touraine, Alain, *Les sociétés dépendantes*. Paris, Duculot, 1976, 266 pages.

Trudel, Marcel, *L'influence de Voltaire au Canada*. Montréal, Fides, 2 volumes, 1945.

Verrette, Michel, *L'alphabétisation au Québec (1660-1900)*. Thèse de doctorat en histoire, Université Laval, 1989.

Wallot, Jean-Pierre, *Un Québec qui bougeait : trame socio-politique du Québec au tournant du XIXe siècle*. Montréal, Boréal Express, 1973, 345 pages.

————, « Frontière ou fragment du système atlantique : des idées étrangères dans l'identité bas-canadienne au début du XIXe siècle ». Société historique du Canada, *Communications historiques/Historical Papers*, 1983, p. 1-29.

L'étude du Québec:
état des sciences sociales
Où en est l'organisation de l'enseignement et de la recherche?

Claude Bariteau

Selon plusieurs analystes [1], nous traversons des temps de ruptures sociales et culturelles qu'exacerbent la planétarisation et les continentalisations des échanges et des contacts. Les propos de Fernand Dumont vont dans ce sens. Pour d'autres [2], nous vivons une période où l'idéologie de la modernité exalte un individualisme absolu provoquant dans son sillon des alignements structurants qui ne sont pas sans lien avec l'affirmation de sa face cachée : le nihilisme. Au moment même où s'expriment ces signes révélateurs, plus de désarroi que de certitude, des pressions majeures tendent à canaliser, en des directions ciblées, les activités des universitaires. Dans un tel contexte, il n'est pas inopportun de jeter un regard sur l'état des sciences sociales au Québec ne serait-ce que pour en questionner les tendances majeures sous l'angle de leur apport à la formation de la relève scientifique ou celui d'une contribution à la « relève de la pensée ».

D'entrée de jeu, toutefois, j'aimerais apporter certaines précisions sur l'approche que j'ai fait mienne. Disons, en premier lieu, que je prends pour acquis, ainsi que l'a déjà souligné Louis Maheu (1989), que les sciences sociales regroupent des disciplines et des spécialités susceptibles d'apporter un éclairage à la fois original et particulier à la compréhension des problèmes contemporains et à l'essor d'une culture générale québécoise permettant une meilleure emprise sur les défis qui s'annoncent à l'orée du XXIe siècle. Ma deuxième précision concerne les limites de mon propos. Je me suis astreint à traiter davantage du sous-titre qui m'était proposé, soit l'état de l'organisation de l'enseignement et de la recherche en sciences sociales, sans référence directe à l'étude du Québec. De fait, je n'aborderai ce thème précis que sous l'angle d'un questionnement découlant de ma lecture de l'état des sciences sociales au Québec. Ma troisième précision a trait à la cible et à l'approche que j'ai privilégiées. Il m'est apparu approprié d'aborder l'organisation de l'enseignement et de la recherche en sciences sociales au Québec en traitant plus particulièrement de la présence de ces sciences dans la formation postsecondaire et de la forme qu'elle y a prise. En ce sens, mes propos référeront uniquement au milieu académique même si la recherche en sciences sociales le déborde amplement. Ma dernière précision se veut une identification des disciplines et spécialités retenues pour faire état des sciences sociales. Ce sont celles mises en commun dans le cadre de l'Étude sectorielle des sciences sociales du Conseil des universités, à savoir : l'anthropologie, la criminologie, la démographie, la géographie, la psychologie, la récréologie, les relations industrielles, la science économique, la science politique, le service social, la sexologie et la sociologie. À certaines occasions, notamment lorsque je traiterai du financement de la recherche, j'utiliserai une définition tantôt plus large, tantôt plus restreinte pour des fins d'illustrations.

Ces précisions fournies, il m'apparaît important de signaler que mon exposé s'appuie en grande partie sur les données de l'Étude sectorielle en sciences sociales, étude à laquelle j'ai été associé, sur des analyses personnelles que j'ai réalisées à l'aide des fichiers du ministère de l'Enseignement supérieur et de la Science, sur la recherche en milieu universitaire et sur des rapports annuels du Conseil de recherches en sciences humaines du Canada (CRSHC) et du fonds pour la Formation de chercheurs et l'aide à la recherche (FCAR). Avec ces données, j'ai tenté de cerner les traits majeurs qui caractérisent l'enseignement et la recherche en sciences sociales afin de bien identifier les défis qui se posent présentement.

À PROPOS DE L'ENSEIGNEMENT

Le système d'enseignement postsecondaire au Québec, dans la foulée du Rapport Parent, a été restructuré en profondeur. Les collèges d'alors, classiques ou autres, devinrent des cégeps, et les universités, déjà investies de pouvoir pour s'assurer de la culture générale des étudiants qu'elles recevaient, furent invitées à abandonner cette responsabilité et à ne se charger que d'un enseignement spécialisé. Mieux, selon ce rapport, la formation générale devait être donnée par l'enseignement secondaire et complétée par l'enseignement préuniversitaire et professionnel, enseignement qui devait aussi permettre une meilleure orientation des étudiants et un début de spécialisation. Aujourd'hui, cette approche est toujours en vigueur et la structure qui la perpétue, toujours en place, de telle sorte qu'au Québec on assure une formation spécialisée au premier cycle universitaire sans préoccupation aucune à l'égard d'une formation générale et sans souci à l'endroit de la formation fondamentale.

Dénoncée depuis longtemps par divers analystes [3] et toujours inlassablement identifiée comme l'une des principales carences de notre système postsecondaire — je pense aux commentaires récents de Laplante (1988), du Conseil supérieur de l'éducation (1988), du Conseil des universités (1988) et de Balthazar et Bélanger (1989) —, cette réforme nous distingue de tous les systèmes en vigueur en Amérique du Nord, voire même en Europe. Non seulement a-t-elle produit un morcellement institutionnel et académique des premières années de la formation postsecondaire, mais encore, en évacuant toute préoccupation de formation générale dans la mission des deux ordres d'enseignement qu'elle a valorisés, elle a contribué à l'essor d'une formation postsecondaire éclatée en de multiples cheminements cloisonnés et fermée à toute ouverture qui contribuerait à faire en sorte que la formation d'une tête bien faite soit le propre du premier cycle universitaire comme c'est encore le cas ailleurs en Amérique du Nord.

Quiconque analyse l'un ou l'autre des secteurs d'enseignement postsecondaire au Québec ne peut éviter de trouver dans cette réforme la plupart des traits qu'il décèle, traits qui prennent des reliefs bizarres dès lors qu'on les compare à ceux qui caractérisent les universités américaines ou les autres universités canadiennes. Dans le cas du secteur des sciences sociales, cette réforme a eu des effets à la fois sur la place qu'elles occupent dans la formation postsecondaire comme sur la façon dont la formation est réalisée au sein de chaque discipline ou spécialité. Les cinq traits marquants que j'ai retenus renvoient à l'une ou l'autre de ces dimensions.

Le premier trait est l'absence des sciences sociales dans les cours considérés obligatoires au cégep et l'absence de tels cours à l'université contrairement à ce qui existe dans toutes les universités nord-américaines. Cet état de fait découle d'un usage démesuré des cours de philosophie au cégep pour assurer une certaine formation fondamentale et d'un retrait de l'université de ce qui touche de près ou de loin à la formation générale. Dès lors, contrairement aux étudiants ontariens ou américains qui sont sensibilisés aux sciences sociales à l'intérieur de leur premier cycle universitaire, la majorité des étudiants québécois peuvent obtenir un Diplôme d'études collégiales (D.E.C.) et un Baccalauréat sans même avoir été en contact avec une seule des disciplines des sciences sociales. S'ils l'ont été, c'est parce qu'ils ont opté pour la concentration sciences humaines au cégep et se sont spécialisés en sciences sociales à l'université, ou encore, parce qu'ils ont dû suivre un cours fait sur mesure en liaison directe avec leur champ d'intérêt. Pire, tout au cours de cette double formation, ils n'auront même pas à suivre obligatoirement un cours sur l'histoire du Québec ou encore sur l'histoire des sociétés occidentales. Dans les autres concentrations, les étudiants québécois n'auront même pas l'occasion de penser à suivre un tel cours.

Cet état de fait fut considéré récemment par Maheu (1989) comme un « chaînon manquant » dans « le développement d'une culture générale québécoise contemporaine ». Je partage son avis sur ce point. Ce « chaînon manquant » résulte d'une volonté, à l'époque, de combler un retard en écourtant le temps de formation et en privilégiant la philosophie — ce fut une décision prise par le frère Desbiens — pour remplir le vide alors créé. C'était beaucoup demander à la philosophie. Aujourd'hui, les plus avisés des philosophes [4] ne se cachent pas pour dire que ce ne fut certes pas la meilleure décision. Personnellement, j'ai toujours considéré qu'il s'agissait plus que d'une erreur de parcours dans la mesure où l'on privait une génération d'étudiants de connaissances qui étaient à la portée de tous ailleurs. Perpétuer cette erreur serait rendre un très mauvais service aux étudiants à une époque où, selon plusieurs, dont le Chancelier de l'Université de Montréal [5], les sciences sociales sont porteuses d'un discours susceptible de contribuer à l'essor d'un humanisme nouveau.

Le choix en faveur d'une spécialisation au premier cycle universitaire n'est pas sans lien avec l'importance secondaire du secteur des sciences sociales au Québec dans la production des diplômes de premier cycle, ce qui est le deuxième trait. Dans la plupart des universités nord-américaines, le diplôme de premier cycle, parce qu'il vise à assurer une formation de base avec un nombre limité de cours à l'intérieur d'un champ précis de connaissances, constitue une voie d'entrée dans des programmes plus spécialisés de type professionnel tels ceux d'administration, de droit, de communication, voire même de relations industrielles ou de type disciplinaire comme ceux de sociologie et de science économique. Ici, ce n'est pas le cas. Il en découle que nous produisons seulement 17 % des diplômés de premier cycle en sciences sociales au Canada comparativement à 51 % en Ontario.

De fait, les effectifs étudiants en sciences sociales au Québec sont moins élevés que ceux de sciences de l'éducation ou de sciences administratives. En 1984-1985, un étudiant sur cinq était inscrit dans un programme de premier cycle en sciences sociales en Ontario alors qu'au Québec, il y en avait seulement un sur neuf. Il y a là une réalité qui ne confirme en rien l'idée selon laquelle les sciences sociales au Québec auraient connu et connaîtraient encore un développement massif et hypertrophié. Certes, des nuances s'imposeraient car des cours avec des contenus de sciences sociales sont offerts dans les divers programmes connexes à ceux des sciences sociales. Elles ne modifieraient cependant pas le fait qu'au Québec il y a moins d'étudiants, toute proportion gardée, exposés aux contenus des sciences sociales que ce n'est le cas en Ontario.

Au Québec, par ailleurs, les étudiants, dès lors qu'ils sont inscrits en sciences sociales, connaissent une exposition excessivement pointue. Elle s'exprime par une tendance à l'hyperspécialisation au cégep comme à l'université et par un cloisonnement des programmes à l'université. Ce sont les troisième et quatrième traits que je veux signaler non sans noter au préalable qu'ils s'affirment avec un taux d'intensité plus élevé en milieu francophone qu'en milieu anglophone.

Voyons d'abord l'hyperspécialisation. Selon les coordonnateurs de sciences humaines [6], les étudiants de niveau collégial peuvent suivre jusqu'à six cours dans une discipline, sur une possibilité de douze, pour l'ensemble du secteur des sciences humaines — ce secteur englobe les sciences sociales au cégep — et restreindre d'autant tout contact avec les autres disciplines des sciences humaines ou des sciences sociales. Une telle possibilité n'est pas indépendante de l'existence d'un nombre élevé de cours différents en sciences humaines — il y en aurait plus de 435 selon Loriot (1989) — et d'une tendance, chez les étudiants, à s'identifier à une discipline précise comme c'est la mode en sciences naturelles. Évidemment, de telles pratiques ne sont pas les seules en vigueur. Il y en a d'autres qui ressemblent plus à une formation éclatée de type cafétéria. C'est d'ailleurs pour contrer de tels cheminements que les coordonnateurs des sciences humaines ont mis au point un nouveau programme qui n'attend que l'aval du ministre de l'Enseignement supérieur et de la Science pour être déployé.

Si, au cégep, un début de spécialisation a pris l'allure d'une hyperspécialisation, à l'université, la spécialisation a conduit à un cloisonnement des programmes sous le contrôle des départements qui en assurent la gestion. Il en a découlé une formation monodisciplinaire et monodépartementale teintée d'une hyperspécialisation. Il s'agit là du quatrième trait. Il n'est pas particulier au Québec et aux sciences sociales. Partout en Amérique du Nord, il a été pointé du doigt. Aux États-Unis, déjà, des réformes majeures sont en cours [7] pour transformer les programmes de premier cycle afin que soit renforcée la formation générale et fondamentale des étudiants grâce à une ouverture en faveur de l'interdisciplinarité et de cours privilégiant des contenus propices au développement d'une pensée critique, à l'étude des minorités ethniques et sociales ou des sociétés étrangères comme à la maîtrise de langages et d'habiletés jugés pertinents.

Ici au Québec, nous en sommes toujours à l'étape de la constatation des effets pervers d'un tel cloisonnement et à celle des suggestions pour en modifier le cours puisqu'il semble y avoir consensus [8] pour procéder à des changements majeurs. Pas à celle de la mise en application. Les membres du comité qui ont réalisé l'étude sectorielle en sciences sociales ont considéré que la priorité des priorités dans ce secteur est de décloisonner la formation au premier cycle. Il y a présentement un investissement considérable de ressources à ce niveau pour favoriser une spécialisation hâtive qui, de toute évidence, sera désuète assez rapidement. Aussi, leur est-il apparu « plus approprié de fournir aux étudiants une formation générale, une connaissance fondamentale de la discipline et des outils intellectuels leur permettant de témoigner d'habiletés diverses et de polyvalence mieux adaptée à un monde en mutation rapide au seuil du XXIe siècle » (Conseil des universités, 1989, p. 77). Dans l'esprit de ces derniers, si les programmes de premier cycle sont ainsi refondus, il en découlera une spécialisation disciplinaire aux cycles supérieurs.

L'ampleur démesurée qu'a prise l'hyperspécialisation des enseignements en sciences sociales au cours des cinq premières années après les études secondaires n'est pas indépendante de l'existence de deux types d'institution, le cégep et l'université, qui se partagent ce temps de formation avec des missions spécifiques et un niveau élevé d'autonomie. Depuis plus de vingt ans, on s'active de part et d'autre à peaufiner le produit offert sans égard envers le produit fini : le diplômé. Je dis bien de part et d'autre car il n'existe pas à vrai dire de concertation entre les spécialistes des sciences sociales qui œuvrent à chacun de ces niveaux. Encore moins d'accord sur ce qui devrait y être dispensé. Il s'agit là du cinquième trait marquant.

Dans un tel contexte [9], on ne doit pas se surprendre des rejets mutuels dont sont l'objet les projets de réforme dès lors qu'ils vont à l'encontre des orientations en cours et des forces en présence. C'est ainsi que la réforme proposée en 1983 dans le Rapport Dumont, réforme inspirée d'une vision aucunement disciplinaire de la formation collégiale, a suscité une contre-réforme mise au point par les coordonnateurs des sciences humaines prônant une approche disciplinaire. Peu connue en milieu universitaire, elle a déjà été critiquée par Gagnon et Beauchesne (1989) qui reprennent, en partie, des éléments mis de l'avant dans le premier projet de réforme. De fait, les structures en place sont propices à produire et reproduire un dialogue de sourds. Aussi, importe-t-il, à mon avis, de «repenser ces deux phases initiales de la formation post-secondaire comme un tout en deux séquences commandant une concertation majeure entre les deux types d'institution qui s'y trouvent associés» (Bariteau, 1989, p. 4). C'est uniquement de cette façon qu'il sera possible de concevoir des activités qui se complètent dans l'optique d'un allégement de l'hyperspécialisation et dans celui d'une prise en compte des éléments de formation générale et fondamentale. Des pistes déjà se développent dans cette voie. Il faudra beaucoup de doigté pour les faire converger et une approche qui ne minimise pas les contraintes propres à chaque niveau, notamment les pratiques en cours et les forces sociales en présence.

Il existe, évidemment, plusieurs autres traits qui caractérisent l'état de l'organisation de l'enseignement des sciences sociales au Québec. Je pense, entre autres, à la faible production de docteurs, à la durée des études de maîtrise, à la prolifération de certificats de toutes sortes tant au cégep qu'à l'université, à la quasi-absence d'exigences d'entrée à l'université, à l'absence d'examen général pour l'obtention d'un D.E.C. en sciences humaines. Ces traits ne sont pas sans lien avec ceux que j'ai présentés. Ils me sont apparus telle une conséquence d'une spécialisation hâtive, celle-ci étant certainement la résultante d'un système d'enseignement qui, tout compte fait, a négligé la prise en compte d'une formation générale adéquate et d'un apprentissage aux fondements d'un champ de connaissance, deux préalables essentiels à toute spécialisation.

Vu sous cet angle, l'enseignement des sciences sociales au Québec ne contribue guère à l'essor d'une culture québécoise originale puisqu'il n'est pas vraiment dispensé à l'ensemble de la population étudiante des niveaux postsecondaires et se réalise, tout compte fait, en vase clos en privilégiant une approche disciplinaire pour la compréhension et la connaissance des problèmes sociaux, approche qui n'a de sens que dans une formation aux cycles supérieurs.

Écho en grande partie des tendances qui s'expriment au premier cycle dans les disciplines professionnelles, cette situation doit être renversée. Il s'agit là du principal défi pour favoriser un enseignement plus important des sciences sociales au Québec. Le relever contribuera à modifier notre façon de raisonner les problèmes de la société québécoise contemporaine et de transmettre le fruit de nos réflexions. Pour contrer l'hyperspécialisation, il suffit, à mon sens, d'identifier un ensemble de cours propices à une formation générale contemporaine et de les rendre obligatoires au cours des cinq premières années de l'enseignement postsecondaire sans s'empêtrer dans les missions définies il y a vingt ans pour caractériser les niveaux d'enseignement. Quant à l'élargissement de la portée de nos enseignements, ce sera plus difficile. Il y a néanmoins une réflexion enclenchée en ce sens au Conseil des universités. Il faudra s'y associer si tant est que l'on désire contribuer à une culture générale contemporaine portée par tous les étudiants québécois. Si nous demeurons en marge de cette réflexion, il y a de fortes chances que se reproduise la situation qui prévaut actuellement.

À PROPOS DE LA RECHERCHE

Qu'en est-il de la recherche ? Selon Berdahl [10], un des plus éminents analystes de la gestion des universités américaines, l'hyperspécialisation de l'enseignement découlerait d'une forte valorisation de la recherche. Plus celle-ci est jugée importante, plus les professeurs orientent leurs activités académiques en fonction d'elle. Ils font des demandes de subvention, s'activent en recherche de toutes sortes, surtout de type disciplinaire, publient, exposent leurs résultats dans des colloques et enseignent de préférence aux étudiants gradués, délaissant ainsi les enseignements de base aux chargés de cours. Au Québec, dans le secteur des sciences sociales, ce portrait d'ensemble est véhiculé par certains professeurs qui, intéressés principalement par l'enseignement — je pense à Gagné (1987) et Pichette (1987) — se sentent dévalorisés et voient dans les activités de recherche « tous les atouts pour ce qui est de se libérer des « contraintes » de l'enseignement » et une tendance « en direction d'une subordination de l'enseignement aux « priorités » de la recherche » (Gagné, 1987, p. 55).

À mon avis, nous n'en sommes pas là. Certes, il y a ici et là des pressions exercées en ce sens par des collègues qui s'adonnent de façon intense, à un moment particulier de leur carrière, à des activités de recherche subventionnée. Toutefois, bien que les professeurs québécois consacrent un peu plus de temps à la recherche que leurs homologues canadiens ou américains et s'activent en général plus que ces derniers à présenter des projets auprès d'organismes subventionnaires, il n'en demeure pas moins que l'espace occupé par la recherche en sciences sociales dans les universités demeure au total assez réduit et risque, ces prochaines années, de se ratatiner davantage. C'est du moins ce que je vais tenter de mettre en relief en traitant de l'organisation de la recherche en sciences sociales et des traits majeurs qui s'en dégagent.

La recherche en sciences sociales, qu'elle soit subventionnée ou non, paraît de prime abord une activité hautement valorisée par les professeurs du Québec en milieu universitaire. D'après Adair (1984), ils y consacrent environ 30 % de leur temps-travail, ce qui est supérieur au pourcentage atteint par leurs homologues ontariens et canadiens. Mieux, un professeur sur cinq au Québec réalise des recherches subventionnées ou commanditées comparativement à un sur sept dans l'ensemble du Canada. Une étude récente de Gagnon (1988) portant sur la recherche québécoise en sciences sociales et humaines subventionnée par le CRSHC a montré que la participation est plus élevée au Québec pour les volets « subventions de recherche » et « subventions stratégiques » que partout ailleurs au Canada. Selon cet auteur, le Québec « affiche pour 1984-1985 et 1985-1986 un niveau de participation, exprimé en pourcentage, presque deux fois supérieur à l'Ontario et à l'ensemble canadien » (Gagnon, 1988, p. 25).

Peut-on voir dans ces chiffres autre chose qu'un intérêt à la recherche plus développé chez les professeurs québécois ou encore une des conséquences de l'institutionnalisation des sciences sociales et de la révolution académique qui en a découlé ? Quiconque connaît les conditions de travail dans les universités ontariennes et québécoises aura plutôt tendance à lire dans ces chiffres la résultante de celles-ci. Les professeurs ontariens et canadiens, à cause de la place occupée par les sciences sociales dans la formation générale et des charges de cours qu'ils réalisent — la moyenne dépasse cinq cours/année alors qu'elle n'atteint pas quatre au Québec —, ne peuvent dépenser autant d'énergie à réaliser des demandes de subvention. Aussi, celles-ci sont-elles le lot d'un nombre restreint d'entre eux qui bénéficient d'ailleurs de conditions particulières pour les présenter surtout si elles visent le volet « grandes subventions de recherche ». Ils obtiennent d'ailleurs des résultats en conséquence pour ce concours puisqu'ils ont un rendement supérieur eu égard à leur participation.

En d'autres termes, les professeurs québécois en sciences sociales investissent plus en recherche parce qu'ils ont plus de temps pour le faire, ce qui est un avantage important. Ce temps est aussi employé pour des fins de publication. Les professeurs québécois des unités actives aux deuxième et troisième cycles publient tout autant sinon plus que leurs homologues des bons départements à l'extérieur du Québec, y compris aux États-Unis. Ils gèrent même collectivement un nombre élevé de revues savantes qui témoignent de leurs travaux de recherche et de leur production académique.

Cette production, contrairement à celle des sciences exactes, révèle un fort penchant en faveur de publications individualisées. Les recherches qui y conduisent sont d'ailleurs réalisées plus souvent qu'autrement par des professeurs travaillant seuls. Il s'agit là d'une caractéristique importante de l'activité de recherche en sciences sociales. Elle découle fort probablement des conditions de réalisation des recherches et des pratiques qui se sont développées. Plusieurs recherches en sciences sociales ne nécessitent pas des cueillettes originales de données ou des traitements sophistiqués. Elles peuvent être menées à terme grâce à un usage judicieux de la bibliothèque ou de diverses sources de données déjà existantes. Celle qui m'a permis de produire ce texte est de cet ordre. Ce type de recherche est peu valorisé par les administrateurs puisqu'il ne génère pas de fonds. Il est néanmoins le plus couramment déployé. Le modèle du professeur travaillant seul s'est même transposé dans la recherche subventionnée. Ceux qui s'y adonnent le font plus souvent de façon seule ou en équipe restreinte, peu intégrée au total. C'est probablement pour toutes ces raisons que le Québec présente une «excellente performance en ce qui a trait à la recherche individuelle privilégiée par le programme «subventions de recherche» où plus de 70 % des subventions sont accordées à des chercheurs individuels» (Gagnon, 1988, p. 25). Une telle performance ne se retrouve pas du côté de la recherche menée en groupe. C'est probablement aussi pour ces raisons que le Conseil des universités invitait, en 1987, le fonds FCAR à réserver une partie de l'enveloppe «programme de subventions aux équipes de recherche» pour des subventions individuelles de recherche [11]. Enfin, c'est probablement aussi pour ces raisons qu'il existe peu de centres de recherche et encore moins de centres créés sous l'impulsion des chercheurs. De fait, lorsqu'il y en a, il y a toujours une main invisible qui s'est manifestée et a produit des effets structurants. Main invisible qui peut toujours se manifester en sens contraire soit pour empêcher la création d'un centre ou procéder à sa fermeture.

La recherche réalisée en sciences sociales possède un autre trait majeur. Elle est surtout de type disciplinaire et demeure fortement associée à la formation de chercheurs. Ce penchant n'est pas sans rapport avec la présence d'un nombre élevé de docteurs formés dans diverses institutions hors du Québec qui ont contribué à ce que certains qualifient de «révolution académique» des sciences sociales au Québec, révolution qui s'est déployée après une première phase d'institutionnalisation au début des années 1970.

Ce penchant a une contrepartie. La recherche thématique et stratégique n'est guère développée présentement. Il en est de même de la recherche sociale appliquée, voire de la recherche commanditée. Tout le champ du transfert des connaissances et de l'application de celles-ci est donc minimisé. Ce constat nécessite des nuances. En réalisant un relevé auprès de la Direction générale de l'enseignement et de la recherche universitaires, je me suis rendu compte que ce penchant a pris de l'ampleur principalement à la fin des années 1970, ce qui confirme l'idée de la « révolution académique ». Antérieurement à cette date, la recherche commanditée était importante en sciences sociales, tout particulièrement en sociologie et en science économique. Par exemple, en 1975, 27,6 % des budgets de recherche en sciences sociales provenaient de commandites. En 1988, ce pourcentage a chuté de moitié. Il n'est d'ailleurs le produit que d'un projet sur vingt en 1988 alors qu'il provenait d'un projet sur cinq en 1975 [12].

Un effort de recherche déployé en faveur d'activités principalement disciplinaires ne peut être qu'à l'honneur des professeurs québécois puisque, ce faisant, ils s'associent aux objectifs fondamentaux de l'université. Cet effort les a même conduits à connaître des résultats plus que satisfaisants là où ils sont en compétition avec leurs homologues canadiens. De 1978 à 1988, bon an mal an, les professeurs québécois en sciences sociales obtiennent presque le tiers du budget du programme « subventions de recherche » du CRSHC (voir le tableau 1). Pour les disciplines fondamentales, c'est-à-dire l'anthropologie, la science économique, la science politique et la sociologie, ce pourcentage est de 35,7 %. On découvre même à l'analyse que ces performances sont en constante progression et atteignent des taux plus élevés dans certaines disciplines dont l'anthropologie. Il y a là des éléments très positifs si l'on tient compte que les effectifs professoraux québécois sont de moitié inférieurs à ceux de l'Ontario.

Doit-on conclure que les professeurs québécois en sciences sociales sont choyés sous l'angle de la recherche ? Les données du ministère de l'Enseignement supérieur et de la Science, comme celles recueillies auprès des diverses administrations universitaires, ne permettent aucunement de réaliser un pas dans cette direction. Les professeurs québécois réalisent de telles performances à l'intérieur d'une enveloppe budgétaire qui se réduit d'année en année. Les budgets affectés par les administrateurs aux sciences sociales pour les achats d'équipements de base et les services essentiels, en particulier les acquisitions en bibliothèque, principal laboratoire en sciences sociales, régressent constamment depuis 1980. C'est du moins ce qui ressort de l'Étude sectorielle en sciences sociales. Pire, la portion de l'ensemble des budgets de recherche en milieu universitaire affectée aux sciences sociales a diminué de plus de la moitié

TABLEAU 1

**Montants des « subventions de recherche »
du CRSHC affectés au secteur des sciences sociales et à celui des
disciplines fondamentales dans les universités canadiennes et québécoises,
et pourcentages correspondants, 1978-1988** [1]

Année		Subventions totales Canada	Subventions totales Québec	Pourcentage Québec/ Canada
1978-1979	SSS [2]	1 790 453	393 268	22,0
	DF	1 003 692	349 171	34,8
1979-1980	SSS	2 902 443	497 332	17,1
	DF	1 605 576	224 109	14,0
1980-1981	SSS	2 963 792	926 270	31,3
	DF	1 785 944	624 176	34,9
1981-1982	SSS	3 952 178	1 274 525	32,2
	DF	2 571 793	907 245	35,3
1982-1983	SSS	6 204 050	2 064 532	33,2
	DF	4 419 318	1 613 264	36,5
1983-1984	SSS	6 045 765	1 920 313	31,8
	DF	4 138 867	1 621 499	39,2
1984-1985	SSS	5 375 408	1 818 481	33,8
	DF	3 146 370	1 179 630	37,5
1985-1986	SSS	7 221 048	2 286 321	31,7
	DF	3 990 682	1 565 919	39,2
1986-1987	SSS	4 897 591	1 722 725	35,2
	DF	3 045 558	963 098	31,6
1987-1988	SSS	9 948 689	3 560 747	35,8
	DF	5 691 966	2 160 804	38,0
Total	SSS	51 301 417	16 464 534	32,1
	DF	31 399 786	11 208 915	35,7

1. Données calculées à partir des rapports annuels du CRSHC.
2. SSS signifie le secteur des sciences sociales tel que défini précédemment et DF, les disciplines suivantes : anthropologie, science économique, science politique et sociologie.

**Subventions et contrats de recherche dans le secteur
des sciences sociales et dans les disciplines fondamentales de ce secteur
par rapport à l'ensemble des subventions et contrats de recherche
dans les universités québécoises pour les années 1974-1975 à 1987-1988** [1]

Année		Subventions	Subventions totales	Pourcentage SSS-DF/ subventions totales
1974-1975	SSS [2]	4 556 147	55 154 600	8,2
	DF	3 021 880		5,5
1975-1976	SSS	4 006 736	64 317 782	6,2
	DF	2 238 659		3,5
1976-1977	SSS	3 805 817	67 068 570	5,6
	DF	2 338 112		3,5
1977-1978	SSS	4 476 631	73 654 577	6,1
	DF	2 322 292		3,1
1978-1979	SSS	4 620 169	82 715 559	5,6
	DF	2 347 016		2,8
1979-1980	SSS	5 492 638	95 689 896	5,7
	DF	2 955 469		3,1
1980-1981	SSS	5 383 077	117 979 221	4,6
	DF	2 816 723		2,4
1981-1982	SSS	6 549 020	140 787 110	4,7
	DF	3 158 037		2,2
1982-1983	SSS	6 300 831	156 350 089	4,0
	DF	3 543 936		2,3
1983-1984	SSS	6 425 910	176 718 764	3,6
	DF	3 585 806		2,0
1984-1985	SSS	6 942 100	194 426 365	3,5
	DF	4 048 301		2,0
1985-1986[3]	SSS	9 772 266	212 232 816	4,6
	DF	5 647 857		2,7
1986-1987	SSS	10 344 676	224 834 391	4,6
	DF	4 708 409		2,1
1987-1988	SSS	9 426 753	257 613 357	3,6
	DF	4 760 288		1,8

1. Compilations effectuées à partir des données de la Direction générale de l'enseignement et de la recherche universitaires du ministère de l'Enseignement supérieur et de la Science.
2. Voir la note 2 au tableau 1.
3. Avant 1985-1986, les subventions suivantes n'étaient pas ventilées par grand secteur : appareillage, frais de calcul, bourse de voyage, tenue de conférence et aide à l'édition.

de 1974 à 1988. Pour l'ensemble des disciplines et spécialités du secteur, elle est passée de 8,2 % à 3,6 % alors qu'elle a chuté de 5,5 % à 1,8 % pour les disciplines fondamentales [13] (voir le tableau 2). Par contre, la proportion des projets présentés en sciences sociales est demeurée semblable de telle sorte que chacun d'eux s'est vu attribuer en 1988 un montant quasi identique à ceux de 1974, soit respectivement 12 726 $ et 12 242 $ alors que ce montant doublait pour l'ensemble de la recherche effectuée en milieu universitaire, passant de 11 725 $ à 24 837 $. En dollars constants, les montants alloués à la recherche en sciences sociales en 1974-1975 étaient même supérieurs à ceux de 1987-1988, soit 4 556 147 $ par rapport à 3 465 718 $. Comme les effectifs professoraux ont doublé durant cette période, l'assiette financière apparaît telle une peau de chagrin.

Voilà des chiffres inquiétants guère révélés par les administrateurs, ceux-là même qui continuent à presser les professeurs pour qu'ils fassent des demandes de subvention. Il faudrait peut-être qu'ils pressent ailleurs, là où se prennent les décisions concernant l'allocation des budgets de recherche. Dans ces lieux, en particulier au fonds FCAR et au CRSHC, des changements majeurs sont en voie de réalisation. Dans un cas, le fonds FCAR, on cherche maintenant à atteindre l'excellence par le biais de collectifs de recherche, modèle inspiré des sciences exactes. Dans l'autre, le CRSHC, l'excellence sera recherchée par des « programmes de recherche globaux » de haute qualité plutôt que par des « projets précis et bien circonscrits ». Ce modèle s'inspire aussi de celui des sciences exactes. Ces deux changements vont avoir un impact sur la recherche en sciences sociales dans la mesure où ils ne s'harmonisent pas tout à fait avec les pratiques et les habitudes des professeurs. Déjà, le modèle prôné par le fonds FCAR a fait des ravages en provoquant une diminution substantielle du nombre de professeurs subventionnés. Si le CRSHC oriente ses choix sur des bases analogues, il y a de fortes chances que soit évacué de la recherche un pourcentage important de professeurs québécois.

Ces traits marquants et actuels de la recherche en sciences sociales ne vont pas dans le sens des propos de Gagné (1987) ou de Pichette (1987), propos selon lesquels la recherche serait devenue un monstre qui gouverne tout et contribue à discréditer l'enseignement. Bien au contraire, l'espace occupé par la recherche en sciences sociales s'est restreint au cours des dernières années. Pourtant, cette recherche conserve un caractère hautement disciplinaire et demeure le fait d'individus plus que de collectifs, de groupes ou d'équipes multidisciplinaires, ce qui correspond à ce que l'on est en droit de s'attendre dans les universités. Ces traits, en particulier celui témoignant d'une forte propension en faveur de recherches de type disciplinaire, donc de recherches associées à un certain morcellement du savoir puisque les disciplines y conduisent, ont-ils eu un impact majeur sur l'interprétation de la société québécoise comme une totalité ?

Pour certains observateurs, reprenant une idée émise au début des années 1980 par Fougeyrollas (1980), ce serait le cas. Pichette (1987), par exemple, affirme même qu'en « fractionnant le savoir sur la société [...] en des informations afférentes aux différentes pratiques prises isolément, la recherche en sciences sociales a contribué à la pauvreté du regard que la société jette sur elle-même » (Pichette, 1987, p. 34). Je ne partage pas cette idée. Il y en a d'autres, à mon avis, qui peuvent être mises de l'avant pour répondre à la question de fond que pose ce colloque, à savoir la difficulté d'interpréter la société québécoise comme une totalité. Certes, l'on pourrait faire un parallèle entre l'importance prise par la recherche disciplinaire et la diminution du nombre de publications traitant du Québec comme totalité depuis 1980 puisque, durant cette décennie, ces publications furent à la baisse, les quelques ouvrages produits prenant souvent la forme tantôt de bilan, tantôt d'essai. Ce ne serait toutefois qu'un parallèle. À mon avis, le choc créé par le referendum de 1980 y est pour beaucoup dans cette baisse de production, beaucoup plus que le morcellement disciplinaire. D'ailleurs, ce morcellement, lorsqu'on regarde ce qu'il a généré comme production, aurait permis que s'élaborent des fragments d'un regard nouveau sur différents aspects de la réalité québécoise, regard nouveau porteur, à mon avis, d'une éventuelle réflexion plus globale dans la mesure où les recherches effectuées ont davantage débouché sur des comparaisons avec d'autres sociétés et, du coup, sur une nouvelle façon de lire ce qui se passe ici.

CONCLUSION

Il y a évidemment d'autres raisons, notamment les conditions financières auxquelles j'ai fait allusion. J'hésite à aller au-delà de ces commentaires car j'ai voulu limiter mon propos aux traits marquants de l'organisation de l'enseignement et de la recherche en sciences sociales au Québec.

Ces traits révèlent un paradoxe. Je voudrais conclure sur cette idée. Les sciences sociales, porteuses d'un discours nouveau au tournant des années 1960, discours d'ailleurs alimenté par des recherches empiriques d'envergure, ont connu par la suite un développement académique non négligeable. Présentement, elles sont dans une position critique dans l'enseignement et la recherche alors que, partout ailleurs, les disciplines et les spécialités qui les composent sont sollicitées pour contribuer à la compréhension des problèmes sociaux et culturels contemporains.

Elles sont dans une position critique au niveau de l'enseignement puisqu'elles ne contribuent guère à une formation générale contemporaine, exclues qu'elles sont de ces préoccupations au Québec, et ne rejoignent qu'un nombre limité d'étudiants dans les institutions d'enseignement postsecondaire. Elles sont dans une position critique aussi au niveau de la recherche non seulement parce que l'enveloppe budgétaire se rétrécit mais surtout parce que les orientations en cours au fonds FCAR et au CRSHC risquent fortement d'écarter bon nombre de professeurs d'activités de recherche subventionnée, ce qui ne sera pas sans inciter les administrateurs universitaires à vouloir hausser les activités d'enseignement des professeurs, limitant du coup le pourcentage de temps-travail consacré à la recherche. Ce temps-travail, rappelons-le, a favorisé la constitution au Québec d'une expertise de haute qualité en sciences sociales. Cette double position critique révèle en fait le peu d'importance accordée aux sciences sociales au Québec. Si des coups de barre ne sont pas donnés, la marginalisation de ces disciplines ne saurait que s'accentuer. En effet, s'il n'y a aucune ouverture pour intégrer les sciences sociales dans l'essor d'une culture québécoise contemporaine et aucun changement significatif dans les orientations prévisibles de la recherche, l'on se retrouvera avec des effectifs professoraux qui seront jugés excédentaires de telle sorte que le renouvellement de la force de travail actuelle sera même questionné.

Un tel scénario est en gestation. Pour aller dans une direction contraire et participer à l'élaboration d'une nouvelle conception de la réalité québécoise en repensant le sens donné au travail, en repensant les référents constitutifs de l'individualité et de la citoyenneté, ceux des cultures, des sociétés, voire même des villes, en repensant notre ouverture aux autres sociétés et cultures, nos politiques sociales, nos formes de gestion de la main-d'œuvre, en repensant les relations ethniques, la répartition des ressources et des revenus, l'accès à la consommation, la marginalité croissante de catégories de citoyens, le développement et la qualité de la vie, la protection de l'environnement, etc., il faudra s'assurer d'abord que nous avons les conditions propices pour le faire dans l'enseignement et la recherche en étant présent là où se prennent les décisions et en revendiquant des espaces nouveaux non sans améliorer ce qui se fait déjà.

Dans son petit livre intitulé *Au rendez-vous du nihilisme*, Jannoud (1989) signale, à la toute fin, la nécessité de se préparer « à une relève de la pensée dont les contours sont difficilement imaginables » mais qui ne peuvent s'affirmer qu'en rompant « avec les innombrables aliénations du savoir conquérant, acteur et complice de l'idéologie de la modernité ». Il ajoute qu'une « relève de la pensée ne se décide pas et on ne sait pas quand et comment elle survient ». Tout au plus, « on ne peut que proclamer sa nécessité et pressentir où elle devra s'exercer, sans savoir si elle viendra un jour » (Jannoud, 1989, p. 148). D'une certaine façon, mon exposé s'est inscrit dans cette ligne de pensée. J'ai présumé que le milieu académique est le lieu où peut se façonner une relève en sciences sociales en autant que ceux qui y œuvrent puissent avoir l'opportunité de réfléchir sur les problèmes de l'heure et celle tout aussi importante de véhiculer leurs réflexions au-delà des cercles fermés dans lesquels ils s'agitent présentement.

NOTES

1. Je pense à Julien (1989), Lefebvre (1989), Cassen (1989), Ramonet (1989), Decornoy (1989) et De Brie (1989) qui ont contribué au Dossier pour une remise à jour : Le temps des ruptures, publié dans *Le monde diplomatique* de mai 1989.

2. Je pense principalement à Jannoud (1989).

3. Notamment, à l'Université Laval, par le Rapport Roy (1968) et la Commission Dion (1979).

4. Je pense à Dufresne (1984) et Turgeon (1989).

5. Il s'agit du texte présenté par Claude Castonguay (1989).

6. Voir le document produit par ces derniers, publié par le ministère de l'Enseignement supérieur et de la Science (1988) intitulé : « Le programme révisé de sciences humaines au collégial ».

7. C'est du moins ce que signale un article paru dans *The Chronicle of Higher Education* publié en 1987.

8. Voir le rapport du Conseil des universités sur une table ronde sur l'enseignement universitaire de 1er cycle (1988).

9. Il existe un organisme pour assurer une coordination, le Comité de liaison Enseignement supérieur — Enseignement collégial (CLESEC). Il n'a pas siégé plus d'une fois entre 1985 et 1988.

10. Voir le résumé de sa pensée dans National Endowment for the Humanities (1988).

11. Voir Conseil des universités, 1987, p. 32.

12. Compilation effectuée à partir de données de la Direction générale de l'enseignement et de la recherche universitaires du ministère de l'Enseignement supérieur et de la Science.

13. Signalons qu'un phénomène analogue s'est produit dans le secteur des sciences humaines puisqu'il est passé de 14,5 % à 8,7 %.

BIBLIOGRAPHIE

Adair, J.C., *La recherche en sciences sociales : une étude sur le financement, le rendement et les attentes des chercheurs universitaires en sciences sociales*, Conseil de la recherche en sciences humaines, Division de l'information, 1984.

American Council of Education, « A New Wave of Curricular Reform : Connections Between Disciplines », *The Chronicle of Higher Education*, September 2, 1987, p. A28-A34.

Balthazar, L. et J. Bélanger, *L'école détournée*, Montréal, Boréal, 1989.

Bariteau, C., Arrimage avec les universités : un défi stratégique dans un contexte favorable, texte présenté au Colloque « Les sciences humaines au collégial », juin 1989, 12 p.

Cassen, B., « Les moyens de s'affranchir du travail aliéné », *Le monde diplomatique*, mai 1989, p. 17.

Castonguay, C., « L'université et la coopération internationale : tous les champs de formation doivent être ouverts à la dimension planétaire », *Le Devoir*, 14-6, 1989, p. 9.

Commission royale d'enquête sur l'enseignement dans la province de Québec, *Rapport de la Commission royale d'enquête sur l'enseignement dans la province de Québec*, Québec, La Commission, (Rapport Parent), 1966.

Conseil des universités, *Étude sectorielle en sciences sociales, Rapport final*, Code 2310-0134, 1989.

————, *Table ronde sur l'enseignement universitaire de 1er cycle*, Annexe 2, Sommaire des réponses des universités, 1988, p. 3-36.

————, *L'évolution du fonds FCAR à la lumière de son plan triennal et de l'évaluation de ses programmes*. Avis du Conseil des universités au ministère de l'Enseignement supérieur et de la Science, Code 2301-0081, 7, 1987.

Conseil supérieur de l'éducation, *Du collège à l'université : l'articulation des deux ordres d'enseignement supérieur*. Gouvernement du Québec, Direction des communications, 1988.

De Brie, C., « Le couple État-nation en instance de divorce », *Le monde diplomatique*, mai 1989, p. 20 et 21.

Decornoy, J., « De l'irresponsabilité mortelle à la vraie maîtrise de la vie », *Le monde diplomatique*, mai 1989, p. 20 et 21.

Direction générale de l'enseignement collégial, *Orientations de la concentration en sciences humaines au niveau collégial*, Rapport du groupe de travail présidé par Fernand Dumont, 1983.

Direction générale de l'enseignement collégial, *Le programme révisé de sciences humaines au collégial*, Document de consultation, 1988.

Dufresne, J., « Regard critique sur les sciences sociales au Québec » in Lévesque, G.-H., *Continuités et ruptures : les sciences sociales au Québec*, Montréal, Presses de l'Université de Montréal, 1984, p. 597-604.

Fougeyrollas, P., *Sciences sociales et marxisme*, Paris, Payot, 1980.

Gagné, G., « Notes sur l'interdisciplinarité », *Société*, automne 1987, p. 41-61.

Gagnon, N. et C. Beauchesne, *Le programme de sciences humaines au collégial : perspectives critiques*, Rapport de recherche, Département de sociologie, Université Laval, 1989.

Gagnon, S., *La recherche québécoise en sciences sociales et humaines subventionnée par le CRSHC*, Document préparé pour le fonds FCAR, 1988.

Jannoud, C., *Au rendez-vous du nihilisme*, Paris, Arlea, 1989.

Julien, C., « Le temps des ruptures », *Le monde diplomatique*, mai 1989, p. 15 et 22.

Laplante, L., *L'université : questions et défis*, Québec, Institut québécois de recherche sur la culture, 1988. (Coll. « Diagnostic », n° 8).

Lefebvre, H., « Quand la ville se prend dans une métamorphose planétaire », *Le monde diplomatique*, mai 1989, p. 17.

Loriot, G., « Une double évolution contradictoire », *Le Devoir*, 12-7, 1989, p. 9.

Maheu, L., *La formation à la recherche en travail social à l'heure du rapport Maheu*, Conférence prononcée dans le cadre du colloque du RUFTSQ, mai 1989.

National Endowment for the Humanities, « To Reclaim a Legacy », *The Chronicle of Higher Education*, 1984, XXIX-14, p. 16-21.

Pichette, J., « Des humanités à l'ingénierie sociale », *Société*, automne 1987, p. 21-40.

Ramonet, J., « Le devoir de culture, la nécessité d'autres messages », *Le monde diplomatique*, mai 1989, p. 18 et 19.

Turgeon, M., « L'enseignement de la philosophie et la formation générale » in Pirotte, N., *Penser l'éducation : nouveaux dialogues avec André Laurendeau*, Montréal, Boréal, 1989, p. 189-198.

Université Laval, Comité de développement et de planification de l'enseignement et de la recherche, *Un projet de réforme pour l'Université Laval*, Québec, Université Laval, (Rapport Roy), 1968.

————, Commission d'étude sur l'avenir de l'Université Laval, *Pour la renaissance de l'Université Laval*, Rapport de la Commission d'étude sur l'avenir de l'Université Laval, Québec, La Commission, (Commission Dion), 1979.

Documentations consultées

CRSHC	Les rapports annuels de 1978 à 1988-1989
Fonds FCAR	Les rapports annuels de 1980-1981 à 1988-1989
MESS	Fichier sur la recherche universitaire de 1974 à 1988

La société québécoise et l'information
Les médias assument-ils leur responsabilité face à la situation actuelle du Québec?

Paul-André Comeau

Dans toute société, les représentations collectives survivent aux événements, aux accidents qui leur ont donné naissance. Les clichés, les images au sujet de l'information n'échappent pas à cette quasi-tautologie. Le Québec de l'aube des années 1990 jauge encore sa presse et le monde de l'information à l'aulne des certitudes forgées à la faveur des premières années de la Révolution tranquille.

Et pourtant, la presse et l'information, au cours des trois dernières décennies, ont épousé les transformations les plus tranchantes du Québec. Il serait timoré l'observateur qui n'oserait parler d'évolution spectaculaire, au sens fort de cette épithète, au cours de cette même période. Le vocabulaire quotidien a enregistré certaines de ces transformations les plus évidentes. On distingue maintenant, à la grande surprise des Européens, la presse écrite des médias électroniques. La mode se porte sur les communications. Les notions de Marshall McLuhan se sont insérées dans le jargon de monsieur tout le monde. Les directeurs des services de presse ont cédé la place à des vice-présidents aux communications, ou encore mieux, à des responsables des affaires publiques. De l'université à l'entreprise, le paysage s'est enrichi d'une série de disciplines dont, hier encore, on faisait l'apprentissage sur le tas, qui se pratiquaient avec l'élan de la grâce d'état, comme on disait naguère avec le plus imperturbable des sérieux.

La presse, pour employer un terme générique qui a de réelles lettres de noblesse, poursuit-elle un cheminement parallèle et analogue à celui de la société ? Moins ambitieuse que toute quête de causalité, cette interrogation sous-tend pourtant une démarche importante pour l'historien, pour le sociologue, pour le praticien du métier d'informer. La presse permet-elle de comprendre le cheminement d'une société ? En quoi, la presse d'ici mène-t-elle à une découverte, à tout le moins à une meilleure appréhension de ce que nous sommes devenus collectivement au cours du dernier quart de siècle ?

Aligner ces questions, c'est postuler un lien causal entre presse et société. Postulat de même venue que la relation toujours supposée entre une société et la qualité de ses leaders politiques. Sans vouloir engager de débat où l'épistémologie devrait occuper une part considérable, il me paraît plus simple, mieux adapté aux objectifs d'une honnête interrogation, de tenter de cerner l'éclairage que jettent réciproquement l'un sur l'autre, presse et société. Révélateur et miroir tout à la fois, la sociologie de la presse fournit des pistes, esquisse des balises.

Dans cette interpellation réciproque, sociétés et médias sont envisagés comme des acteurs autonomes, ou presque. Ce presque, c'est le lieu où s'inscrivent l'activité et le rôle des journalistes, des « communicateurs généralistes », autre concession au jargon actuel. Plutôt que d'aligner des considérations métaphysiques sur le rôle et les responsabilités de la presse et des journalistes, l'examen des transformations enregistrées au sein du monde de l'information s'impose comme démarche préliminaire. D'où une série de points d'interrogation sur les relations entre cette mutation et les changements au sein de la société elle-même. L'objectif ne vise nullement à jeter les bases d'un catalogue. Il s'agit plutôt de dégager l'impact des tendances et orientations au sein de la société sur l'évolution des médias eux-mêmes. Il sera alors peut-être possible de revenir à des interrogations plus classiques sur le sens d'une presse libre dans une démocratie préservée.

LA MOUVANCE NORD-AMÉRICAINE

L'évolution de la presse au Québec, au cours du dernier quart de siècle, s'est inspirée, avec un léger décalage, du modèle nord-américain. Rien de très original à cela. On peut avancer pareille hypothèse dans une foule de domaines du comportement collectif. Presse et information, on connaît les craintes, justifiées d'ailleurs, des journalistes eux-mêmes devant la concentration des titres de propriété aussi bien dans la presse écrite que dans l'audio-visuel. Le même problème se vit actuellement en Europe occidentale à une échelle encore plus significative qu'au Québec.

À l'exception notable de Conrad Black, les magnats de la presse de l'extérieur du Québec ne lorgnent pas tellement de ce côté-ci, du moins en ce qui concerne la presse écrite. L'étroitesse, mais surtout la spécificité (ou l'exotisme ?) du marché expliquerait cette forme d'immunité dont bénéficie actuellement la presse d'ici. Prophétiser dans ce domaine serait témérité naïve.

D'autres aspects de cette adaptation, plus ou moins forcée, au modèle nord-américain ont moins sollicité l'attention. Transformation des habitudes du citoyen-consommateur, démarches des artisans des médias pour suivre le rythme et bien lire les tendances de la société : ce regard à la frontière du marketing et de la réflexion philosophique est parfois tenté, rarement systématisé.

Au premier rang de ces transformations importantes et manifestes, il faut d'abord signaler ce qu'il faut appeler, faute de terme moins explicite, la « tabloïdisation » du genre. Ce néologisme qui fait sursauter les puristes correspond d'abord à un format physique dans la presse écrite. Mais il traduit aussi un genre qui, on doit le reconnaître, fait fureur dans tout ce qui est information. On parle maintenant d'information tabloïde à propos de certains types d'émissions de télévision non seulement de l'autre côté de la frontière, mais dans nos propres plates-bandes. J'en donnerai comme exemple l'émission *Caméra 89* (ou 90) au réseau Quatre Saisons. Même constatation, chapitre radio, avec *L'Informateur*, de Pierre Pascau, à CKAC.

Ces changements de format et de style se sont infiltrés dans nos habitudes de façon progressive : d'où le peu d'intérêt que les chercheurs y ont consacré. Ces changements ont pourtant entraîné un bouleversement radical dans l'ensemble de l'industrie, en plus de favoriser, d'accélérer un glissement d'habitudes des Québécois.

Arrêtons-nous un instant à l'une des réussites les plus éclatantes de la presse dans l'ensemble de la francophonie. Le cas du *Journal de Montréal* (et de son volet québécois) mérite plus qu'une note en bas de page. Il s'agit là d'un cas d'espèce qui ne manque jamais d'étonner les étrangers de passage au Québec. Avec ses éditions de Montréal et de Québec, le *Journal* se distingue par un taux de pénétration à nul autre pareil dans l'univers francophone. Avec un tirage quotidien qui voisine les 450 000 exemplaires, le journal-amiral de Québecor surpasse, et de beaucoup, ce que Belges, Français et Suisses peuvent afficher en ce domaine. Bien sûr, cette affirmation doit être modulée par la réserve traditionnelle : toute proportion gardée.

Rien n'empêche qu'en regard de la population francophone du Québec, cette pénétration est phénoménale. En France, où le bassin de population est dix fois supérieur au nôtre, en plus de n'être pas étendu ad infinitum, *Ouest-France*, grand quotidien régional, revendique avec fierté un tirage quotidien de 765 195 exemplaires [1]. Si l'on transposait les données statistiques à propos du *Journal* (de Montréal/Québec) à l'échelle de la France, on devrait parler de plus de 4 millions et demi d'exemplaires vendus chaque jour ! Les patrons de presse étrangers arrivent rapidement à cette conclusion lorsqu'ils se penchent sur cette société distincte, qui est la nôtre, dit-on.

Loin de moi l'intention de porter aux nues le succès commercial de l'entreprise de M. Pierre Péladeau. Mais impossible de ne pas m'y intéresser au risque de fausser toute appréciation du problème de l'information au Québec de cette fin de décennie et bientôt de millénaire. L'installation de ces deux quotidiens dans le paysage québécois a surtout bouleversé un ordre des choses mis en place avant la Grande guerre, consolidé au lendemain du Traité de Versailles. Un ordre qui ne paraissait peut-être pas immuable, mais qui donnait l'impression de respecter le rythme de l'évolution de la société d'ici. Des signes avant-coureurs se sont pointés lorsque *Le Canada* a dû, au début des années 1950, fermer ses portes. Tout a basculé, dix ans plus tard. Mais c'est l'avènement et, soyons précis, le succès du *Journal de Montréal* qui devaient marquer le réalignement en profondeur du monde de la presse écrite au Québec.

Réalignement au seul vu des titres : disparus, *L'Action* (catholique), *Montréal-Matin*, pour ne citer que les quotidiens bien implantés. Le mouvement a aussi emporté des hebdomadaires qui avaient rang d'institution nationale comme *La Patrie* ou *Le Petit Journal*.

Nouvelle distribution des lecteurs : le tirage des quotidiens ne s'est pas encore remis de l'irruption du journal de Péladeau, comme on dit avec un je ne sais quoi de mépris et d'envie, tout à la fois. C'est une chose de parler du tassement des tirages : le fait est exact qui traduit ici un phénomène quasi universel en Occident. Le taux de lecture des quotidiens a chuté partout, sauf, semble-t-il, dans les pays scandinaves. C'est un tout autre défi que de rendre compte du nouveau classement de la presse écrite au Québec, du moins de ces cinq ou six quotidiens à vocation, à prétention « nationale ».

Le *Journal de Montréal* a sans doute récupéré une majeure partie de la clientèle traditionnelle de *Montréal-Matin*. Mais son pouvoir de séduction a largement dépassé ce cercle. À Québec, la situation respective du *Soleil* et du *Journal* confirme ce glissement vers le tabloïd. À Montréal, le phénomène se marque encore davantage. Oublions, à ce moment-ci, le cas particulier du *Devoir*. Contentons-nous de comparer le destin respectif de *La Presse* et du *Journal*. À l'exception du samedi, les tirages de plus de 300 000 exemplaires, qui faisaient de *La Presse* « le plus grand quotidien français d'Amérique », ont été oubliés au grenier des souvenirs depuis un bon moment déjà. Le *Journal de Montréal* a ratissé large. Il s'est bâti une clientèle fidèle, nombreuse.

Mais alors, le succès du tabloïd résulterait avant tout d'une recette, d'un format ? C'est la question qui a sous-tendu la tentative de *La Presse* au moment de lancer, il y a quelques années, en format tabloïd, une édition dominicale. L'entreprise a dû être abandonnée pour revenir au grand format traditionnel devant l'étiolement, puis la dégringolade du tirage de cette édition du dimanche.

Cette constatation d'un empirisme élémentaire se double immédiatement d'une autre observation importante. À l'opposé de ce qu'on constate en France, en Grande-Bretagne, le succès incontestable du tabloïd québécois ne s'est pas accompagné de l'avènement, encore moins de la réussite de nouveaux titres « hauts de gamme ». Que l'on songe à *Libération*, à Paris, qui a accompagné les faiblesses du *Monde*, tout en se taillant une place dans ce marché hautement concurrentiel. Que l'on songe à *The*

Independent à Londres qui a réussi à s'implanter en un temps record, en profitant bien sûr, des problèmes du *Times*, mais en ne cédant rien au chapitre de la qualité au royaume de la presse tabloïde.

Mais le succès du tabloïd, au-delà du format ? Pas besoin d'avoir dépouillé des publications savantes pour aligner quelques explications bien reçues.

Sans verser dans le masochisme, amusez-vous à regarder se vider les distributrices, remplies à ras bord de ce quotidien, dans les corridors à l'Université, à l'entrée de certains ministères, dans le hall des édifices où les grandes études, les sociétés prospères ont pignon sur rue. Comment expliquer, quelles hypothèses imaginer pour rendre compte du champ occupé par le *Journal* dans toutes les couches de la société ?

Au-delà du format, c'est le sens, la teneur de l'information — mais surtout la façon de traiter cette matière rédactionnelle — qui caractérise avant tout le genre tabloïd. Primauté au fait divers, abondance de la matière sportive, brièveté des textes, refus du commentaire ou de l'opinion, rôle de la photo et de l'illustration : ces caractéristiques se dégagent d'elles-mêmes. Mais il y a vraisemblablement plus que cela. Au fil des années et à la faveur des interrogations et des doutes, une autre hypothèse me paraît devoir être soumise à l'attention des spécialistes des médias.

Les tabloïds d'ici et notamment le *Journal* ont réussi, avant même le lancement du *USA Today*, à « traduire » graphiquement le rythme et l'impact qui se dégagent de l'information traitée et présentée par la télévision. Arrêtez-vous un instant à l'aspect visuel de ces tabloïds et ramenez à la surface de votre mémoire ce que vous avez retenu des émissions d'information diffusées, hier à la télévision. Ces images rapides, au montage saccadé, ces phrases lapidaires, ces enchaînements de séquences obtenus par la magie de l'électronique où gros plans se figent ou se rétrécissent dans un coin ou l'autre de l'écran : tout cela compose le menu de certaines émissions bien léchées, dont la mieux réussie, dans le genre, est peut-être *Montréal, ce soir*, à Radio-Canada. Refermez les yeux et revenez au *Journal*, la filiation ne peut être niée.

Toute une génération qui a eu la « révélation » des problèmes et des événements d'ici et du monde par le truchement de la télévision, se retrouve dans cette présentation privilégiée par les artisans et maquettistes du *Journal*. La comparaison paraît incomplète, boiteuse ? Portez attention aux textes eux-mêmes, depuis le compte rendu sportif jusqu'à la dépêche en provenance d'un autre coin de la planète. Le téléspectateur a eu droit, la veille, au sujet de ce même événement, à un texte d'à peine 30 lignes. En une minute et demie, rarement deux, il a eu l'impression de tout savoir, de tout comprendre. En ouvrant le *Journal*, le lendemain, il retrouve la même concision, la même présentation simplifiée, digérée, en un sens aseptisée, des problèmes les plus complexes ou les plus élémentaires, c'est selon. Sans parler de l'économie de temps qui est devenue objectif de vie ou prétexte absolu chez tous les jeunes de 7 à 77 ans.

Force est de creuser davantage cette observation. D'autant plus qu'ici au Québec, l'accès à l'information est, plus qu'ailleurs sur ce continent, tributaire du petit écran. D'une étude à l'autre depuis bientôt vingt ans, cette constatation ne fait pas que se vérifier : elle accuse, d'année en année, une tendance de plus en plus prononcée, de moins en moins réversible.

Les maisons de publicité, les conseils des partis politiques ont bien enregistré cette tendance, qui diminuent régulièrement dans leur budget «placements-médias» la part consacrée à la presse écrite. Les deux dernières campagnes électorales ont achevé de boucler la boucle. Au début de la Révolution tranquille, les journaux recevaient près de 80 % des budgets publicitaires en campagne électorale. Il y a tout juste quelques mois, les partis politiques fédéraux et québécois ont été — une fois n'est pas coutume ! — totalement d'accord sur les ressources à affecter à la publicité dans la presse écrite : un peu moins de 5 % ! Perplexité et inquiétude sont au rendez-vous au moment où la tendance se confirme et s'accentue aux États-Unis, s'il faut s'en remettre aux études et projections qui font trembler Madison Avenue [2].

Mouvance américaine encore. Le genre tabloïd s'est lui aussi implanté en télévision. Renvoi d'ascenseur ou non, la tendance est là, profonde et importante. L'information pure et dure, celle des «téléjournaux», est en perte de vitesse après avoir atteint un faîte quelque part au moment de l'interminable détention des otages à Téhéran, il y a presque dix ans déjà. Cotes d'écoute, carte de tarifs publicitaires, tout est là, qui ne trompe pas les professionnels. Place au genre «soft», au genre tabloïd, question de respecter le jargon du milieu.

Le tabloïd à la télévision n'implique pas nécessairement le sensationnalisme, mais il privilégie une approche banalisée de l'actualité. *Caméra*

89 donne dans le genre, à sa façon. Mais *Montréal, ce soir* participe aussi de cette approche, et y réussit bien, faut-il s'empresser d'ajouter. Liquidées en début d'émission les nouvelles au sens fort du terme, l'enchaînement des chroniques et des rubriques marginalise l'essentiel, en douceur. Ainsi, les charmes discrets d'un petit restaurant ont droit à un temps d'antenne plus important que le sabordage du parti communiste hongrois. La tendance a tellement pénétré notre milieu que la tête du réseau *Quatre Saisons* a balancé son bulletin d'information sans qu'il y ait panique dans les chaumières du Québec. Sans que le CRTC ne juge bon de lancer un petit rappel à l'ordre...

Cette tendance est presque diktat. Le professeur Florian Sauvageau a inventé l'expression « télémétropolisation » pour caractériser l'appel vers le bas auquel ne résistent plus les dirigeants des télévisions publiques : Radio-Canada, mais aussi Radio-Québec. La médiocrité, au sens originel de ce terme, devient standard, à tout le moins étalon au chapitre de la programmation.

En un mot, le monde de l'information a subi une métamorphose profonde au pays du Québec, ces trente dernières années. Schématiser cette évolution sous l'appellation de tabloïdisation relève peut-être de l'ébauche grossière. La démarche ne trahit cependant pas la réalité. Même si certains journaux, même si certaines émissions ont maintenu le cap en faveur d'un niveau de qualité, la moyenne générale, ici comme ailleurs, s'inscrit à la baisse.

Sauf pour les nostalgiques d'une époque révolue depuis un long moment, force est de reconnaître un réalignement des publications, une adaptation du style même de l'information. On peut chicaner pareille interprétation, on peut déplorer le fait : l'évidence crève les yeux, qui oblige à s'interroger sur les causes profondes de cette mutation.

VALEURS NOUVELLES, CRISE OU MODE ?

Quelque part vers la fin des années 1960, l'actuel ministre de l'Éducation du Québec, M. Claude Ryan, entrevoyait un avenir non pas confortable, mais en tout cas mieux assuré au journal qu'il dirigeait alors. L'intérêt de cette prophétie — qui ne s'est malheureusement pas concrétisée, ai-je besoin de le souligner ? — réside dans l'adéquation établie alors par le directeur du *Devoir* entre les progrès de la scolarisation et un certain type d'information — ce qu'on désigne aujourd'hui sous l'appellation, même pas élitiste, de « quotidien haut de gamme ». C'était l'époque où achevait de s'implanter le réseau des cégeps, où les polyvalentes avaient transformé les écoliers du Québec en de parfaits navetteurs. C'était l'époque où, malgré le sévère avertissement servi aux politiques et à la classe intellectuelle à l'occasion des élections de juin 1966, le rêve d'une société affranchie des traumatismes de décennies de pain noir colorait en rose bien des projections.

Oublions encore une fois le cas du *Devoir*, même si je dois confesser publiquement la tentation de m'y attarder sans m'y apitoyer cependant. Contentons-nous de conserver en mémoire le tableau global de la presse écrite, du monde de l'information audio-visuelle : tabloïdisation de l'information, tassement des tirages, disparition de certains titres, télémétropolisation des ondes. Il faut se rendre à l'évidence : l'accès des Québécois à une scolarisation comparable à celle qui prévaut en Occident est l'un des acquis les plus précieux de cette Révolution tranquille vécue à pleine vapeur, à peine assimilée, maintenant en voie d'interprétation.

Mais ce rattrapage historique n'a pas entraîné une hausse de popularité des publications et médias qui supposent précisément un meilleur niveau de connaissances et des préoccupations plus larges. En fait, c'est la situation opposée qui prévaut et qui motive des interrogations embarrassées chez les prophètes de jours meilleurs au chapitre de l'information, à commencer par M. Ryan lui-même.

Une population mieux scolarisée et de l'autre côté le succès fracassant d'une entreprise de presse, d'un style d'information qui mise sur un commun dénominateur plutôt minimal : le paradoxe est de taille ! Il n'est pas le seul au sein d'une société qui allie curieusement un conservatisme bien tempéré et un goût pour des embardées qui ne sont pas moins spectaculaires. Impossible de ne pas ressortir ici l'hypothèse qui me sert de passe-partout devant des étrangers médusés par les comportements et les attitudes des Québécois. Nous serions — si ma lecture est valable — prudents, à la façon des Normands, à l'égard des modes, des tendances, des courants idéologiques. Nous regardons souvent passer le train avec méfiance ou circonspection. Mais lorsque nous décidons de monter à bord, nous en oublions d'arrêter au terminus.

Il ne faut pas tout confondre. Si le tassement des tirages est général en Occident, cette constatation se double d'un corollaire tout aussi inquiétant. Ce rétrécissement des publics-lecteurs n'a favorisé qu'un type de presse : celle des tabloïds où le cas du *Journal* occupe tout le terrain. On connaît la situation du *Devoir*, inutile de tourner le fer dans la plaie. Ce qu'on oublie c'est que, durant la même période, *La Presse* a, elle aussi, fait les frais de cette montée en flèche des publications de Québecor, à Montréal et Québec.

Des questions surgissent spontanément : la presse a-t-elle simplement suivi un mouvement plus général ? A-t-elle, au contraire, favorisé ce glissement vers une forme de facilité dans la quête d'une nécessaire information ? Voilà autant de points d'interrogation qui mériteraient de sérieuses recherches. Non pas dans le but de favoriser l'emploi chez les sociologues mais bien en fonction d'une compréhension du cheminement de notre société.

Les patrons de presse, les artisans de l'information abordent cette même problématique, par l'autre bout de la lunette, si l'on peut dire. Devant les tirages qui stagnent ou, pire, qui reculent, la démarche est partout la même : il faut de toute urgence savoir ce que le public attend de son organe d'information. En d'autres termes, les médias cherchent constamment, depuis au moins deux décennies, à se « positionner » sur un marché volatil, difficile à cerner. D'où l'appel aux spécialistes du marketing, aux as du graphisme et de la mise en page pour présenter aux lecteurs, auditeurs et téléspectateurs un produit de plus en plus adapté à ses goûts, besoins et desiderata. Il y a, en bout de ligne, un rapprochement souhaité et attendu entre l'organe et le consommateur d'informations.

Un simple regard sur nos quotidiens et nos émissions d'information permet de suivre cette course à l'adaptation. Des rubriques sont apparues durant les années 1970 qui éveillent à peine aujourd'hui quelques souvenirs contrits. L'époque était aux hobbies, à la prudence dans la consommation. On se préoccupait des questions énergétiques. Tout cela a vaguement cédé la place à des réflexions sur le rôle et la place de l'économie, de l'entrepreneurship. À quelques exceptions près, la presse et les autres organes d'information deviennent une sorte de miroir où le public se retrouve et retrouve ses aspirations du moment, sa façon d'imaginer les problèmes et les solutions qui s'imposent. En jargon de marketing, la presse tend de plus en plus à se *positionner* en regard de publics cibles. Les campagnes d'abonnement, les blitz publicitaires dans d'autres médias — la presse qui vante ses mérites à la télévision, les réseaux qui annoncent leurs émissions dans les grands quotidiens — supposent une orchestration, une planification où les MBA nagent comme des poissons dans l'eau.

Et cette lutte pour la survie, c'est le lot d'un grand nombre de publications des deux côtés de l'Atlantique. Aussi, le quotidien *Le Monde* s'est-il donné, il y a deux ou trois ans, un directeur des communications dont l'une des principales fonctions consiste à solliciter l'attention des stations de radio et de télévision en faveur des scoops, des primeurs, des grands reportages de l'édition du lendemain...

On pourrait multiplier les exemples du genre. Ils pointeraient tous vers une même direction : l'importance du marketing dans les efforts des médias pour reconquérir leur part du marché, pour l'améliorer, rarement pour la conserver tellement pareille attitude fait vieux jeu !

Pareille constatation amène de nouvelles interrogations qui obligent à aller au fond des choses. D'abord, une précaution méthodologique de moins en moins justifiée, semble-t-il. Mesures et extrapolations rendent-elles vraiment compte de l'état des lieux ? N'aboutit-on pas, par le jeu des moyennes et autres manipulations statistiques, à gonfler les tendances, à privilégier indûment certains effets des modes, des engouements du moment ? Place à l'erreur, certes, mais sans illusion...

Les autres questions renvoient à des préoccupations d'un autre ordre où jugement moral et responsabilité devraient tenir le haut du pavé. Si la lecture des tendances et vœux des consommateurs d'information correspond à la réalité, qu'est-ce à dire ? On voit immédiatement surgir le débat, encore en friche, sur le succès non seulement de nos réformes en éducation, mais au sujet de toute l'entreprise de scolarisation. Les leaders politiques se saisissent depuis peu de cette question. D'un pays à l'autre, on réclame haut et fort le retour aux disciplines de base. Doit-on biffer d'un trait efforts et énergies, argent et sueurs qui ont été investis dans la gigantesque entreprise de rattrapage où la Révolution tranquille a trouvé sa principale finalité ?

Mais ce serait trop facile de s'en tirer ainsi, par une pirouette. L'autre versant de l'introspection interpelle directement les artisans eux-mêmes de l'information, à commencer par les dirigeants des entreprises de presse. Y a-t-il vraiment obligation, nécessité de coller aux résultats des études de marché ? Doit-on encore et toujours modeler intégralement journal et émission sur les goûts et préférences du public cible ? La presse, écrite et audio-visuelle, ne doit-elle servir qu'à refléter ce qui est déjà ? En d'autres termes, la société a-t-elle besoin d'un miroir supplémentaire ou doit-elle, au contraire, pouvoir compter sur des éclairages différents, pour ne pas dire nouveaux ? Question-programme, objecteront certains qui récusent toute notion de quatrième pouvoir ou autre considération de même venue. Question fondamentale qui n'est pas réglée par la multiplication des organes de diffusion, entendons par là la prolifération des stations de télévision qui, avec la complicité de la télédistribution, composent des constellations déroutantes.

EN GUISE DE CONCLUSION

Le problème de la responsabilité des médias n'a probablement jamais disparu des préoccupations fondamentales des artisans de l'information. C'est l'interrogation qui sous-tend et justifie toute démarche sérieuse dans une salle de rédaction ou dans une réunion de direction. Elle n'est peut-être pas formulée en termes aussi dépouillés, elle ne procède pas nécessairement d'une analyse fouillée, savante, mais elle est là qui fonde les espoirs, qui conforte les coups de cœur et de tête.

Concilier rentabilité — dans certains cas, simple survie — et responsabilité sociale : voilà l'équation de base que l'on retrouve au terme de cette analyse sociologique. Les médias se prêtent malgré eux à cette forme de mise en demeure. Ils s'y soustrairaient qu'ils deviendraient de simples courroies de transmission dans une société où tout emprunte maintenant le canal sanctifié des communications.

S'oriente-t-on vers une redéfinition du sens et du rôle des médias dans notre société ? Doit-on favoriser pareille démarche ? Les questions s'ajoutent les unes aux autres et accusent le sentiment de relative impuissance qui est le partage d'un certain nombre.

Trève de pessimisme, l'heure n'est pas à l'autoflagellation. Les progrès enregistrés au chapitre de la forme, l'adhésion des journalistes à des critères déontologiques de mieux en mieux formulés, la professionnalisation au bon sens du terme de ce qui naguère était souvent vocation à rabais, voilà autant de raisons qui permettent des espoirs réalistes.

La presse de demain, le monde de l'information ne sera pas foncièrement différent de la société qui émerge. Mais l'un et l'autre devront modifier le dialogue actuel qui se réduit à un simple mimétisme, par miroirs interposés.

Il n'y a rien de très original à souhaiter un élargissement des horizons dès les premiers apprentissages de l'homme, dès les premiers essais de la juxtaposition des idées, dès les premières interrogations sur la place de l'homme, de la femme au sein de la société. Mais c'est revenir au problème de l'éducation. C'est reprendre le problème à son point de départ, ou presque. À peu près comme l'ont tenté ceux qui ont lancé, sans le savoir, la Révolution tranquille. L'Histoire s'écrit de génération en génération. Elle est fonction de la qualité des hommes et des femmes. Elle passe nécessairement par le creuset d'une information complète, sérieuse et responsable. À chaque génération de relever ce défi. C'est revenir au pari de Claude Ryan, prophétie en moins.

NOTES

1.   « Successions à la « une » », *Le Monde*, mercredi 12 juillet 1989, p. 19.

2.   « Change in Consumer Markets Hurting Advertising Industry », *The New York Times*, Tuesday October 3rd, 1989, p. D-23.

CINQUIÈME PARTIE

LA JEUNE RECHERCHE

L'étude du Québec :
état de la jeune recherche

Stéphane Dion

Les études québécoises semblent bien se porter. Les livres s'ajoutent, les revues circulent, les colloques se succèdent, les recherches spécialisées abondent et inspirent en retour des essais-synthèses qui retiennent l'attention. Ceux d'entre nous qui ont fait leurs études de doctorat à l'étranger peuvent apprécier la qualité de nos appuis logistiques en dépit des compressions budgétaires des dernières années : les bibliothèques sont encore relativement bien fournies et accessibles — malgré des heures d'ouverture scandaleusement courtes d'un point de vue nord-américain — et nos possibilités de financement font l'envie des collègues étrangers. Les chercheurs ne souffrent pas d'isolement et la politique du fonds FCAR constitue, sur ce plan, une puissante incitation à la formation des équipes. Ceux-là qui ont fait du terrain au Québec et à l'étranger sont à même d'apprécier l'ouverture et la disponibilité exceptionnelles de nos acteurs politiques et sociaux. Enfin, une brève consultation auprès de politologues actifs dans le domaine indique que le moral est bon et que les projets ne manquent pas.

Mais quel est l'état de la relève ? Les chercheurs actuellement en formation ou en émergence vont-ils prendre le relais et assurer la vigueur des études québécoises de demain ? Concernant la science politique en tout cas, on peut se demander si les études québécoises attirent autant les jeunes chercheurs que leurs aînés. Les enseignements sur le Québec semblent perdre en popularité auprès des étudiants, au profit surtout des relations internationales. Les jeunes politologues qui n'ont jamais étudié le Québec et ne manifestent aucune velléité en ce sens semblent plus nombreux qu'autrefois.

On a ainsi l'impression que les études québécoises perdent du terrain auprès des jeunes chercheurs en science politique et, de façon générale, en sciences humaines. Les données présentées ici indiquent que cette impression est fondée.

Les tableaux 1 et 2 montrent une diminution de la proportion des mémoires et des thèses en science politique portant sur le Québec. Cette estimation a été réalisée à partir des titres indiqués dans le répertoire des thèses et mémoires publié depuis 1979 par *Politique* (la revue de la Société québécoise de science politique). Par tradition, les titres des mémoires et des thèses sont très précis en science politique et permettent d'établir presque à coup sûr si le Québec entre ou non dans le champ étudié. Tous les titres faisant une mention explicite au Québec, ou à une institution, ou à un personnage québécois, ont été rangés dans la catégorie « Québec ». Les titres qui indiquent un sujet canadien mais sans faire mention explicite au Québec ont été classés dans la catégorie « Canada ». Enfin, les mémoires et les thèses portant sur un autre pays ou sur un sujet théorique ont été regroupés dans la catégorie « Autre ». Les années considérées ont été divisées en deux tranches. La première (1979-1983) correspond à la période référendaire et la seconde (1984-1988) à la période postréférendaire (un sujet est choisi quelques années avant le dépôt du mémoire). On constate que la proportion des mémoires et des thèses portant sur le Québec, qui excédait légèrement le tiers du total (36 %) en 1979-1983, n'atteint plus que le cinquième (22 %) en 1984-1988. Cette chute a profité à la catégorie « Autre » qui enregistre une progression de 11 points, laquelle traduit la popularité des relations internationales auprès des étudiants. Les études canadiennes ne progressent nulle part, sauf à l'Université de Montréal, où elles sont passées de 6 à 22 % du total des thèses et des mémoires produits par ce département.

Le recul des études québécoises indiqué dans les tableaux 1 et 2 n'est toutefois pas alarmant si l'on considère que le nombre de mémoires et de thèses portant sur le Québec n'a fléchi que légèrement en chiffres

TABLEAU 1

**Les mémoires et les thèses en science politique
selon l'université et l'objet d'étude indiqué dans le titre (1979-1983)**

Objet d'étude	Laval	UQAM	Université de Montréal	McGill	Ottawa*	Toutes les univ.
Québec	41	47	47	11	25	36
Canada	9	10	6	13	31	11
Autre	50	43	47	76	44	53
Total	100	100	100	100	100	100
	(n = 68)	(n = 30)	(n = 51)	(n = 38)	(n = 16)	(n = 203)

* 1982 et 1983 seulement.
Source : le répertoire des thèses et mémoires en science politique publié dans la revue *Politique*, numéros 1, 3 et 5.

TABLEAU 2

**Les mémoires et les thèses en science politique
selon l'université et l'objet d'étude indiqué dans le titre (1984-1988)**

Objet d'étude	Laval	UQAM	Université de Montréal	McGill	Ottawa	Toutes les univ.
Québec	28	24	23	11	15	22
Canada	13	7	22	13	15	14
Autre	59	69	55	76	70	64
Total	100	100	100	100	100	100
	(n = 105)	(n = 54)	(n = 74)	(n = 47)	(n = 20)	(n = 300)

Source : le répertoire des thèses et mémoires en science politique publié dans la revue *Politique*, numéros 7, 10 et 14.

absolus : on en comptait 74 en 1979-1983, 67 en 1984-1988. La baisse de proportion est ainsi compensée par la croissance absolue du nombre de mémoires et de thèses : 203 en 1979-1983, 300 en 1984-1988. Autrement dit, la production sur le Québec est relativement stable alors que les autres champs sont davantage étudiés qu'autrefois.

Le tableau 3 montre que le même recul relatif des études québécoises existe au niveau de la recherche subventionnée en sciences humaines. Il a été constitué à partir des titres des projets subventionnés

TABLEAU 3

**Les projets de recherche en sciences humaines
subventionnés par le fonds FCAC-FCAR
selon l'année d'obtention et l'objet d'étude indiqué dans le titre**

Objet	Année d'obtention						
	1982	1983	1984	1985	1986	1987	1988
Québec	45	41	44	43	42	39	30
Canada	5	6	2	1	4	4	4
Autre	50	53	54	56	54	57	66
Total	100	100	100	100	100	100	100
	(n = 128)	(n = 143)	(n = 126)	(n = 125)	(n = 109)	(n = 114)	(n = 109)

Source : Liste des projets de recherches subventionnés dans le cadre du volet « Équipes et Séminaires », comité 7 (aménagement, développement économique, économie appliquée, planification, théorie économique, urbanisme), comité 9 (arts, histoire, linguistique, philosophie, religion, socio-linguistique) et comité 10 (anthropologie, démographie, géographie urbaine, psychologie industrielle et sociale, science politique, sociologie) ; cette liste est publiée dans les Rapports annuels du fonds FCAC 1981-1982, 1982-1983, 1983-1984 et les Rapports annuels du fonds FCAR 1984-1985, 1985-1986, 1986-1987 et 1987-1988.

dans le cadre du concours « Équipes et Séminaires » tenu par le fonds FCAR entre 1982 et 1988. L'estimation est cependant plus approximative que dans le cas des tableaux 1 et 2, car les titres des projets de subvention sont moins précis que ceux des mémoires et des thèses. Ainsi par exemple, un projet intitulé « la culture des femmes cadres » peut fort bien porter sur le Québec, mais il aura pourtant été classé dans la catégorie « Autre » à défaut d'une mention explicite au cas québécois. En conséquence, la proportion de projets où le Québec est pris en compte d'une façon ou d'une autre est certainement sous-estimée au tableau 3. Mais ce biais étant constant dans le temps, il ne fausse probablement pas les variations entre années. Or, ces variations indiquent que la proportion des projets portant explicitement sur le Québec est demeurée stable autour de 43 % de 1982 à 1986, puis tombe à 39 % en 1987 et à 30 % en 1988. On assiste donc à une chute récente mais indéniable des études québécoises qui, là encore, a profité aux « autres » sujets plutôt qu'aux études canadiennes. Le recul du Québec touche toutes les sciences humaines mais est particulièrement marqué en sciences économiques. Ainsi, 46 % des projets du comité 7, qui réunit les sciences économiques et l'urbanisme, portaient sur le Québec en 1982 comparativement à seulement 17 % en 1988, soit un déclin de 29 points ; dans le comité 9 dominé par l'histoire et le comité 10 où l'on retrouve la science politique et la sociologie, le recul des études québécoises a été respectivement de 15 et de 9 points.

Le programme « Équipes et Séminaires » a pris fin en 1988. Cependant, l'an dernier, le fonds FCAR a ouvert un nouveau concours réservé aux chercheurs qui ont complété leur doctorat depuis moins de cinq ans. Les résultats de ce concours « Jeunes Chercheurs » m'ont aimablement été communiqués par le Fonds. Concernant les sciences humaines, j'ai pu calculer que 30 % des projets présentés mentionnaient explicitement le Québec dans le titre, tandis que les études canadiennes obtenaient 15 % et la catégorie « Autre » 55 % (les mêmes pourcentages sont de 30 %, 13 % et 57 % si l'on ne retient que les projets subventionnés).

On peut donc estimer qu'un projet de recherche sur trois porte maintenant sur le Québec de façon explicite, comparativement à près d'un sur deux en 1982. Voilà une baisse tout à fait comparable à celle enregistrée au niveau des thèses et des mémoires.

Comment expliquer cette baisse d'intérêt des jeunes chercheurs pour le Québec comparativement à leurs aînés ? Comme cause possible, on pense bien sûr au ressac postréférendaire. Les sciences humaines, et la science politique en particulier, sont influencées dans leurs priorités par les événements et les vogues qu'elles ont pour vocation d'étudier, et en ce sens il est normal que le désarroi du mouvement nationaliste québécois des années 1980 ait affecté les choix de recherche de la nouvelle génération. Mais la conjoncture politique québécoise n'est pas seule en cause ; le phénomène est plus universel. De l'étranger aussi nous parvient l'impression d'une baisse d'intérêt pour l'étude monographique des sociétés et en particulier pour l'étude des sociétés qui correspondent à un gouvernement local ou subnational plutôt que national. La jeunesse des années 1980 ayant développé des préoccupations particulières pour les problèmes internationaux, il n'est guère étonnant que cela se répercute sur ses choix d'études et de recherches.

Les sciences humaines elles-mêmes évoluent dans le sens d'une internationalisation des échanges et des préoccupations de recherches. On observe ces dernières années un engouement certain pour les études comparatives et les problématiques à prétention universelle et, de façon concomitante, une baisse d'intérêt pour les études purement monographiques. La priorité est moins de comprendre l'évolution de la société dans laquelle on vit que de tester, par une démarche théorique ou comparative, la portée d'une hypothèse à prétention le plus souvent universelle. Dans ces conditions, il ne faut pas s'étonner que le paradigme culturaliste, qui met l'accent sur la spécificité des sociétés et la difficulté des comparaisons, connaisse un certain déclin. De là vient que c'est surtout en sciences économiques que les études québécoises ont reculé, soit la discipline qui a le plus développé ses propres modèles d'explication universels : l'homo economicus n'a pas de nationalité.

Par ailleurs, peut-être plus qu'autrefois, les chercheurs sont en quête de collaborations outre-frontières intensives avec les spécialistes de leurs domaines. Peut-être davantage que leurs prédécesseurs, ils souhaitent accéder aux forums internationaux et aux revues de prestige. Pour être admis dans ces lieux sélects, on leur demande d'ajouter à l'accumulation des connaissances communes. L'institution universitaire les encourage en ce sens, dans la mesure où la capacité de publier à l'étranger, dans « les grandes revues de la discipline », devient de plus en plus une condition sine qua non à l'obtention d'une promotion ou du simple maintien en poste.

Or, il est difficile d'être admis dans ces cercles d'excellence avec une recherche portant strictement sur le Québec, à moins que cette recherche ne mène à une percée conceptuelle majeure ou qu'elle ne comporte un effort de comparaison important avec d'autres sociétés.

Un seul exemple suffira à exprimer tout l'intérêt qu'un chercheur peut trouver à accorder la priorité aux problématiques à portée universelle. Prenons — au hasard — le cas d'un politologue spécialisé en administration publique qui choisit d'étudier le Conseil du trésor du gouvernement du Québec. S'il développe sa recherche dans la perspective d'une monographie nationale qui viserait à mieux comprendre la société québécoise à travers l'une de ses institutions les plus importantes et les plus méconnues, il peut espérer être publié dans trois ou quatre revues « locales », être lu par une poignée de spécialistes et, avec de la chance, intéresser un éditeur courageux. Les possibilités de publier une telle recherche à l'étranger sont très minces. Si par contre il profite de sa recherche pour tester l'un des modèles de pointe de la discipline — par exemple le « Budget maximizing bureaucrat model » —, il voit s'ouvrir à lui une vingtaine de revues à large diffusion internationale et peut espérer retenir l'intérêt des meilleurs spécialistes.

Le problème se pose particulièrement pour les petites sociétés comme le Québec. Le chercheur qui étudie l'Office of Management and Budget (le Conseil du trésor américain) aura moins de mal à intéresser « les grandes revues de la discipline », car celles-ci sont en majorité américaines. On n'exigera pas de lui « une percée conceptuelle majeure ou un effort de comparaison important ». Et comme il existe sur l'OMB un champ de littérature en soi, il lui sera plus facile de s'inscrire dans « l'accumulation des connaissances communes ». En ce sens, la pression pour l'universalisation des modèles est moins contraignante pour certains chercheurs que pour d'autres.

Par ces raisons s'explique le déclin des études québécoises auprès de la jeune recherche. Mais il faut répéter que l'alarmisme n'est pas de mise. Il se fait probablement sur le Québec autant de recherches qu'il y a dix ans, le déclin s'exprimant en termes relatifs plutôt qu'absolus. L'effervescence politique des années 1970 a suscité un effort de recherche d'une intensité exceptionnelle, et il conviendrait sans doute davantage de parler de retour à la normale plutôt que de déclin. De nombreux jeunes chercheurs vont continuer à placer en priorité les études québécoises. D'ailleurs, la question de l'avenir politique du Québec pourrait facilement revenir en tête des préoccupations de la jeunesse québécoise. Enfin, il est possible, bien qu'exigeant, de mener de front les études théoriques et comparatives et les monographies nationales. La société québécoise est d'ailleurs considérée comme un cas idéal typique dans certains champs précis de la recherche, telles les études sur le nationalisme ou sur la politique linguistique.

Il resterait à évaluer la qualité des études québécoises actuelles, tâche difficile qu'il n'est pas question d'entreprendre ici. Je me contenterai de formuler deux inquiétudes. Premièrement, il me semble que les essais-synthèses sont surtout le fait des professeurs plus âgés et non des jeunes chercheurs. Cela s'explique aisément. L'imposition croissante dans les milieux de la recherche et de l'enseignement supérieur de la norme du « publish or perish » incite les jeunes qui n'ont pas leur permanence à publier vite et souvent plutôt qu'à se lancer dans de longues et hasardeuses synthèses. De plus, dans les années 1960, les départements de sciences sociales se mettaient en place au Québec et les professeurs étaient encore peu nombreux. On leur demandait d'assumer des enseignements généraux et variés et de couvrir de larges secteurs. Au contraire, les départements des années 1980 comptant entre vingt et trente professeurs permanents, il est naturel que l'on demande aux nouvelles recrues de venir couvrir des besoins précis. Mais le résultat est que les jeunes spécialistes qui ont acquis la capacité de synthèse de leurs aînés sont difficiles à trouver. Encore là, on peut demeurer optimiste et prévoir que les jeunes sauront élargir leurs perspectives avec la maturité, l'expérience... et la sécurité d'emploi.

Ma dernière observation concerne l'absence presque totale de recherches sur l'enjeu constitutionnel, lequel est pourtant au cœur de la question de l'avenir du Québec. Le croira-t-on ?, seulement 7 mémoires ou thèses en science politique ont porté sur la Constitution ou les relations fédérales-provinciales depuis 1979 ; le fonds FCAR n'a subventionné que trois recherches portant sur ce sujet combien important entre 1982 et 1988. Pire : aucun des 140 projets de recherches en sciences humaines présentés au concours « Jeunes Chercheurs » de 1989 n'aborde ces questions ! Deux facteurs à mon avis expliquent cette carence dans les études québécoises. Premièrement : le sous-développement des études canadiennes. Le défaut de véritables spécialistes de la politique fédérale se fait cruellement sentir au Québec, sans même parler de la méconnaissance presque totale des systèmes politiques des autres provinces. Qu'on attribue cette carence à la barrière linguistique, à un blocage politique ou au fait qu'il y avait tant à faire au Québec, il est certain qu'il y a là une situation à améliorer.

Deuxièmement : le sous-développement des études institutionnelles. Les professeurs qui enseignent les institutions sont trop peu nombreux dans les départements de science politique au Québec, de sorte que rares sont les étudiants qui acquièrent une connaissance même élémentaire de la Constitution et des relations fédérales-provinciales. En fait, les sciences humaines ont presque abandonné ce champ aux juristes. Il faut corriger cette situation, et ce sera mon seul cri d'alarme : les départements de science politique doivent de toute urgence recruter des institutionnalistes de qualité, pour le plus grand bien de la recherche sur le Québec et de l'avenir même de notre communauté.

La jeune recherche
en histoire de l'art québécois

Esther Trépanier

L'invitation qui me fut faite par l'IQRC de venir présenter les perspectives de la jeune recherche en histoire de l'art m'a laissée relativement sceptique. Je ne savais trop dans quel sens interpréter ce concept de « jeune recherche ». Membre de cette génération des baby-boomers, qui tente, certes, de « rester » jeune mais qui n'en n'est pas moins installée dans la vie professionnelle depuis plus de quinze ans, je n'étais pas certaine de mériter le qualificatif de « jeune chercheur », particulièrement en regard de ces jeunes diplômés qui préféreraient sans doute occuper une fonction professorale dont la pérennité et l'indexation au coût de la vie est assurée, plutôt que de voguer, de contrat en contrat, sans perspective d'avenir bien définie.

Mais peut-être n'était-ce pas tant comme jeune chercheur mais comme chercheur d'une jeune discipline qu'on sollicitait ma participation ? Ou, pour rendre de façon plus exacte le fond de ma pensée, en tant que chercheur d'une discipline historiquement aussi vieille que la sociologie mais reconnue depuis peu par les autres sciences humaines, en particulier au Québec. La composition même de notre table ronde militait en faveur de cette interprétation. En effet, si les trois représentants masculins des sciences humaines correspondaient, par l'âge et par le statut professionnel, à ce qu'on peut sans doute définir, à la limite, comme des « jeunes chercheurs », les personnes invitées à parler de la jeune recherche en histoire de l'art et dans le milieu muséologique n'en avaient plus tout à fait l'âge ni le statut. Curieux hasard, il s'agissait de surcroît de femmes.

Il est vrai que l'histoire de l'art, trop souvent confondue avec le discours de l'amateur cultivé, n'a pas au Québec une longue tradition universitaire. Les publications scientifiques en ce domaine ne sont pas légions et même les chercheurs d'expérience avouent rencontrer auprès des organismes subventionnaires certaines réserves. À cela j'ajouterai que, dans notre domaine, l'organisation d'expositions qui génèrent souvent d'énormes subventions et la rédaction de catalogues qui les accompagnent sont des modes de diffusion de la recherche qui ne sont pas toujours reconnus comme tels par nos collègues. Ce n'est que depuis quelques années, qu'un rapprochement s'est fait entre des disciplines qui, auparavant, étaient souvent dominées par un relatif dogmatisme théorique.

J'ai donc le sentiment d'avoir à vous entretenir surtout des perspectives de la recherche en histoire de l'art au Québec plus que de celles de la jeune recherche. Encore que ceux que je considère comme les véritables jeunes chercheurs y participent aussi, en tant qu'assistants, malheureusement sous-payés, à l'intérieur de nos projets de recherche ou d'exposition.

Mes réflexions, forcément schématiques, porteront sur deux aspects, l'un d'ordre plus méthodologique et l'autre relatif à l'objet et à sa périodisation.

L'histoire de l'art rencontre des problèmes épistémologiques assez similaires aux autres sciences humaines, en particulier aux secteurs s'intéressant à l'histoire des idées et des mentalités. Entre autres, celui de développer des méthodes qui rendent compte à la fois de la spécificité de son objet et de son articulation complexe à un contexte socio-culturel. Si l'analyse de l'objet d'art implique des recherches de nature archivistique et historique, elle exige aussi l'élaboration d'approches formalistes, sémiologiques ou sociologiques selon qu'on privilégie l'analyse de sa spécificité ou celle de son insertion dans un contexte donné. S'attaque-t-on plutôt à l'étude de la réception critique de cet objet qu'on se trouve alors confronté à l'élaboration de modèles d'analyse du discours. Veut-on produire une analyse de l'interaction de l'objet avec le milieu et les institutions qu'il faut se référer à d'autres concepts et à d'autres méthodologies encore. Chez nous comme ailleurs, l'unanimité n'existe pas, pas plus que n'existe de modèle d'analyse parfaitement heuristique et exhaustif. Ce problème, commun aux sciences humaines, est ressenti en histoire de l'art avec d'autant plus d'acuité que la critique épistémologique de ses fondements reste encore à développer. De surcroît, les modèles et méthodologies sont toujours en grande partie à construire. Ceux-ci ne peuvent, en effet, être directement importés de la sociologie ou de la sémiologie littéraire pour être simplement transposés à l'objet d'art. C'est là certainement un des secteurs d'avenir pour la recherche, qui occupe déjà des chercheures comme Fernande Saint-Martin de l'UQAM et Marie Carani de Laval lesquelles travaillent à l'élaboration d'une sémiologie des arts visuels.

On devrait également souligner ce qui caractérise peut-être la décennie des années 1980 par rapport aux décennies antérieures, à savoir la fin d'un certain dogmatisme méthodologique qui opposait les chercheurs les uns aux autres. Sans tomber dans les excès de la synthèse postmoderne, il est évident que la relativité est désormais de mise, sans être pour autant synonyme d'improductivité. Ma collègue Francine Couture qui est à la tête d'un important groupe de recherche sur les années 1960, me disait qu'il lui apparaissait de plus en plus évident qu'on ne pouvait prétendre à « une » vérité, ou à un seul point de vue sur une période historique et que la richesse des résultats auxquels ils aboutissaient émergeaient précisément d'une « convivialité » méthodologique où des approches théoriques différentes produisent des données multiples dessinant un portrait moins unidimensionnel d'une période. Voilà certes une heureuse avenue pour la réflexion épistémologique sur notre discipline.

Quant à la question de l'objet d'« art québécois » et de sa périodisation, on se trouve là aussi face à des perspectives nouvelles. À l'instar également des autres sciences humaines qui avaient pris le Québec comme objet d'étude, l'histoire de l'art des décennies précédentes avait concentré ses efforts sur deux secteurs principaux. D'abord celui des radicales manifestations de son processus de modernisation souvent assimilées, dans le domaine de l'art, aux manifestations du groupe automatiste et à l'œuvre de Paul-Émile Borduas. Équivalent pictural de la Révolution tranquille, ce courant a retenu l'attention de chercheurs émérites. Par la suite, Pellan et les plasticiens sont aussi devenus des sujets privilégiés par ceux qui se consacrèrent à l'histoire du modernisme québécois.

Par ailleurs, la montée du nationalisme a certainement aidé au regain d'intérêt qu'a connu l'étude des arts anciens. Le Régime français, âge d'or de notre histoire nationale, et les manifestations religieuses, sociales, culturelles et folkloriques de notre survivance furent, dans plusieurs disciplines, des champs de recherche privilégiés. De même en histoire de l'art s'est-on intéressé à l'architecture des églises, couvents, manoirs et maisons traditionnelles, aux arts sacrés et profanes, à l'artisanat et aux objets domestiques qui constituaient ce qu'on englobait sous le terme de « patrimoine national ». Les années 1980 ont marqué le dépassement de ces problématiques. Dans le secteur du patrimoine, si plusieurs continuent leurs recherches antérieures, d'autres se sont pour ainsi dire réenlignés dans le choix de leur objet d'étude. Cette tendance se reflète également dans les sujets choisis par les étudiants pour leur mémoire ou leur thèse. L'histoire de la photographie, par exemple, ou celle de la production des objets manufacturés, l'architecture urbaine et industrielle constituent autant de nouveaux thèmes explorés et qui transforment la notion même de patrimoine en l'ouvrant à une vision du Québec moins rurale et moins nationaliste.

Le champ d'étude de la modernité artistique a subi lui aussi quelques transformations, amenant entre autres des révisions quant à sa datation. Sans nier l'importance des ruptures initiées par le mouvement automatiste, certaines recherches sur le *Nigog*, la Société d'art contemporain, la critique et les manifestations artistiques des années 1920 et surtout 1930 montrent que, dans le domaine des arts comme dans celui de l'industrialisation, de l'urbanisation, de la syndicalisation, etc., le processus de la modernisation a été un combat de longue durée bien antérieur aux années 1940. Mais ces recherches sur la genèse d'une pensée québécoise sur la modernité artistique nous obligent à inclure dans le camp des « modernes », des critiques et des producteurs qui ne sont pas nécessairement francophones et catholiques. Si, dans les années 1940, l'avant-garde est presque exclusivement francophone, dans les décennies antérieures on ne note pas, dans le clan encore minoritaire des défenseurs de la modernité, de séparation importante. Anglophones et francophones ont à combattre, dans le domaine des arts, la prépondérance de leur nationalisme respectif et des critiques comme Robert Ayre au *Montreal Standard* ou Henri Girard au *Canada* valorisent les œuvres d'artistes novateurs indépendamment de leur appartenance aux communautés juive, francophone, allemande, anglophone ou autres.

Enfin, la période contemporaine constitue également un chantier important pour la recherche actuelle. On s'intéresse aux héritiers des premiers automatistes et des plasticiens. On fouille des décennies moins connues, comme celle des années 1960 où se révèle toute une tendance artistique s'élaborant à partir de multiples réflexions sur le rapport entre art et technologie. Nombreux également sont les étudiants qui travaillent sur les manifestations postmodernes dans le domaine de l'art québécois et sur les implications méthodologiques qui leur sont inhérentes.

Bref, je ne crois pas qu'on puisse affirmer que l'étude de l'art québécois ait subi un déclin similaire à celui des idéologies nationalistes. Comme me disait mon collègue François-Marc Gagnon, on s'intéresse toujours à l'art québécois mais dans une dimension plus ouverte sur le monde. Intérêt pour un art québécois plus « international » ? Peut-être. Mais surtout pour un art qui n'est plus uniquement celui des « héros de la race » mais celui des créateurs, de toutes origines, qui ont produit l'art d'ici et dont l'histoire est plus riche et plus complexe que des attitudes soit colonialistes soit nationalistes ne l'avaient laissé supposer.

La jeune recherche
en sciences sociales

Guy Fréchet

PRÉSENTATION

La réflexion sur le statut actuel et l'orientation de la recherche en sciences sociales revient périodiquement ; plusieurs en ont abondamment traité récemment, dans la foulée tout particulièrement du « Rapport Maheu ». C'est une contribution à cette réflexion que nous nous proposons d'effectuer, en abordant le thème de l'avenir de la recherche, de même que ses conditions actuelles de production. Nous nous attarderons dans un premier temps aux objets anciens et nouveaux qui peuvent nous préoccuper, en nous penchant plus spécifiquement sur le dilemme entre les rôles de « généraliste » et de « spécialiste » que nous sommes tous susceptibles d'emprunter. Nous verrons ensuite certaines des difficultés qui risquent d'entraver quelque peu cet « avenir » de la recherche, eu égard aux conditions actuelles de production et au financement de la recherche. Nous nous interrogerons enfin sur la question de la légitimité de la recherche sociale, dans un contexte où tout ce qui touche le « social » aujourd'hui est moins prisé qu'il ne pouvait l'être antérieurement.

DES OBJETS MORCELÉS

Si le thème de la modernisation sociale et économique du Québec a pu constituer un des principaux centres d'intérêt des chercheurs en sciences sociales depuis une trentaine d'années, en est-il un ou plusieurs autres qui motiveraient aujourd'hui les chercheurs de la génération plus jeune, à laquelle mes collègues et moi-même devons appartenir ? La question nous est aujourd'hui posée et la réponse risquerait de montrer, à travers l'éclatement des thèmes et l'atomisation des problèmes, une multitude de centres d'intérêt, difficilement associables par un trait unificateur ; cette réponse commanderait tout un ensemble de préalables et de nuances — bien qu'applicables aux travaux de la génération qui nous a précédés —, mais pourrait aussi bien être encore ce processus de modernisation sociale et économique du Québec. Nos prédécesseurs s'en sont fait les analystes, les critiques et parfois même les propagandistes (les mandarins de la Révolution tranquille a-t-on dit) et notre génération, à cet égard, n'est sûrement pas très différente ni plus originale, ayant à se préoccuper de thèmes plus spécifiques, pouvant sembler plus morcelés, mais encore pour analyser, critiquer ou se faire les propagandistes de la modernisation du Québec. Les méthodes utilisées, apparemment plus rigoureuses, ne sauraient être tenues comme déterminantes du choix des objets et des angles de recherche.

La différence est qu'il ne nous est plus permis d'aborder ce thème de façon trop englobante, les tenants et les aboutissants de la « modernisation » étant susceptibles de considérations le plus souvent fort générales. À vouloir contribuer au développement des connaissances, ce qui reste fondamentalement le but de la recherche, nous partons de certains acquis et de nombreuses portes ont déjà été ouvertes, nous ne sentons pas le besoin de réinventer la roue à chaque fois. Mais nous partons avec un acquis qui nous incite à nous spécialiser et à nous surspécialiser dans un champ restreint de connaissances, légitimité, originalité et reconnaissance obligent.

Des arguments militeraient en faveur de la nécessité d'une vision globale des problèmes (tout en sachant que la sociologie est loin d'en posséder le monopole) et d'autres dans le sens où des pans entiers de problèmes n'ont encore été que trop superficiellement étudiés, d'où la nécessité d'une spécialisation sectorielle encore plus poussée. Les problèmes sociaux eux-mêmes sont devenus des objets morcelés et se sont atomisés. La question nationale a pu polariser les grands débats au Québec dans la mesure où elle embrassait tout un ensemble de problèmes à la fois. Au lendemain du referendum, les jeunes péquistes ont réalisé, fort heureusement, qu'il était temps de s'attaquer au « contenu du projet de société », l'illusion que le national pouvait tout englober du social ayant été fort persistante. Du côté du mouvement féministe, les grandes revendications qui pouvaient toucher l'ensemble des femmes ont fait place à des revendications parcellaires, qui cherchent à promouvoir des intérêts de groupes plus restreints. L'environnement et le désarmement à l'échelle mondiale ont accédé aujourd'hui au rang des problèmes globaux, mais encore faut-il voir qu'on n'improvise pas un discours légitime sur la question sans passer par une ensemble de considérations qui font appel à diverses spécialisations.

Que cet état de fait soit issu de l'institutionnalisation par l'État des grands mouvements sociaux, pour lesquels les revendications sont acheminées à l'intérieur des cadres structurels bien déterminés au prix, bien souvent, d'un certain réductionnisme, c'est plus que probable, mais il n'en demeure pas moins qu'il est devenu impossible de faire l'économie des problèmes sectoriels dans le but d'en arriver éventuellement à une synthèse globale. Or, il est sûrement douteux de croire que spécialisation et globalité ne peuvent faire bon ménage, rares étant les études dites « spécialisées » qui ne s'insèrent pas dans une vision globale de la société.

En ce sens, la recherche en sciences sociales au Québec est peut-être devenue la victime de ses propres succès passés. Depuis le Rapport Tremblay sur les problèmes constitutionnels dans les années 1950, en passant par le Rapport Parent sur l'éducation au début des années 1960, jusqu'au Rapport Castonguay-Nepveu sur la santé et le bien-être social à la fin des années 1960, on s'est abondamment abreuvé des visions globales des réformateurs de l'époque, parmi lesquels figuraient en bonne place les sociologues ou autres spécialistes des sciences sociales. Le discours d'alors était empreint d'une grande légitimité sociale, marqué essentiellement par le progressisme sur le plan social et porté par le nationalisme du temps. Après avoir fait le plein de telles visions globales, la société québécoise a voulu souffler un peu : on a dit et redit qu'il ne suffisait plus de s'attaquer aux grandes structures et qu'il était plus que temps de s'attaquer à des contenus plus spécifiques. La recherche actuelle, si elle s'en trouve la victime en quelque sorte, n'a pourtant pas à s'en plaindre.

Les nouveaux objets de recherche sont multiples et pourtant, la communauté actuelle des chercheurs en sciences sociales ne semble pas assez grande pour les embrasser tous, à moins que les ressources actuelles soient bien mal employées. Nul n'est besoin de redire en effet que nous sommes à l'aube d'une société de l'information mais, que sait-on vraiment des nouveaux modes de communication et de leurs structures changeantes, des impacts des technologies nouvelles, etc. ? Nul n'est besoin de redire que les mouvements sociaux sont toujours en effervescence mais, que sait-on vraiment de l'écologisme, du pacifisme, de leur place dans les rapports actuels avec les citoyens et l'État, etc. ? Les grandes institutions ont sûrement été plus scrutées mais, que sait-on vraiment des multinationales au Québec, un sujet qui semble bien démodé, ou de l'armée et du militarisme, un sujet qui semble presque tabou ? Toujours d'un point de vue plus institutionnel, que sait-on vraiment de la place des sciences dans l'enseignement, des pratiques alternatives en santé, etc. ? Il reste encore bien du pain sur la planche pour des études sectorielles et plus spécialisées, aussi bien du côté des acteurs sociaux, des institutions, des structures que des processus. Le problème reste encore et toujours lié à la légitimité sociale de la connaissance dont la spécialisation demeure une des clés d'accès.

Les opposants à cette thèse diront qu'il s'agit là d'une fuite en avant ou d'un refus de l'abstraction, à l'image du débat qui oppose depuis longtemps les «tenants du qualitatif» et les «quantitativistes». Jamais pourtant les quantitativistes n'ont pu nier l'importance de la conceptualisation préalable à la position d'un problème de recherche, pas plus que les tenants du qualitatif n'ont pu vraiment nier l'importance des faits bruts. Les oppositions au Québec depuis des années ont plutôt suivi des lignes idéologiques que plusieurs chercheurs de notre génération, bien sûr, reproduisent à leur tour. Pour peu qu'on observe toutefois plusieurs des «jeunes» chercheurs actuels, ils tentent aussi de les ébranler un tant soit peu en recourant à des lunettes qui mettent à contribution les acquis des problématiques les plus hétérogènes et même parfois des paradigmes qui sont aux antipodes les uns des autres. Pourquoi se surprend-on encore que des empiristes qui font largement appel à la méthode hypothético-déductive puissent aussi travailler dans une perspective critique ?

Le malheur est que les lieux d'expression sont plus difficiles à trouver pour des objets pointus, dont les conclusions ne sont pas immédiatement publiables. Combien de recherches dorment sur les tablettes faute de moyens convenables de diffusion, y compris au gouvernement dont la diffusion n'est pas le mandat premier et n'est pas, de toutes façons, valorisée ? La diffusion constitue un problème mais, plus fondamentalement, les conditions de production de la recherche sont telles qu'il est permis de s'interroger quelque peu là-dessus, pas tant pour dire qu'elles sont fondamentalement plus mauvaises que celles de nos aînés, ce qui ne serait pas très juste, que pour faire ressortir certaines des difficultés actuelles.

LES CONDITIONS DE PRODUCTION DE LA RECHERCHE : LA TENTATION CORPORATISTE

Demander de parler de la recherche à des chercheurs (ou à des gens qui prétendent l'être, qui le sont en devenir, etc., peu importe, la quête de légitimité y étant tout aussi perpétuelle qu'au sein de la recherche elle-même), c'est aussi leur demander de parler des conditions de production de cette recherche. Un plaidoyer pour la recherche, c'est aussi un plaidoyer pour les chercheurs, les « artisans » mêmes de la recherche dirait-on dans d'autres milieux. D'où le risque de verser dans le discours corporatiste classique qui rebute et qui attire en même temps. Les sociologues en effet tentent de s'en distancer le plus possible du fait que leurs associations sont loin d'être des corporations, au même titre que ce qui existe pour les psychologues, les travailleurs sociaux et les conseillers en relations industrielles, ces trois derniers groupes étant chapeautés par l'Office des professions. De plus, les structures syndicales des professeurs d'universités et de quelques centres de recherche (IQRC, INRS, etc.) agissent au fond pour assurer les intérêts de ces professeurs ou chercheurs qui sont aussi sociologues. Un vent de corporatisme souffle pourtant depuis quelques années, avec son concert de litanies, d'après les quelques événements et les quelques parutions que voici :

— le « Regroupement québécois des sciences sociales » a vu le jour ;

— le CST a parrainé une étude sur l'emploi des diplômés en sciences sociales et humaines dans l'entreprise en 1986 ; [1]

— le numéro 11 du collectif *Questions de culture* en 1986 a porté sur les jeunes chercheurs, et l'atelier du présent colloque sur la jeune recherche se trouve en quelque sorte dans la même foulée ; [2]

— le Conseil des universités a parrainé l'importante « Étude sectorielle en sciences sociales», mieux connue sous le nom du «Rapport Maheu», avec la parution de son rapport préliminaire en 1988 et de son rapport final en 1989, qui a tenté de radiographier les aspects les plus importants de l'enseignement et de la recherche dans le but d'en identifier les forces et les faiblesses ; [3]

— les «Échos de la profession» sont publiés depuis quelques numéros dans *Sociologie et sociétés*, sur les problèmes notamment de financement de la recherche ; en outre, le volume XX, n⁰ 1, d'avril 1988, a ouvert ses pages à plusieurs auteurs qui ont pu commenter le rapport préliminaire de l'étude du Conseil des universités. [4]

Il ne suffit plus ici de décrier le fait que l'État tente de réduire son déficit sur le dos de la recherche parce qu'en termes réels, il faut bien le reconnaître, l'effort qu'on y a consacré n'a fait que s'accroître au fil des ans. La «recherche-développement» (R&D) au Québec a augmenté de plus de 75 % en quelques années, de 1979 à 1986, atteignant en 1986 1,55 % du PIB. [5] Il y a tout lieu d'être encouragé par cette tendance, bien que nous n'ayons pas encore atteint le 2 % souhaité par l'OCDÉ. Ce qui est moins encourageant, c'est que la part du lion de ce budget est encore et toujours dévolue aux secteurs de la recherche industrielle. La recherche universitaire, le pourvoyeur essentiel des fonds de la recherche en sciences sociales, n'a pas augmenté au même rythme [6]. Quand on y regarde de plus près également, on observe que la recherche université-entreprise est en expansion, ce qui n'a encore que peu à offrir aux sciences sociales ou d'un autre point de vue, dont elles sont portées à se désintéresser en bonne partie, à tort ou à raison.

Cependant, a-t-on vu au cours des dernières années l'effectif professoral ou les budgets de recherche augmenter de 75 % en sciences sociales ? La réponse est connue : d'après l'analyse de Claude Bariteau publiée dans le présent recueil, les sommes allouées à la recherche en sciences sociales en termes réels depuis le milieu des années 1970 ont diminué de 25 %, malgré une «performance» notable des professeurs et chercheurs de ces disciplines sur le plan, notamment, des publications scientifiques [7] ; en termes relatifs, d'après les données du «Rapport Maheu», les sommes allouées à la recherche en sciences sociales par rapport à l'ensemble ont stagné sinon quelque peu baissé, passant de 20,6 % en 1975-76 à 18,8 % en 1984-85 [8]. Une question insolente s'impose : est-ce parce que les fonds de recherche en sciences sociales ont diminué de 25 % qu'il a été possible d'augmenter en partie ceux de la recherche-développement en général de 75 % ?

Afin de contribuer à ce discours corporatiste (une fois n'est pas coutume), voici une proposition soumise pour l'instant en dehors de toute considération de « qualité versus quantité » ou même de financement : *il importe de créer de véritables postes de chercheurs afin d'augmenter les rangs des chercheurs déjà en place et d'améliorer les conditions de production de la recherche en sciences sociales au Québec.* Il en va peut-être de notre survie en tant que chercheurs, mais il en va surtout de celle de la recherche sociale dans un contexte qui ne la porte plus aux nues. Ce point de vue constitue l'essence même du discours corporatiste classique, nous en sommes bien conscients, mais il est plus que jamais justifiable si tant est que l'on croit le moindrement à l'importance de la recherche.

Des besoins énormes existent : diverses agences gouvernementales paient le prix fort en commandites à l'entreprise privée ou à des consultants privés pour la réalisation d'études qui, autrement, pourraient être effectuées par les chercheurs des sciences sociales. La recherche gouvernementale s'effectue dans un but premier d'administration des programmes gouvernementaux et ensuite, d'aide à la décision. La conciliation des objectifs de recherche et des objectifs politiques tient souvent du prodige mais elle y réussit parfois. Est-on plus intéressé à montrer son préjugé favorable au secteur privé qu'à financer de la recherche ? Pour revenir au financement, la proposition d'un corps de chercheurs plus important l'augmenterait-elle dans une très large mesure ? Il n'est pas dit qu'agir de la sorte coûterait plus cher, bien au contraire, quand on sait le souci de justification de la moindre dépense dans une demande classique de subvention.

Depuis une bonne quinzaine d'années, on parle de la nécessité de créer dans les universités surtout, mais ailleurs également, des postes de chercheurs à plein temps qui soient distincts des postes d'enseignement, mais on ne s'est encore que trop timidement orienté dans cette voie. Un chercheur a tout à offrir pour l'encadrement d'étudiants gradués, souvent plus que le professeur qui ne se consacre qu'à l'enseignement. Bien sûr, on a créé les Bourses de recherche du Canada pour ce faire, mais sait-on seulement que lors de sa première année de mise en vigueur en 1986, le programme obligeait les postulants à chercher du côté de l'entreprise privée la moitié du salaire prévu pour le salaire du chercheur principal. Pour un salaire postdoctoral prévu de 35 000 $, les demandeurs devaient trouver 17 500 $ dans l'entreprise privée, syndicats et autres associations étant exclues. Cet appel au mécénat des grandes entreprises (pourtant déductible d'impôt) obtînt si peu de résultats qu'on s'est senti obligé de retirer l'obligation dès la seconde année de mise en vigueur du programme, une des raisons évoquées étant que les gens de la région de Toronto pouvaient être davantage favorisés que ceux de Chicoutimi ou de Rouyn. Heureusement qu'un tel raisonnement a pu ici servir la cause de la recherche. Les questions fondamentales posées par le fait du financement demeurent toutefois entières : dans quelle mesure les recherches en sciences sociales doivent-elles dépendre du financement privé pour leur avenir et comment cette orientation peut-elle influer sur la nécessité de rencontrer certains des objectifs du secteur privé ?

Du côté du gouvernement québécois, on a eu l'heureuse initiative de mettre sur pied les « Actions structurantes » depuis quelques années, programme surtout orienté vers le développement technologique (un seul de ses volets prioritaires pour l'instant porte sur la « maîtrise sociale des technologies »). La formule, à ce jour, semble faire l'unanimité ou presque parmi les chercheurs et semble vouée à un grand avenir, à la condition qu'on ait la volonté politique de régler la question du sous-financement universitaire, nécessité liée à l'intégration à terme des chercheurs au corps professoral, et à la condition également que les sciences sociales puissent profiter encore davantage de la formule.

Autre point : la perte de flexibilité liée à la nécessité des demandes de subvention une fois l'an nous cause probablement un tort considérable, ce qui n'arriverait pas si un bassin de chercheurs était constitué de façon plus stable dans les départements universitaires ou dans les instituts de recherche, aptes à répondre aux demandes ponctuelles de divers organismes.

Dans la foulée des coupures subies au cours des années récentes et des tendances à la privatisation, plusieurs peuvent craindre le virage pro-utilitariste que cela risque d'insuffler à la recherche, avec raison d'ailleurs. Il n'est pas facile ici d'opérer un partage entre la pureté des principes et l'utilitarisme. Il reste que pour plusieurs des chercheurs potentiels, la réalité s'est chargée de trancher, en les excluant de toutes façons des objets d'études sociales. Plusieurs collègues en effet ont souvent vécu très douloureusement les conséquences de la fermeture relative du champ de la recherche.

LA QUÊTE DE LA LÉGITIMITÉ TOUJOURS PRÉSENTE

Pour ce qui est de l'alignement souhaité des recherches en sciences sociales sur les besoins du secteur privé, la question n'est pas nouvelle : plus d'une fois, les chercheurs ont craint la nécessité de l'autocensure, le confinement à l'utilitarisme, la réduction de la recherche à la résolution de problèmes, à l'évaluation de programmes ou à l'aide à la décision (« problem-solving », « policy-making » et « decision-making »), etc. Ces craintes ne sont pas nouvelles et notre quotidien de chercheurs fait que nous pouvons malgré tout naviguer dans ces eaux et conserver une part d'intuition, de libre-arbitre et de spéculation. L'équilibre est toutefois de plus en plus menacé et la quête de légitimité des sciences sociales semble encore tout aussi forte aujourd'hui que par le passé, dans un contexte ou le « problem-solving », le « policy-making » et le « decision-making » sont devenus des objets de science qui ne s'empêtrent plus beaucoup de grands principes ou même de questionnements théoriques fondamentaux.

Le contexte est caractérisé par le plafonnement et le resserrement des budgets de l'État qui, sans avoir empêché la poursuite d'un académisme pur pour certains, a favorisé une certaine forme d'utilitarisme. L'entrepreneuriat en recherche est devenu plus exacerbé, ce qui a conduit parfois à une alliance utilitariste avec certaines institutions et qui a sûrement favorisé les recherches en gestion ou en sciences ou, plus pernicieusement, le détournement de la sociologie vers des objectifs de gestion. Tout ce qui touche le « social » aujourd'hui est devenu secondaire dans l'esprit des décideurs, au point même où les sciences sociales ont plus d'une fois été décrites comme le parent pauvre de la recherche au Québec.

Face aux velléités corporatistes des chercheurs de notre génération, il serait trop aisé de brandir les acquis des universitaires ou de quelques dizaines de chercheurs syndiqués, ou encore les rigidités bureaucratiques du financement de la recherche : ces conditions existent ailleurs et dans d'autres secteurs sans pour autant que le dynamisme fondamental en soit affecté. À l'heure où les problèmes sociaux foisonnent et font l'objet d'une considération décroissante dans l'ensemble des budgets de recherche, les enjeux, comme pour nos prédécesseurs, peuvent encore et toujours se poser dans l'optique d'une quête perpétuelle de légitimité.

C'est à notre génération qu'il incombe de relever ce défi, sans pour autant sacrifier à l'utilitarisme les objectifs d'une analyse proprement sociologique des réalités sociales.

NOTES

1. Conseil de la science et de la technologie, *L'emploi des diplômés en sciences sociales et humaines dans l'entreprise*, Québec, CST, 1986, 72 p.

2. Voir en particulier les articles de Charles H. Davis et Raymond Duchesne, « Le cadre institutionnel de la recherche-développement au Québec », de Réjean Landry, Francine Descarries-Bélanger et Vincent Lemieux, « Jeunes chercheur(e)s en sciences sociales, Évolution des modes d'accès à la carrière » et de Simon Langlois, « Les jeunes chercheur(e)s au Québec, un diagnostic », dans Thérèse Hamel et Pierre Poulin (dir.), *Devenir chercheur-e : itinéraires et perspectives*, « Questions de culture », n° 11, IQRC, 1986.

3. Conseil des universités du Québec, *Étude sectorielle en sciences sociales*, Rapport préliminaire, avril 1988a, 303 p. ; *Étude sectorielle en sciences sociales*, Rapport préliminaire, Annexe, avril 1988b, 499 p. ; *Étude sectorielle en sciences sociales*, Rapport final, juin 1989, 92 p.

4. Voir les textes de M.-A. Bertrand, M. Fournier, N. Gagnon, C. Limoges et R.-F. Salisbury, « L'étude sectorielle en sciences sociales du Conseil des universités du Québec », « Échos de la profession », *Sociologie et sociétés*, XX, 1, avril 1988, p. 153-166.

5. Les sommes allouées à la recherche-développement au Québec de 1979 à 1986 sont passées, en dollars constants de 1981, de 684 000 000 $ à 1 205 000 000 $, une augmentation de plus de 75 %. En proportion du PIB du Québec, il s'agit d'une croissance de 0,95 % à 1,55 %, soit une augmentation de 63 %. Voir Statistique Canada, *Indicateurs de l'activité scientifique et technologique*, Ottawa, cat. 88-201, 1988, p. 41 ; voir également Michel Cloutier, *Compendium des indicateurs de l'activité scientifique au Québec*, Québec, Direction des politiques et des priorités scientifiques, ministère de l'Enseignement supérieur et de la Science, 1988, 67 p.

6. Michel Leclerc, *Recherche et développement (R&D) universitaire et structuration de l'effort sectoriel de recherche au Québec*, Québec, ÉNAP, CEPAQ, 1986, 141 p.

7. Les sommes allouées à la recherche en sciences sociales au Québec de 1974-1975 à 1987-1988 seraient passées, en dollars constants, de 4 556 147 $ à 3 465 718 $, une diminution de près de 25 %. Voir le texte de Claude Bariteau dans cet ouvrage, p. 287.

8. Conseil des universités du Québec, *op. cit.*, 1988a, p. 163.

Jeune recherche, défis et enjeux

Andrée Gendreau

INTRODUCTION

Avant d'élaborer notre conception des tâches de la relève, ne serait-il pas opportun de considérer leurs conditions de réalisation ? Quelle place notre société vieillissante et de plus en plus individualiste réserve-t-elle aux jeunes chercheurs ? Leur est-il possible de s'insérer dans les cadres existants ou encore, à la façon des autres jeunes travailleurs, doivent-ils « créer leur propre emploi » ? Si oui, quels en sont les embûches et les enjeux et quel rapport entretiennent avec eux de nouveaux lieux de la recherche en sciences humaines et sociales, tels les musées ?

On peut, en effet, considérer que les récents développements dans le domaine de la muséologie contribuent à offrir de nouveaux lieux de recherche en sciences humaines. Cette recherche s'apparente grandement à la recherche-développement en sciences naturelles. Elle doit pour cela s'appuyer sur un solide corpus scientifique qu'elle saura adapter à des problèmes et à des situations concrètes. La maîtrise d'un cadre théorique et conceptuel est donc essentielle à la réalisation de ces travaux qui visent en grande partie le transfert des connaissances. L'organisation de la recherche ne peut que tenir compte de ces exigences. Tant du côté des chercheurs que des institutions, des gestes sont à poser, des ententes à définir.

CHERCHEURS SANS LIEU

Inutile de répéter à l'infini que notre société vieillissante laisse peu de place aux jeunes. Que ceux-ci n'ont d'autre perspective, à moyen et même à long terme, que celle d'un renouvellement de petits contrats qui, par un effet de dispersion, ont relativement peu d'influence positive sur leur expertise et leur formation. En effet, malgré la faiblesse des analogies, on pourrait comparer l'apprentissage développé au cours de cinq ou six années de contrats divers à celui de plusieurs certificats effectués dans des disciplines variées plutôt qu'à un autre où prime une démarche cumulative, telle celle qui prévaut au baccalauréat et surtout aux études graduées et postgraduées. Cette comparaison vaut même dans le cas où une solide formation de base avait été acquise : on observe alors trop souvent une perte d'expertise. D'une part, la compétence acquise lors de ses études est mise en péril par le type de demandes auxquelles on est appelé à répondre — très souvent ponctuelles et empiriques, exigeant peu d'analyse, celles-ci relevant de l'instance institutionnelle — et par la diversification des dossiers qui interdit trop souvent au processus cumulatif d'acquisition des connaissances de se réaliser adéquatement. D'autre part, l'absence d'aisance acquise par la connaissance de la culture organisationnelle, des contraintes et des forces d'une institution (alliée à l'individualisme nécessaire à la survie d'un contractuel), agit souvent comme frein à l'intégration lorsqu'elle devient enfin possible. Le résultat, tant pour la société que pour les jeunes chercheurs, est dramatique. Une génération complète est éliminée du système de production et la relève, actuellement en formation, risque d'être insuffisante pour répondre aux besoins. La tentation sera alors forte de recourir de façon trop exclusive à l'immigration des intellectuels. Que faire ? Quelques institutions et organismes se sont déjà posé la question et ont même tenté d'y apporter une solution.

Il y a quelques années un programme de récupération des jeunes chercheurs a été mis sur pied par le CRSH. L'association Entreprise/Université/État devait assurer à un petit nombre de jeunes chercheurs, les meilleurs espérait-on, une nouvelle voie d'entrée au sein des universités. Tout comme les attachés de recherche en sciences naturelles, et plus particulièrement en science médicale, qui ont largement contribué à l'essor de ces disciplines, on espérait permettre un renouvellement des sciences humaines par l'injection de sang nouveau aux universités et par une association plus étroite avec l'entreprise. Quoiqu'il soit trop tôt pour en évaluer les résultats, il y a là un signe d'inquiétude et d'intérêt pour l'avenir des sciences humaines et de sa relève. Par ailleurs, cette action, même si elle trouve écho au Québec par le fonds FCAR demeure isolée et trop étroite. Les résultats de cette initiative sont donc réservés à quelques élus. Qu'en est-il des autres ?

FRANCS-TIREURS DE LA RECHERCHE

Ces autres, qu'on peut appeler les francs-tireurs de la recherche, c'est-à-dire tous ceux qui n'appartiennent pas à une « armée régulière » de chercheurs qui, comme l'indique le dictionnaire Robert, mènent une action indépendante et isolée et par conséquent n'ont pas à observer la discipline du groupe, font face à une problématique particulière.

Parmi les divers éléments qui contribuent à créer cette problématique, il nous semble que les deux plus marquants sont relatifs à l'isolement et à la dispersion. À l'isolement d'abord ; on sait que le lieu d'épanouissement du développement de la connaissance se situe au sein d'une communauté scientifique qui permet l'échange, la confrontation, la coopération. L'échange semble en effet essentiel à la recherche. Or, les jeunes chercheurs à la pige n'ont que rarement le temps et l'occasion de développer des liens durables dans les milieux de travail qui les accueillent. D'autre part, leurs rapports avec le milieu universitaire ou avec les centres de recherche tendent à s'effriter à mesure que le temps passe, leurs dossiers de recherche étant trop variés et de courte durée pour que des échanges et approfondissements à long terme soient possibles.

En effet, parallèlement à la diversité des dossiers qui agit sur le réseau des domaines d'intérêt en créant une tendance à la dispersion, l'utilisation de « techniques » de recherche rapides et facilement manipulables tendent à banaliser les problématiques et à en uniformiser les résultats. Or, cette situation peut à la longue se révéler dramatique pour le jeune chercheur, en particulier du point de vue de son expertise qui tend à demeurer stable plutôt qu'à s'accroître, mais aussi du point de vue de sa mentalité : habitué qu'il est à travailler seul, sans contrainte institutionnelle, obligé à défendre sa croûte, son espace d'intervention et sa propriété intellectuelle, il développe des attitudes individualistes peu propices à faciliter les échanges et même, on l'a déjà souligné, une éventuelle intégration dans un milieu de travail.

La solution peut paraître simple, voire même évidente. Elle n'est pas nécessairement facile d'application. Il s'agit de toute évidence d'effectuer des regroupements afin de développer des moyens de coordination de la recherche qui encouragent la coopération et les rapports intellectuels, mettent en place un processus d'acquisition de connaissances fondées sur l'expérience, développant ainsi une expertise chez les jeunes chercheurs. On assiste, depuis quelque temps déjà, à la création d'entreprises de recherche ; trop souvent liées à la conjoncture, celles-ci souffrent d'instabilité et n'ont que rarement le temps d'atteindre la maturité nécessaire pour offrir aux jeunes chercheurs la coordination et l'encadrement souhaitable pour la réalisation de produits satisfaisants. Si la principale responsabilité de ces trop fréquents échecs incombe surtout aux chercheurs, les institutions doivent également assumer une part de responsabilité.

DE NOUVEAUX LIEUX

Pourtant de nouveaux débouchés se sont ouverts à la recherche en sciences humaines ces dernières années. Sans vouloir épiloguer sur ceux-ci, on se permettra tout de même de souligner et de prendre comme exemple le besoin accru de recherches dans les musées. On pourra facilement extrapoler à d'autres institutions car si le musée a des particularités, il partage avec d'autres organismes et institutions des mandats relativement semblables en ce qui concerne une grande part de ses activités. Que l'on pense seulement aux ministères, à certains instituts à vocation sociale, etc.

Le musée comme institution moderne, c'est-à-dire démocratique et ouverte au public, se doit en effet d'assurer une communication légitime et efficace. Or, au-delà de la spécificité de sa structure médiatique, cette communication pose le défi d'une articulation adéquate entre trois ordres de préoccupations : l'un scientifique, l'autre éthique et enfin mais non le moindre, esthétique. Le musée — y compris le musée d'art — a entretenu, tout au cours de son développement et de son évolution, d'étroites relations avec la connaissance et sa transmission ce qui, d'une certaine façon, lui confère un sens et une fonction.

La question du rapport recherche/musée ne se pose donc pas, elle va de soi. C'est sa qualification et son organisation qui varient : certains musées limitent les horizons de leur recherche, la concentrent autour de leur collection ou des expositions ; pour certains encore elle est support, pour d'autres elle constitue un noyau autour duquel s'élaborent les projets muséologiques. Selon leurs choix une organisation se dessine. La recherche peut être diffuse au sein de l'organisme, étant une fonction partagée par tous, conservateurs, chargés de projet, pédagogues, etc. Elle peut également relever d'un service ou d'une direction dont font partie des chercheurs de disciplines pertinentes selon le mandat institutionnel. La taille, le degré d'autonomie, les liens entre cette entité administrative, les universités, les centres de recherche et les équipes varient grandement d'une institution à l'autre. Certains musées développent un véritable centre de recherche en leur sein. D'autres s'associent à une université, d'autres encore multiplient les possibilités d'interface, privilégiant une équipe de chercheurs limitée et l'établissement de liens serrés avec les réseaux de recherche, tant universitaires qu'autres. De ce choix découle cependant une responsabilité institutionnelle envers les jeunes chercheurs. Sans viser la formation des jeunes chercheurs (ce rôle est laissé aux universités), le musée qui choisit d'entretenir des liens étroits avec la communauté scientifique doit tendre à créer et à développer un réseau varié, compétent et stable. À cette fin, il doit exercer un certain « monitoring », entre autres sur la formation des équipes. Dans un musée comme celui du Musée de la civilisation, trois points sont retenus : la présence au sein de l'équipe de chercheurs seniors, l'interdisciplinarité et la visibilité des jeunes chercheurs.

On aura sans doute compris que la présence de chercheurs seniors devrait permettre une meilleure coordination des travaux et des ressources humaines, assurer une rigueur scientifique et faciliter ainsi le développement des expertises internes. N'oublions pas que le type de recherche demandé par des entreprises, y compris le Musée de la civilisation, s'apparente beaucoup à la recherche-développement en sciences naturelles. Or, ce type de recherche exige la maîtrise d'un corpus scientifique disciplinaire, lequel, associé à d'autres expertises, est interprété et appliqué à un problème donné. À cela s'ajoutent également des travaux complémentaires plus liés à la cueillette d'informations factuelles, une tâche généralement attribuée à un chercheur junior, appelé parfois recherchiste. On conçoit donc aisément qu'une coordination soit nécessaire. C'est elle qui permet bien souvent l'élargissement d'une recherche purement empirique à une application concrète, celle-ci exigeant généralement une bonne saisie du contexte de la demande et l'analyse des résultats en fonction de ces besoins. Une attention particulière doit cependant être posée sur le respect des crédits accordés à chacun et, entre autres, aux jeunes chercheurs. Ainsi, le nom des membres de l'équipe de recherche ainsi que leur fonction doivent apparaître aux contrats. Tous doivent également signer leurs textes, participer aux rencontres aussi souvent que nécessaire, etc. Ces remarques peuvent sembler superflues mais l'expérience nous a démontré qu'elles ne le sont pas toujours et que mieux vaut prévenir que guérir. Ces exigences peuvent également apparaître comme de l'ingérence au sein des équipes, il s'agit plutôt d'une attitude responsable de la part des institutions.

CONCLUSION

En somme, il ne s'agit pas là d'un problème simple, il est structurel. Il participe à la fois d'une conjoncture économique et sociale, il met en jeu les conceptions traditionnelles et la recherche et les confronte avec l'idéologie individualiste et la pratique de l'entrepreneurship, il exige enfin une intervention à plusieurs niveaux car non seulement il modifie les rapports sociaux mais il agit sur le développement de la science et de la recherche. Il est remarquable que des firmes-conseils aient adapté depuis fort longtemps le modèle universitaire, qui lie le développement de la recherche et l'encadrement, à celui de l'entreprise. Peut-être devrions-nous profiter de ces expériences et en faire bénéficier les jeunes chercheurs ?

Critique de la raison technocratique
Définir une avenue à la jeune recherche québécoise

Jocelyn Létourneau

Le jeune chercheur qui observe et évalue lucidement le système social de la recherche au Québec est frappé d'admiration par l'ampleur et la variété de la production scientifique. Comme plusieurs, cependant, il est déçu par les résultats : jamais, en effet, les analyses n'ont été aussi sophistiquées et nombreuses, jamais la recherche n'a été aussi propre, impeccablement objectivée et, pourtant, l'on sent une espèce de vide idéel qui marque la société québécoise.

Au fond, le jeune chercheur est inquiet face à l'avenir. Pourquoi ce sentiment ? Difficile d'en identifier clairement les causes. Allons-y de quelques hypothèses.

D'abord, il vit dans un monde où (on lui laisse croire qu') une nouvelle adéquation s'est établie entre les sommes d'argent obtenues et l'importance relative des travaux de recherche. Dans ce système mis au point par et pour ses prédécesseurs, son rôle est très longtemps et trop souvent celui d'exécutant ; quant à sa capacité imaginative, elle est, à l'instar de celle de ses aînés, mobilisée par les objectifs des subventions stratégiques et de plus en plus canalisée vers le contentement de cette nouvelle reine (à l'identité bien gardée et à la figure fuyante, à la personnalité intolérante et au discours assommant) qui veut trôner sur les campus et partout ailleurs : la demande sociale.

De même, s'il tente de se faire une idée de la société dans laquelle il vit, dans son « temps long » et dans sa situation actuelle, il arrive mal à la percevoir autrement qu'un corps organisé et systémique, à dynamique régulatrice interne, et où les acteurs sont confondus dans des phéno-mènes, des processus, des flux, des cycles, des conjonctures et ainsi de suite. C'est que les dresseurs de sa conscience perceptive, l'historiographie et la sociographie, l'ont entraîné à envisager la personne comme étant réductible à un type rationnel s'insérant dans des complexes de relations objectives, ce qui, évidemment, n'est qu'une façon commode, simple et unidimensionnelle de définir l'être-ensemble.

Plus dramatique peut-être, le jeune chercheur, formé aux principes de l'impeccabilité et de l'objectivité de l'entreprise et de l'écriture scienti-fiques, arrive mal à se défaire de ses corsets intellectuels pour établir un véritable dialogue avec ses objets. La dimension éthique et ontolo-gique constitutive de sa réflexion est continuellement refoulée dans ses travaux. Et, lorsqu'il s'estime en mesure de prendre parti et de porter un jugement, il s'interdit ce droit ; ou alors sa réflexion est déconsidérée au rang d'essai polémiste.

Dernière angoisse du jeune chercheur : inquiet dans un monde de la recherche déjà façonné, il craint d'outrepasser l'horizon invisible mais bien réel d'une culture intellectuelle, une culture qui s'en tient au monde du perceptible par les signes, qui situe tout par rapport à tout et dans l'ordre et qui, en plus, ne peut admettre l'inexplicable. La légèreté et le mystère des êtres, le caractère labile des choses, sont insoutenables à la pensée raisonnée propre au champ épistémique dans lequel il évolue. S'il sort de ce champ, le jeune chercheur craint de devenir étranger dans sa Cité. L'écrivain, comme l'a déjà dit admirablement Jacques Godbout, doit être un étranger dans sa famille. Mais le jeune chercheur souffre de cet exil. À moins d'être un aventurier, il ne s'avance pas sans boussole, ignorant probablement ce fait que la boussole condamne à ne jamais se perdre, à toujours retourner d'où l'on vient, c'est-à-dire, peut-être, à ne jamais pouvoir réellement partir. Trouvons-nous, dans cette difficulté et dans cette crainte à dépasser une culture intellectuelle, la cause de ce fameux vide idéel mentionné plus haut ?

Sans aboutir à un diagnostic aussi assuré, d'autant plus que la jeune recherche est polymorphe et déjà engagée dans des voies d'avenir, cet article prône l'idée voulant que le défi principal de la recherche québécoise réside dans un renouvellement de l'activité intellectuelle en général. Établir les conditions de ce renouvellement n'est pas un exercice facile ; voilà pourquoi il faut percevoir ce texte comme étant une contribution personnelle et singulière à un débat beaucoup plus large qui, sans nul doute, s'intensifiera prochainement. De manière générale, il me semble que le système social de la recherche au Québec connaît certaines impasses et que l'un des moyens de les dénouer consiste à réfléchir à l'avenir de la recherche en dehors des points de vue qui nous sont habituellement présentés comme étant indépassables.

S'agissant de cerner ces impasses, j'établis quatre propositions de base que je ne développerai malheureusement pas faute de place :

1. L'institution universitaire et le chercheur fonctionnaire sont inaptes à favoriser une transformation qualitative de la connaissance que nous avons de nous-mêmes et de notre société, bien qu'ils permettent l'accumulation d'une quantité très grande de données empiriques portant sur le monde.

2. La conception, préconisée tant par l'historiographie que la sociographie québécoises, de la personne comme étant un sujet rationnel qui s'insère dans des complexes de relations objectives est une façon commode, mais simple et unidimensionnelle, d'envisager l'être-ensemble. De la même façon, le monde de l'expérience vécue ne saurait être réduit, sous peine de négliger des éléments essentiels de son immanence, à un corps organisé et systémique dont il est possible de découvrir les lois de fonctionnement pour en remodeler les formes.

3. La société québécoise telle que nous la reconnaissons dans son existence récente est un état de société correspondant aux catégories d'énonciation, d'investigation et de représentation que s'est donnée une communauté éclectique de communication, celle que je nomme commodément technocratie, pour l'envisager, se l'approprier (dans le but de la gérer) et la refigurer.

4. Les lumières de la science positiviste, celles avec lesquelles s'éclaire la recherche québécoise, ne permettent de révéler qu'une partie seulement de la réalité du monde de l'expérience vécue. Celui-ci,

considérablement plus étendu, sans bords et sans limites peut-être, reste largement inaccessible par le seul biais des moyens dont s'est dotée notre entreprise scientifique actuelle pour l'appréhender.

Le défi pour la jeune recherche québécoise consiste dès lors dans l'invention de nouveaux espaces communicationnels, d'une part, et dans le dépassement des façons de voir et d'accéder au monde de l'expérience vécue, d'autre part. C'est cette solution ambitieuse et audacieuse, certains diront naïves et idéalistes, qui est brièvement présentée dans les pages suivantes. Mon propos est structuré autour de quatre idées-force qui constituent les points saillants de ma pensée.

PREMIÈRE PROPOSITION

Créer de nouveaux espaces communicationnels

L'université est un lieu de rassemblement et d'évolution privilégié pour la jeune recherche, tant par les opportunités qu'elle offre en termes de travail que par la quantité des interactions intellectuelles qu'elle rend possible. À l'instar de la société à laquelle elle est liée, l'université souffre toutefois d'un syndrome d'époque, la *performatofolie*. Cherchant sa voie, elle a succombé au discours facile de la raison utilitaire. Elle est devenue une alcoolique de la performance. Elle s'est mis une chemise et une cravate, a empoigné son attaché-case. Elle a fait de la survie à tout prix le fondement de son éthique. Une logique de la rentabilité, de la gestion économiste et de l'évaluation quantitative a bientôt surplombé et orienté sa mission. Ce faisant, elle est devenue un lieu comme un autre que l'on fréquente, où l'on s'adonne à une tâche, où l'on noue des rapports professionnels, où l'on discute de procédure. Dans ce processus, le chercheur s'est *nolens*, *volens*, fonctionnarisé, s'adaptant ainsi au fonctionnement implacable de l'institution. Que faire ?

Pour contrecarrer l'effet d'asphyxie engendré par la prégnance bureaucratique dans l'institution universitaire et chez le chercheur fonctionnaire, imaginons des lieux physiques qui se font et se défont, se créent et se désagrègent, et où la circulation des hommes et des femmes est assez rapide : une présence, en pratique, qui va de quelques mois à un an. Imaginons ces personnes parvenues au sommet de l'un de leurs cycles intellectuels. Imaginons des gens qui proviennent de par le monde (ce qui rend possible l'établissement d'une relation communicationnelle assez dégagée des rapports de pouvoir) et dont le dénominateur commun réside dans leur volonté et leur capacité à *penser et sentir* aussi richement que possible leurs objets d'étude et de réflexion. Imaginons surtout des gens ouverts à toutes les problématiques, à toutes les formes d'expression, à tous les courants intellectuels, artistiques et créateurs. Imaginons enfin des gens libres de leur temps. Je dis des gens, des personnes, car de mon point de vue la possibilité d'une transformation qualitative de la connaissance que nous avons de nous-mêmes et de notre société repose sur des hommes et des femmes qui, par leurs qualités personnelles, leur intelligence, leur talent et leur capacité à *prendre conscience* des objets d'étude, échappent au système institutionnalisé de la recherche, à son modèle étroit de la performance, à son ordre, à son conformisme et à ses attentes en termes de production scientifique. De plus en plus, en effet, tant les équipes intégrées que les centres de recherche sont la réplique, sous une forme réduite, du modèle entrepreneurial, hiérarchique et fonctionnariste qui caractérise les grandes organisations privées et publiques. Ce modèle induit bien sûr une dynamique et une synergie dont profitent tous les membres de l'équipe et du centre. Il rend également possible une supervision serrée de tout le processus de la recherche. Mais, en même temps, il casse, paralyse voire empêche le mouvement improvisé et spéculatif de la réflexion intelligente dont l'aboutissement est parfois ce que j'appelle le *big bang créateur*. Précisément parce qu'il est incontrôlable et qu'il peut donner lieu, de manière imprévisible, à des enchaînements harmonieux ou à des formes anarchiques, le mouvement improvisé et spéculatif de la réflexion (qui capitalise sur l'érudition et la rigueur intellectuelle de celui ou celle qui s'y livre, ne l'oublions pas!) fait peur. Il est l'antithèse du système ordonné, l'ennemi des institutions. On comprend mieux, dès lors, pourquoi les organismes subventionnaires tendent à préconiser la création de centres de recherche et la mise sur pied d'équipes intégrées au détriment de l'«aventure intellectuelle désencadrée et individuelle», cette dernière étant, par es-sence, la négation, peut-être la mort de l'institution, c'est-à-dire du contrôle de l'activité intellectuelle et de sa subordination à des objectifs bureaucratiques et utilitaires précis.

Des gens, donc, à la configuration intellectuelle assez singulière, pour ne pas dire compromettante, par rapport au modèle souhaité du spécialiste ou du chercheur-fonctionnaire. Supposons que ces gens se réunissent de manière tout à fait sérieuse mais dans l'esprit d'une communauté amicale. L'amitié, à tout le moins la complicité, doivent être constitutives de la relation intellectuelle : leur absence empêche la véritable communication. Supposons aussi un mode d'organisation simplifié au maximum : en termes clairs, un cadre d'action qui ne cherche pas à entretenir une bureaucratie, à contrôler ou gérer optimalement les ressources, mais seulement à accueillir, dégager, aider, stimuler et rendre possible. Supposons enfin une grande autonomie des participants par rapport aux ancrages habituels du régime institutionnel : non seulement pas de comptes à rendre, mais aussi une très grande liberté de manœuvre.

Pour certains, peut-être la majorité, la création de nouveaux espaces communicationnels est du domaine de l'utopie intellectuelle ou relève de la naïveté pure et simple. Comment, en effet, poser les conditions pour rendre possible l'apparition de tels espaces ? La réponse est décevante : voilà, il n'y en a pas, on ne connaît pas encore ces conditions. L'intersubjectivité créatrice (ou la communauté dialogique) vient, part, tel un saisissement. Essayer de la préfigurer ou, pis, élaborer un système pour la provoquer et la conserver, c'est risquer qu'elle ne vienne pas. « L'effort logique conscient, disait une fois Basarab Nicolescu, barre la route à ce regard qui voit là où la conscience de veille est aveugle ». Aussi, ce que l'on peut dire à ce propos tient à presque rien : l'intersubjectivité créatrice commande une attitude intellectuelle différente, principalement fondée sur la tolérance, l'écoute de l'autre et l'ouverture à l'imprévisible ou à l'impensable ; une attitude intellectuelle qui n'a plus rien à voir avec le modèle du chercheur constipé, assis sur son territoire, sa méthode et ses certitudes, piégé par l'anxiété cartésienne et refusant de laisser féconder ses efforts logiques conscients par la spéculation imaginative ; une attitude intellectuelle motivée par cette finalité qu'a malheureusement condamnée l'entreprise scientifique : inspirer la vie (et non pas seulement l'expliquer pour l'organiser optimalement).

DEUXIÈME PROPOSITION

S'insinuer au cœur de la réflexion ontologique en réconciliant les dimensions figurées et objectives, poétiques et anthropologiques de la personne, d'une part, de la socialité, d'autre part.

Il ne s'agit pas de renier les acquis d'une pensée riche et diversifiée (celle qui procède de l'épistémè des Lumières et que nous avons tous implicitement endossée, de par notre appartenance à une culture et à une tradition cognitive) ou, plus spécifiquement, de rejeter les apports des sciences sociales telles qu'on les connaît maintenant. Dénoncer l'intolérance pour succomber à son tour à l'intransigeance serait le comble du ridicule. Le problème naît du fait que la pensée scientifique, dont le système épistémologique a pour centralité les idées de modernité et d'individualité, d'une part, de rationalité et d'objectivité, d'autre part, laisse, tant dans le mode de construction des objets qu'au terme de ses analyses, un immense résidu qui, pratiquement, occupe un « volume » supérieur au solide. Le défi qui s'offre maintenant aux intellectuels est de se donner les moyens d'accéder à ce résidu. Ce faisant, non seulement un nouveau champ d'investigation est-il à portée de découverte, mais tout le champ du « vu » et du « connu » est, lui aussi, susceptible d'être réexaminé et donc soit enrichi, soit bonifié. Évidemment, ce défi suppose bien autre chose qu'un simple déplacement des objets d'étude. Il s'agit de rien de moins que de dépasser les dilemmes posés par la pensée contemporaine entre l'objectivisme et le relativisme, la rationalité et l'irrationalité, le réalisme et l'antiréalisme. En clair, une nouvelle épistémologie doit naître.

Revenons pour l'instant à ce résidu dont je parlais plus haut. En quoi consiste-t-il au juste ? Celui-ci est formé par tout ce que la pensée formelle ne peut saisir dans son champ optique ou refuse d'intégrer à son système d'interprétation, notamment à la suite des limites inhérentes à sa culture de l'évocation et de la perception, à ses schèmes de représentation et d'intelligibilité, à ses paradigmes et à ses techniques d'analyse. En d'autres termes, c'est tout ce qui est classé insignifiant (c'est-à-dire dont le sens ne peut être repéré) ou, plus justement peut-être, tout ce qui ne peut être intégré à l'objet construit parce que cet objet apparaîtrait absurde dans le champ épistémique et phénoménologique dans lequel se situe le constructeur. Ce résidu, c'est ce que nous pouvons soupçonner, à un premier degré, par les concepts d'imaginaire, de médiations symboliques, de mémoire et d'inconscient collectifs, de socialité, etc. En fait, et plusieurs ont adopté une *posture intellectuelle* apte à les y ouvrir (nous y reviendrons plus loin), il existe une réalité au-delà de la réalité matérialiste et rationnelle qui, d'ailleurs, ne guide pas toujours la pratique [1]. Dans un article paru en 1980, Jean-Jacques Simard établissait à cet effet une distinction utile entre ce qu'il nommait l'appropriation matérielle et l'appropriation symbolique du monde. J'estime que la réalité symbolique et les complexes d'imaginaire sécrétés par et dans le monde de l'expérience vécue devraient compter parmi les objets centraux de notre prochaine entreprise de recherche. Une réalité symbolique et des complexes d'imaginaire évidemment saisis dans leurs rapports avec l'emprise des systèmes du pouvoir (État) et de l'échange (marché) sur le monde, mais qui n'en sont pas que la contrepartie dans la régulation des consciences (ce qui suppose, par exemple, que l'on perçoive de plus en plus la culture en dehors de la seule perspective de l'institution culturelle).

Mais ce résidu ne concerne pas seulement le domaine de l'« irrationalité ou de l'a-modernité » de la socialité (domaine renié comme partie prenante de l'être collectif québécois moderne par la *fabula* technocratique)[2] qui, du reste, constitue un champ d'étude que l'on commence largement à investir. C'est tout autant ce qui se situe au-delà du dicible positif et empirique, devenu avec la science et la philosophie des Lumières une condition de l'exprimable (Jewsiewicki, *op. cit.*). Ce qui ne peut être exprimé par la science, c'est-à-dire par le langage et le texte, est en effet réputé appartenir au domaine de l'expérience mystique ou du dérisoire (les deux étant souvent confondus). Comme si le réel ne pouvait être que du ressort de la science et la transcendance appartenir à la croyance. Pénétrer le domaine du senti, de l'exprimable par les sens (sans le support des signes) coïnciderait dès lors avec une abdication de la raison. Il n'existe pourtant pas de parallélisme structurel entre la pensée rationnelle et normative (qui tend à confiner la réalité au domaine de l'agir stratégique) et la totalité de l'expérience humaine. Contourner les limites de cette perception rationnelle et normative procédant des schèmes de la *fabula* technocratique, refuser l'autorité des jeux de langages de la science s'appuyant sur la positivité du texte, tracer des sentiers où l'intelligibilité scientifique, morale et artistique s'interpénètrent, constituent un défi à court terme pour l'entreprise intellectuelle. Un défi, d'ailleurs, auquel sont non seulement conviés les chercheurs-fonctionnaires de la science, dont l'objet est étroitement constitué par les traces que laissent les humains et les sociétés comme signes de leur réalité, mais aussi par tous ceux et celles qui, de diverses manières, poursuivent une quête universelle : celle d'atteindre un niveau de conscience de la personne dans toute sa richesse existentielle, spirituelle et expressive. Ainsi seraient réconciliés les trois aspects de la prétention à la compréhension des choses : le cognitif, le normatif et l'expressif, ce qui correspond bien au contenu de la démarche scientifique telle qu'on devrait la vivre, y compris dans ce royaume de l'appréhension rationnelle qu'est l'université. Voilà pour le projet intellectuel. Comment y arriver ?

TROISIÈME PROPOSITION

Dépasser le projet techno-scientifique par un projet intellectuel plus riche et diversifié (qui conserve cependant ce qu'il y a d'essentiel dans la démarche scientifique, à savoir la recherche de la compréhension des choses). En termes clairs : opérer un débordement de la perspective mathématicienne par une contamination dynamique entre des modes de représentation et de campement de la réalité injustement considérés comme exclusifs les uns des autres ; en finir avec la dichotomie artificiellement établie entre le raisonnement (la pensée intelligente) et l'inspiration (le senti intuitif) comme principes heuristiques ; poser les conditions, reniées par la morale puritaine de nos institutions, pour qu'adviennent les big bang créateurs, ces percées cognitives que produit le génie individuel à la suite, bien souvent, d'un mouvement improvisé et partiellement spéculatif de l'imagination.

Nous partons d'un postulat assez communément admis voulant que la connaissance ne soit pas exclusivement contenue dans les réponses que l'on donne ou dans la matière que l'on rassemble, mais dans les questions que l'on pose et dans l'attitude intellectuelle que l'on a. Nous avançons par ailleurs l'idée voulant qu'il soit inapproprié, d'un point de vue méthodologique, de soumettre le monde de l'expérience vécue (nous parlons de ce monde de l'intersubjectivité qui existe en deçà et au-delà du système de l'État et de celui du marché) à l'ordre de la réalité rationnelle et à sa phénoménologie du temps. En d'autres termes, l'étude du monde de l'expérience vécue ne doit pas être la seule extension du champ épistémique et des catégories intellectuelles inaugurées avec la Renaissance et constitués pendant le XVIIIe siècle. Ce monde de l'expérience vécue nécessite, pour être abordé, une démarche originale de la pensée qui défie les principes axiologiques de la culture occidentale du savoir, voire le mode d'intelligibilité défini par cette culture et qui repose, en bonne partie, sur l'unidimensionalité de l'histoire (il existe un temps réel appelant un devenir universel), d'une part, et sur l'ordre mécanique du temps (les vrais rapports entre les faits se dégagent de leur place les uns par rapport aux autres dans la série), d'autre part. « Je pense, donc je suis », façon implicite de faire précéder la question par la réponse et d'établir une *connexion épistémique* entre l'objet des sciences humaines et celui des sciences de la nature, est le principe axiomatique d'une démarche intellectuelle qui a rendu possible la structuration d'un monde de la connaissance qui ne coïncide pas totalement, loin de là, avec le monde de l'expérience vécue que nous sommes en mesure de découvrir si nous sortons de l'épistémè des Lumières, de son mode et de ses schèmes perceptifs. Il s'agirait ainsi d'accepter la proposition : « Je questionne, donc je ne suis pas », façon implicite d'établir la préséance de l'interrogation dans l'acte de la connaissance, pour défier le tribunal et l'autorité de la science, échapper à son terrible pouvoir de certitude (qui en est aussi un de condamnation) et entreprendre la lutte contre la réduction de l'être-ensemble par l'esprit cartésien, d'une part, et celle de la domestication du temps (perspective de la conscience) par l'histoire (figure de la communication sociale), d'autre part. Sortir de l'épistémè des Lumières et de sa phénoménologie du temps, c'est cependant vivre une expérience intellectuelle déroutante et s'aventurer dans un univers cognitif inquiétant pour la tradition rationaliste et historiciste, notamment québécoise [3].

C'est d'abord pénétrer un monde où la raison n'est plus capable d'imposer son ordre. En clair : le schéma d'approche du réel dans la tradition rationaliste, celui de la cohérence normative, est insatisfaisant pour concevoir ce que l'on observe et sent, et l'idée de régulation elle-même ne parvient pas à créer ses effets de structuration du réel. C'est également se situer dans un espace/temps où les catégories conventionnelles de passé, de présent et de futur n'opèrent plus de découpages cohérents. Il y a comme une simultanéité des temps ou peut-être n'y a-t-il plus de temps du tout car celui-ci est continuellement déformé par les perceptions relatives de chacun. En pratique, aucune durée ni mémoire ne se révèle capable de structurer l'histoire, et la « flèche du temps » ne s'étire plus dans le sens d'un devenir immanquablement caractérisé par l'idée d'avancement ou de progrès. Précisons-le, ce monde n'est pas le néant ni l'absurde, c'est le nôtre. Seulement, la conscience de l'observateur s'est transformée. Celui-ci reconnaît d'une part que la socialité est continuellement marquée par des luttes sourdes et subtiles entre l'*historicité* (la durée et la mémoire du groupe dominant qui s'impose par l'activité communicationnelle ou la contrainte physique) et le *temps qui s'écoule*, celui-ci grouillant de la diversité et de la discontinuité des temps sociaux. (Évidemment, il ne s'agit pas d'une prise de conscience facile car l'homme moderne supporte mal la pression du temps discontinu, déhistoricisé et dérationalisé — ou «décausativé»). L'observateur admet d'autre part qu'on ne doit pas chercher à expliquer organiquement ce monde car il ne dit rien, à proprement parler. On doit seulement s'y introduire en s'y confondant, consentir à l'enivrement, s'adonner à l'écoute pour pressentir, laisser advenir le sens pour comprendre. Démarche évidemment difficile car les schèmes normatifs de la science cadrent mal avec l'insoutenable légèreté de l'être et du temps.

Mais où sommes-nous ? Dans l'optique de l'intelligibilité, toujours, mais dans une autre *culture de la perception*. Celle-ci nous fait voir des individus, des villes, des lieux de travail, etc., mais d'une manière différente. Dans mon esprit, sortir d'une culture de la perception signifie rompre avec le schéma cognitif général qui nous fait situer tout phénomène repérable grâce à nos techniques d'enquête ou d'analyse sur une ligne graduée (véritable modèle transhistorique) qui, implicitement, projette un *effet téléologique de destinée* sur l'écoulement du temps et un *effet de cohérence systémique* sur la réalité. L'histoire, comme langage d'un ordre et médium de l'entendement humain, reconstitue l'expérience vécue de manière qu'elle se présente comme étant compréhensible pour l'observateur, qu'elle réponde à ses schémas, qu'elle coïncide avec sa conscience du temps et corresponde à ses référents matériels. Ce faisant, de deux choses l'une : ou bien le temps se retrouve prisonnier de l'entendement humain et il se présente alors sous la forme d'une structure normative (on sait en effet que la compréhension causative et ordonnée est moyen de communication) ; ou bien les compartiments de l'entendement humain laissent s'échapper tellement de résidu (de socialité pourrait-on dire aussi), irrécupérable pour la pensée logique, que la structure de l'expérience vécue et reconstituée n'a qu'une validité illusoire ou contingente. Le défi consiste dès lors à reconnaître que les cadres tracés par ce que j'appelle les *espaces du pensable* se dressent en fait contre la réalité. Faire l'archéologie de ces espaces du pensable (ou procéder à une radioscopie des consciences historiques) s'apparente dès lors à une opération de délivrance de l'espace/temps effectivement vécu.

QUATRIÈME PROPOSITION

Sortir de la perspective du pensable technocratique, celle qui refoule volontairement, voire combat violemment toute dimension d'ordre irrationnel ou symbolique caractérisant le Québécois moderne (être collectif refiguré par la fabula d'une communauté éclectique de communication).

On ne peut plus en douter : les hypothèses centrales du pensable technocratique impliquaient une normativité cachée que l'on voulait imposer à l'horizon du Québécois et à l'évolution du Québec. Il s'agissait en quelque sorte de recomposer les points de repère du citoyen de manière qu'il s'insère dans un espace/temps donné. Toute l'œuvre de la technocratie, si l'on peut dire, fait concurrence à l'expérience vécue parce que s'y définit une figure sociale de la communication. Faire l'archéologie et la sociogénèse de cette œuvre montre qu'elle a joué et continue à jouer un rôle dans la *mise en circulation sociale* d'une espèce de véridique.

Cette normativité cachée exprimait le désir de colonisation de l'espace intersubjectif par le système de l'État et celui du marché. En d'autres termes, il s'agissait de recomposer un nouveau monde vécu dont l'horizon devenait celui de ces systèmes. Confondant ces divers horizons, l'historiographie et la sociographie québécoises contemporaines ont soumis la fluidité, les irrégularités et les inconsistances de l'agir humain à l'ordre rationnel du système de l'État et du marché[4]. C'est pourquoi l'ensemble des représentations que nous gardons de notre société (au cours des trente dernières années) dérivent directement ou indirectement de l'axiomatique de l'individu en situation de choix optimal qui évolue dans une société en transition vers la modernité et à la recherche continuelle du progrès.

L'un des défis qui s'offre à la jeune recherche (défi auquel elle a d'ailleurs déjà commencé à répondre) consiste à « décoloniser » ces représentations, à sortir de l'horizon interprétatif et explicatif réducteur découlant de la médiation du monde de l'expérience vécue par les représentations et l'imaginaire du système de l'État et du marché, ce que j'appelle commodément le *pensable technocratique*. Cette démarche n'implique pas l'abandon des travaux portant sur l'effet structurant du monde par l'État et le marché. Elle suggère cependant que l'espace intersubjectif échappe en bonne partie à ces systèmes, d'une part, et que le monde de l'expérience vécue reste, ainsi que Nicole Gagnon l'a déjà dit, le lieu principal où s'effectue la reproduction symbolique de la société (transmission des savoirs, intégration sociale, socialisation des personnes). Pour dire les choses de manière un peu plus frappante, la réalité et l'identité québécoises ne peuvent plus être dissoutes dans celles de l'État (incarnation du Québécois en tant qu'*être collectif moderne*) et de la «société politique», comme elles ne l'ont jamais été, précédemment, dans celle de l'Église (incarnation du Québécois en tant qu'*être collectif traditionnel*) et de la «société cléricale».

Comment sortir de la perspective du pensable technocratique? D'abord, bien sûr, par la multiplication d'études comparatives cherchant à situer le Québec dans des espaces plus larges. Cette approche a deux conséquences: d'une part, de montrer que le Québec a été, de tout temps, une société ouverte sur le monde, confronté à ses contraintes et absorbant ses influences; d'autre part, ce qui a des répercussions énormes sur le plan politique, de mettre en doute la validité de l'idée de Québec comme catégorie centrale et axiomatique d'un champ épistémique. Le Québec, habituellement entendu comme une entité cohérente et inviolable dans sa totalité, ne serait-il qu'un ensemble de lieux de mémoire dont la figure privilégiée serait l'État nationalitaire et dont l'idée (donc l'identité) aurait été historiquement façonnée, à la suite d'une sédimentation de discours, par divers acteurs, groupes ou mouvements assimilant ou confondant leurs trajectoires et leurs destins spécifiques à celui d'une collectivité qui n'aurait toujours réellement existé que comme un ensemble épars de communautés désarticulées et désagrégées, parfois divisées? Il importe en tout cas, et plusieurs auteurs l'on dit, de cesser de confondre la nation (définie par Pierre Nora comme étant une organisation symbolique du groupe humain dont il s'agit de retrouver les repères et d'éclairer les circuits) et le sentiment national.

Le deuxième moyen pour sortir de la perspective du pensable technocratique consiste à accroître les travaux portant sur le monde de l'expérience vécue en évitant, cependant, de ne préconiser qu'un mode d'élucidation intellectualiste de sa réalité. Sortir du pensable technocratique, je l'ai dit plus tôt, ce n'est pas seulement délaisser une problématique; c'est aussi rompre avec une méthode d'investigation et une culture de la connaissance.

Le projet d'approfondir notre connaissance du Québec à partir d'une problématique mettant l'accent sur l'expression et la reproduction symboliques de la réalité, d'une part, et sur la formation d'un espace du pensable structurant en partie le domaine de l'agir communicationnel, d'autre part, se situe dans une certaine complémentarité et marque une rupture par rapport aux tendances de la production scientifique québécoise des trente dernières années, principalement centrée sur l'étude des idéologies, du pouvoir, des classes sociales, de la nation et de la culture, bref sur l'étude de l'infrastructure matérielle dans ses rapports dialectiques avec la super-structure politico-idéologique. La problématique de l'appropriation symbolique de la réalité permet en effet de déjouer cette hypothèse, féconde mais insatisfaisante, voulant que le monde de l'expérience vécue reflète, comme une ombre la vie, la prégnance des appareils politico-institutionnels dans le tissu social. La problématique de l'espace du pensable permet pour sa part d'aborder le domaine de la régulation sociale en abandonnant l'idée du sujet violemment ou subtilement contraint par les systèmes (ce qui ne rend pas compte de toute la complexité du pouvoir), pour plutôt mettre l'emphase sur l'assujettissement consentant par l'activité communicationnelle. Cette dernière problématique permet en outre d'explorer le domaine de la conscience historique du Québécois moderne en insistant sur le rôle qu'a joué l'imaginaire technocratique dans la formation de cette conscience, ce que l'on a pas fait encore de manière systématique. Jusqu'ici, en effet, on s'est surtout intéressé à la conscience historique du Québécois traditionnel pour marquer la rupture qui s'est effectuée avec le tournant des années 1960 [5]. Faire l'archéologie de la conscience qui l'a remplacée, c'est ni plus ni moins se donner les moyens d'échapper à la mémoire technocratique et, donc, éviter de sombrer dans l'*espace du vide et de l'impensable* qui s'est parallèlement constitué à cette mémoire devenue hégémonique. La mémoire technocratique est en effet une force active et répressive qui empêche de savoir ce que l'on sait et dont on pourrait se souvenir. Évidemment, ce projet d'archéologie et de sociogénèse d'une conscience historique reste à l'état d'ébauche. On peut d'ailleurs se demander s'il pourrait être réalisé par ceux et celles qui, ensemble, ont façonné le champ des représentations collectives du Québec et du Québécois modernes. J'ai pour ma part un doute. Le discours de la modernité est en effet sacré pour la « génération de la Révolution tranquille » car il est une catégorie historique de son propre mode d'existence. En fait, ce chantier appartient décidément à la jeune recherche.

NOTES

1. Sur ce point, voir Bogumil Jewsiewicki, « Le temps de l'histoire et l'historiographie comme voie d'exclusion : L'exemple de l'histoire africaine », texte inédit.

2. La conceptualisation de l'être collectif québécois (être générique) comme étant un acteur strictement rationnel qui cherche à élaborer des formes d'organisation sociale optimales est un dénominateur commun aux problématiques qui se sont affirmées dans notre champ scientifique au cours des trente dernières années. Avec les années 1960 (cette date établissant un moment de rupture dramatique entre un temps d'avant et un temps d'après), le Québécois, inspiré et orienté par le discours social de la technocratie, se perçoit en effet comme un type qui accède rapidement et définitivement au statut de l'être rationnel et systématique, politique et progressiste. Ce faisant, toute autre dimension de son être collectif est volontairement refoulée, sinon violemment combattue. Ainsi, tout le domaine du symbolique et de l'imaginaire, qui continue pourtant d'être largement structurant de l'intersubjectivité sociale, est associé à l'idée rebutante de traditionalisme et renié dans la mesure où toute pratique méta-empirique et toute pensée métaphysique sont des anti-caractéristiques de l'être collectif en train de se constituer. La religion, apparentée à une forme d'encadrement de la servitude d'un peuple, devient pour sa part le foyer vers lequel sont dirigées toutes les vexations éprouvées par une collectivité qui tend à se représenter dans la position de celui qui accède à un statut supérieur d'être. Dans la mémoire collective du Québécois moderne (être collectif nouveau, déraciné du passé), la religion et le traditionalisme sont en effet considérés comme étant les matrices d'une anti-société qu'il est impératif de quitter pour ne plus jamais y revenir. Aussi la figure que nous gardons de l'être collectif québécois des trente dernières années est-elle brisée, amputée, aliénée. Il est capital de comprendre pourquoi : la légitimation du pouvoir technocratique s'est édifiée, dans notre société, sur la base d'une refiguration du Québécois à l'image d'un être collectif moderne. Ou pour dire les choses autrement, empruntant cette formulation à B. Jewsiewicki (*op.cit.*) : la nouvelle historicité québécoise, celle de la technocratie, s'est construite dans une « négation radicale, scientiste et nominaliste », du monde de l'expérience vécue. La plus grande partie de la production historiographique et sociographique a directement ou indirectement consisté dans l'annihilation de la « pensée de la place publique » (celle qui n'a pas de consistance unitaire et cohérente), produisant de ce fait autant d'oublis qui, à leur tour, ont rendu possible l'apparition hégémonique d'une nouvelle mémoire collective, moniste (donc fondatrice d'État), celle de la technocratie. C'est pourquoi l'identité du Québec contemporain a pu s'incarner dans la figure de l'État, véritable « sublimant et cristallisant, donnant sens et résumant toutes les aspirations d'une collectivité » (formulation empruntée à M. Maffesoli). Pour le Québécois d'aujourd'hui, l'État est la remémoration et la commémoration continuelle de sa résurrection, au terme d'un long calvaire et d'une longue humiliation, sous les traits d'un être collectif moderne, progressiste et systémique. Dans l'imaginaire québécois, l'édification de l'État est la construction d'une nouvelle Jérusalem. Prégnance du mythe biblique, dirait Northrop Frye.

3. Pourquoi « notamment québécoise » ? J'esquisse ici une hypothèse suggestive : dans l'imaginaire de l'intelligentsia technocratique, le choix entre la méthode scientifique

et la sensibilité compréhensive incorpore une symbolique profonde qui renvoie à un choix existentiel historique et déterminant dans la mémoire collective québécoise, celui entre la Raison et la Foi. Ce choix, on l'aura deviné, est aussi celui entre la Modernité et la Traditionalité, celui entre l'État et l'Église, celui entre l'Intelligence et la Révélation. On sait comment la résolution de ce véritable dilemme en faveur de la Raison, de la Modernité, de l'État et de l'Intelligence a été au cœur de l'élaboration d'une conscience historique du Québec et du Québécois contemporains. De cette résolution sont également ressorties les thématiques et les problématiques générales ayant fondé une grande partie de la pensée contemporaine au Québec.

4.   Il apparaît d'ailleurs tout à fait raisonnable de prétendre que la colonisation du monde de l'expérience vécue par les systèmes s'est faite sous l'égide de l'extension des domaines du droit, de l'activité médiatique et de la recherche scientifique.

5.   La tendance actuelle de l'historiographie québécoise n'est-elle pas d'établir les repères temporels de la conscience historique du Québécois moderne en le refigurant, du Canayen à l'habitant, comme un être rationnel cependant aliéné par une conscience inadéquate, celle de la traditionalité incarnée par la religion et l'institution ecclésiale, mais assumant enfin son destin et réconciliant sa conscience avec son être dans la Révolution tranquille ?

Collaboratrices et collaborateurs

Claude BARITEAU, professeur, Université Laval

Gérard BOUCHARD, directeur, Centre interuniversitaire de recherches sur les populations (SOREP), Université du Québec à Chicoutimi

Paul-André COMEAU, rédacteur en chef, Le Devoir

Renée B.-DANDURAND, chercheure, Institut québécois de recherche sur la culture

Fernand DUMONT, professeur, Université Laval, président directeur général de l'Institut québécois de recherche sur la culture

Stéphane DION, professeur, Université de Montréal

Clermont DUGAS, professeur, Université du Québec à Rimouski

Pierre FORTIN, professeur, Université du Québec à Montréal

Guy FRÉCHET, chercheur, Institut québécois de recherche sur la culture

Nicole GAGNON, professeur, Université Laval

Andrée GENDREAU, chargée de recherche, Musée de la civilisation

Raymond GIROUX, éditorialiste, Le Soleil

Jean Gould, assistant de recherche, Université Laval.

Julien HARVEY, Revue Relations, directeur général du Centre Justice et Foi

Simon LANGLOIS, professeur, Université Laval, chercheur, Institut québécois de recherche sur la culture

Laurent LAPLANTE, journaliste

Jacques LAZURE, professeur, Université du Québec à Montréal

Gérald LeBLANC, journaliste, *La Presse*

Jean-Marc LÉGER, directeur général de la Fondation Lionel-Groulx

Jocelyn LÉTOURNEAU, professeur, Université Laval

Claude MORIN, professeur, École nationale d'administration publique

Lorraine PAGÉ, présidente, Centrale de l'Enseignement du Québec

Michel PLOURDE, professeur, Université de Montréal, ancien président du Conseil de la langue française

Guy ROCHER, professeur, Université de Montréal

Céline SAINT-PIERRE, professeure, Université du Québec à Montréal

Florian SAUVAGEAU, professeur, Université Laval, chercheur, Institut québécois de recherche sur la culture

Jean-Marie TOULOUSE, professeur, École des Hautes Études commerciales

Esther TRÉPANIER, professeure, Université du Québec à Montréal